新时期高等教育质量管理改革与创新研究

杨丽丽 著

中国书籍出版社

图书在版编目(CIP)数据

新时期高等教育质量管理改革与创新研究 / 杨丽丽著 . -- 北京 : 中国书籍出版社, 2022.3
 ISBN 978-7-5068-8957-5

Ⅰ. ①新… Ⅱ. ①杨… Ⅲ. ①高等教育 – 教育质量 – 研究 – 中国 Ⅳ. ① G649.21

中国版本图书馆 CIP 数据核字（2022）第 040222 号

新时期高等教育质量管理改革与创新研究

杨丽丽 著

丛书策划	谭 鹏 武 斌
责任编辑	李 新
责任印制	孙马飞 马 芝
封面设计	东方美迪
出版发行	中国书籍出版社
地 址	北京市丰台区三路居路 97 号（邮编：100073）
电 话	（010）52257143（总编室） （010）52257140（发行部）
电子邮箱	eo@chinabp.com.cn
经 销	全国新华书店
印 厂	三河市德贤弘印务有限公司
开 本	710 毫米 ×1000 毫米 1/16
字 数	252 千字
印 张	15.5
版 次	2022 年 7 月第 1 版
印 次	2022 年 7 月第 1 次印刷
书 号	ISBN 978-7-5068-8957-5
定 价	78.00 元

版权所有　翻印必究

目 录

第一章 绪 论 …………………………………………………… 1
 第一节 全球化与高等教育 …………………………………… 1
 第二节 知识经济与高等教育 ………………………………… 13
 第三节 市场经济与高等教育管理体制 ……………………… 29
 第四节 新公共管理运动与高等教育管理体制 ……………… 41
 第五节 新时期高等教育发展趋势 …………………………… 49

第二章 高等教育质量管理国际经验及启示 …………………… 65
 第一节 英国高等教育管理 …………………………………… 65
 第二节 美国高等教育管理 …………………………………… 67
 第三节 新加坡高等教育管理 ………………………………… 75
 第四节 国外高等教育管理的启示 …………………………… 76

第三章 高等教育质量目标系统的建立 ………………………… 79
 第一节 质量与高等教育质量 ………………………………… 79
 第二节 高等教育质量建设的主体 …………………………… 85
 第三节 高等教育质量建设的体系 …………………………… 94

第四章 我国高等教育质量提升的路径选择 …………………… 101
 第一节 我国高等教育质量现状 ……………………………… 101
 第二节 我国高等教育质量提升的瓶颈 ……………………… 108
 第三节 高等教育质量管理的价值取向 ……………………… 111
 第四节 高等教育质量管理的新趋势 ………………………… 124

第五章 我国高等教育质量评估体系改革与创新 ……………… 127
 第一节 我国高等教育质量评估现状 ………………………… 127
 第二节 我国高等教育质量评估存在的问题及原因 ………… 139

    第三节　我国高等教育质量评估体系改革与创新…………… 149
第六章　我国高等教育质量监控体系改革与创新…………… 160
    第一节　我国高等教育质量监控体系现状………………… 160
    第二节　我国高等教育质量监控体系存在的问题及原因…… 164
    第三节　我国高等教育质量监控体系改革与创新………… 169
第七章　我国高等教育质量保障体系的改革与创新………… 173
    第一节　我国高等教育质量保障体系现状………………… 173
    第二节　我国高等教育质量保障治理体系建设方案……… 185
    第三节　我国高等教育质量保障治理体系的有效运作…… 198
    第四节　完善我国高等教育质量保障治理体系的建议…… 207

参考文献……………………………………………………………… 233
后　　记……………………………………………………………… 239

第一章 绪 论

党的十八大以来,以习近平同志为核心的党中央提出了一系列有关教育发展的新思想,对高等教育做出一系列重大决策部署,科学回答了中国特色高等教育走什么道路以及培养什么人、怎样培养人、为谁培养人等根本问题,把对高等教育发展规律的认识提升到新高度。近年来,我国高等教育投入不断加大,教育综合改革持续深化,高等教育大众化水平大幅提高,高等教育带给人民群众的获得感显著增强。在中国特色社会主义高等教育已进入新时代、肩负新任务的时代背景下,我国高等教育发展思路必须由注重扩大规模数量向注重质量提升转变,由大众化教育向普及化教育过渡,通过内涵式发展推进教育现代化,实现由高等教育大国向高等教育强国转型,这是我国高等教育发展的时代课题。[1]

第一节 全球化与高等教育

在全球化的大潮之下,人类的命运已经紧密相连。2019年6月,习近平总书记在出席圣彼得堡国际经济论坛时曾指出,全球化是历史大势,中国是全球化最坚定的倡导者和维护者之一。当前世界上出现的一些逆全球化动向只不过是全球化潮流中激起的几朵浪花,阻挡不住全球化大潮。全球化作为国际关系发展的新趋势,受到全世界的普遍关注。最初以世界经济一体化为外在表现和终极目标,随着全球化浪潮向纵深发展,逐步涉及思想文化、价值观念、意识形态乃至人的发展等人类社

---

[1] 朱晓光.开启现代职业教育发展新征程[J].农民科技培训,2014,09(9):30-30.

会生活的各个领域,从而衍生出了高等教育全球化的概念。

一、全球化的内涵

全球化是一种概念,也是人类社会发展的现象过程。全球化已深入我们日常生活的各个方面,在各国目前的思维中普遍认为全球化是世界范围内各国家思想文化、政治经济和往来贸易等方面的交流。不同时期总会有各方面专家对全球化进行新的描绘,但是想要从不同方面囊括全球化的全部内涵是不可能的,这种目前新出现的社会现象需要经过长期的社会检验方能知其全貌。

全球化目前对世界各国来说已经渗透其内部的各个行业和机构,国家的生产、制造、科技和教育方式伴随全球化趋势的不断加深而发生了不同程度的变化。全球化和国家内部各领域逐渐相互融合,使得原本的发展方式产生了巨大变化。现在我们对于全球化的认识都停留于表面的理解,认为其主要就是加大国与国、地区与地区之间的合作关系,但是它不仅是加大两方或多方之间的合作,促进经济的提升,它更加促进了不同文化的交流,加快了世界整体前进的步伐,拓展了人们的知识领域,影响着人们认识世界的方式。

全球化现象最早始于20世纪40年代末的经济领域[1],由于经济全球化在全球化现象中表现得最为明显,因此全球化有时常常是指经济全球化。经济全球化首先是以部分国家将部分经济权力为共同利益而让渡给经济一体化组织,根据共同利益,按照一定的规划来行使权力,最典型的经济一体化例子是欧盟。

在技术革命还未到来之时,各国的交通网络无法建立,多媒体技术也无法深入发展,因此大规模的机器加工技术无法出现在产业发展的过程中,跨国公司的业务开展也难以实现全球化。作为经济全球化的主体,跨国公司在其业务过程中形成的资金链、信息链、人才链和技术链在全球化的进程中不断渗透到世界各个国家,使得资源的有效利用率得到极大提升,全球一体化的市场开始逐步建立。

因此,国际货币基金组织将全球化概括为:通过贸易、资金流动、技

---

[1] 蔡永莲.全球化趋势对高等教育的影响:关于国际合作办学的一点思考[J].教育发展研究,2002,22(6):14-18.

术创新、信息网络和文化交流,使各国经济在世界范围高度融合,各国经济通过不断增长的各类商品和劳务的广泛输送,通过国际资金的流动,通过技术更快更广泛的传播,形成相互依赖关系。

全球化的发展进程并不是某一个领域的单方面发展,在经济领域不断加深融合的同时,政治领域、文化领域和社会领域也在潜移默化地受到全球化的影响,产生一系列的变化。

经济基础决定上层建筑。第二次世界大战结束后,两极分化的格局逐渐消失,多边外交的世界政治格局开始出现。新发展格局要求更加牢固的经济基础和政治基础,从而加快了政治经济一体化的进程。联合国及其下属部门安理会进一步提高这种综合作用在国际中的地位,更加凸显了经济一体化的综合优势。

相较于文化思想比较开放的国家而言,全球化对于思想保守的传统国家来说,产生的威胁或者影响会更大。外来文化的流入会对本土文化产生一定冲击,文化交流中难免会出现摩擦和冲突,本国的文化与经济发展秩序会受到影响,从而提高国内发生动乱的可能性。因此,如何在全球化的进程中,充分传承本土文化,同时对外来文化取其精华弃其糟粕,成为各国需要深入思考的一个问题。

随着信息技术的发展不断发展,其交互性、开放性和包容性不断拉近政府与政府之间以及政府与民众之间的距离。无论是以跨国公司作为实质性手段的经济全球化,还是以金融和互联网为基本条件的信息全球化,都成为经济政治全球化的内在动力。这种转变让人与人之间的沟通更加密切,为人类进入新的全球化环境,进一步形成全球化发展新态势,构建人类命运共同体奠定了基础。

二、全球化对高等教育的影响

全球化不仅改变了各国经济的运转方式,也深刻影响着各国文化教育的发展模式,各国如果不顺应全球化发展的步伐,还是依靠传统的技术手段发展经济,则会导致国家的整体实力落后于同等级的其他国家。同样对于教育领域也适用,国家领导者不能故步自封,否则本国即使有再多的新型技术人才也会向外流失。新形势下国家应该提高与各国之间的交流和往来,加强教育领域的交流与合作。

所以,全球化对于教育发展来说利弊共存,它可以促进各国技术经济的发展速度更快,也可以使发展中国家科技和教育的发展更加困难。全球化对教育的影响可以从以下几方面进行具体分析。

(一)政治层面

世界各国都是在第二次世界大战后才摆脱长期处于战争威胁下的情况,开始着力进行国家内部的基础设施建设、发展国家科学技术。但这一时期国际上出现了许多共同的问题,单个国家力量无法解决这些问题,因此不同类型的国际组织开始不断建立,力求能够解决全球性的问题,这样政治全球化的局面开始逐渐形成。各国的内政问题会有国际政治组织介入,影响国家政治权力主体处理事物,国际组织的权力逐渐凌驾于国家本身之上。各国内部发生的卫生、安全和政治文化问题都会受国际组织对各方面条例规定的影响,为国家处理内部事物提供了一定的借鉴。

在各国发展教育的历史中,政府教育部门与高校教育密不可分。政府部门教育政策是在国家教育理念影响下制定的,反映国家的性质和教育的思想,教育部门据此细化教育方式传达给高校。在传统国家发展时期,政府是力求通过教育方式的改变培养出新型人才以促进国家经济增长,所以每一时期教育政策的制定国家都非常重视,教育政策要体现社会和国家对于教育未来发展的期望,符合每一时期的具体国情,同时也是各方面利益的综合体现。

在全球化进程的脚步不断加快的情形下,高校教育的发展既需要尊重学生思想和心理发展规律,也需要考虑国际上的不同影响因素所带来的影响。然而,两者之间出现了一定的矛盾,尊重教育的自然发展规律需要加大对高等教育的控制权,而考虑外部影响则需要减少对高等教育的控制权。但是,无论国家采取何种方式发展高校教育,都要将市场的人才需求反映给高校,高校才能制定人才培养的目标,处理好与高校教育相关各主体之间的关系。另外,国家教育政策的制定不能仅凭经济发展需要哪方面人才就让高校开办何种专业,一个专业想要在高校有长久的生命力需要丰厚的历史底蕴和长久的未来发展前途,教育是一个持久性的过程。

所以在全球化影响我国社会市场发展时,我国政府要因地制宜、因时制宜,制定符合高校的市场规则,让全球化与我国市场和教育之间融合得更加紧密,在发展教育、发展经济的同时能够尽量减少全球化对我国带来的负面影响。

(二)经济层面

在全球化的大背景下,涌现了许多新兴的跨国企业,相应的在各国范围内产生了许多新兴岗位。但是,对于单纯从事手工生产的劳动者则产生了较大压力,全球化促进技术革新,各个加工企业开始使用机器进行大规模生产,取代了部分生产者在企业的职位,节约了企业成本,提高了生产效率。面对这些新兴岗位,国家需要高校培育出这方面人才专门从事这部分的工作,市场对高校提出了新的培育技能目标,这是市场经济对于高校教育的新要求。

1. 高等教育与经济发展

根据世界各国发展本国经济的经验,企业不能总是处于"微笑曲线"的中端,依靠做原始加工来赚钱,因为原始的加工并没有使商品产生更多的价值,还浪费企业为其付出的劳动力成本。企业制造如果只依赖原料出口和初级加工为主,企业永远没有技术部门,而且随着现代科技的突破,依靠人力加工逐渐被效率更高的机器所取代,那这个加工企业也没有存在的价值了。所以,想要发展好企业经济,关键还是要靠高校培养新型人才研制科技设备。

通过国家的新型教育政策已经培育了一批应用技术水平高的劳动者,但社会上还遗留有相当一部分处于原始水平、低应用技术的劳动力,在社会上普遍称这两种人为技术从业者和劳动从业者。两种人从工作环境到工资待遇完全不同,后者劳动力价值低、数量大,前者劳动力价值高、数量少,但是能够带动社会发展的还是从事高技能劳动的人员,他们往往能创造出更高价值的物品,是决定企业走向高科技化的重要人才资源,所以高校要加大力度培育更多新型技能人才。

2. 增加接受高等教育的人数

关于如何培育出高技能的劳动者,国家将希望寄予在高校身上,力求通过高校教育的方式培养出科技和应用型人才,政府将社会市场中对于人才的缺口状况通过教育政策反应给高校,高校对自身的教育课程做出调整并开办相关专业,不仅培养学生职业的理论知识,还带领学生共同去参与实践操作,通过实地参观和实习等方式增强学生的实践能力。

传统大学教育带给学生的是专业的基础知识和理论性道德性教育，学生只是接受大学所带来的知识，并没有将自己的所学知识衍生出其他价值。但是在新的大学教育模式下，学生学习不仅满足于获得知识，更在于使所学知识在自己手里获得成倍的增长，创造出更多附加价值。大学的教育方式不再同传统教学一样，教给学生什么学生就学什么，而是以让学生学会知识为主要目的，让学生掌握学习的方法，掌握技巧后学生自己就可以将学习知识的效率不断增长。最近几年，很多学者对于大学教育提出了新的理念，提出大学教育应该开办能灵活应用的专业课程和相关技能，让学生日后就业除了有本专业的方向还可以发展其他方面的职业，培养学生相关技能相比教给学生理论知识要更加重要。

3. 提供终身学习

经济全球化背景下信息和科学技术不断发展，研制出许多机器代替人手进行操作加工，机器取代了制造工人的位置，这样大量未就业人员涌入其他行业。受到最大影响的是服务行业，做服务工作的人员明显增加，这一行业从原来的为顾客提供服务升级成为顾客提供优质服务，服务机构仅仅满足客人需要已经无法在本行业中产生竞争力。因为全球化下各行业都处于迅速发展的状态，有大量服务机构兴起，人们日常生活中的选择更多，所以就要求服务业要根据客户类型提供相应服务。服务行业的从业人员也要转变思想观念，设身处地及时了解顾客需要，整个服务行业也要随时调整。

随着新技术逐渐投入企业生产，使人们的就业产生了更多不确定性，人们需要不断变更所从事的行业、不断更换工作岗位，所以就要求从业人员有不断学习新知识的能力，这正是大学教育培养学生的能力，学生掌握学习方法不断学习进而达到持续时间较长的学习状态，这是目前社会的主要需求。

4. 高等教育中引进市场机制

全球化下国家各个方面都需要进行建设，不仅局限于高等教育部门，国家的总财政拨款要分到国家建设的各个部分，所以即使想要发展高校教育也不能只通过增加国家经费投入来解决。在这种情况下，各个国家的政府教育部门逐步开始鼓励民办教育行业发展，民办教育机构的经费主要来自学校和学生的学费，教育费用不需要全部由政府拨款，节省了政府开支。其他一些国家通过增加收录学生的人数和对学生加收部分书本费用来作为学校日常支出,将更多的教育发展空间留给高校自身。

（三）文化层面

全球化发展模式下兴起了以网络媒体为载体的网上交流空间,网络上包括各个国家的文化信息,同时政府的各种理念和企业的经营模式都会在人们日常的沟通环节中得到传递。群众可以随时通过浏览网络信息了解他国文化,输出本国文化,文化信息、文化历史在各国范围内广泛接触碰撞,群众的文化审美更加多样,能够接受与自身相差较大的异域文化,同时在大量人群中也会产生相同的审美标准,各国共同认同的文化理念逐渐拥有相似的文化结构。如汉堡文化在世界各国逐渐兴起时,肯德基、麦当劳等等汉堡企业遍布各国各省市。

在不同种类的文化不断接触和交流的过程中,有很多传统思想的人无法接受与本地文化概念相悖的外域文化,与坚持其他文化理念的人产生激烈斗争,直接导致文化层面的问题上升到国家政治层面,形成国际争端进而影响世界范围内的安全稳定。在这种状况下,高层次的专业教育就显得格外重要,政府可以通过高校向不同的人传输文化多元化的理念,接受当前形势下文化类型多元的现象,形成健康的文化接受心理。由于世界文化的多样性大大超过了政治和经济模式的纷繁多样,所以政府对于文化教育的关注度不少于对经济政治的关注。

日常生活中文化的表层体现并不明显,但是影响人们最多的一个层面,人们在日常生活中时刻都在接触不同类型的文化,使人们的思想在不知不觉中受到感染和影响。教育领域的学者提出,各国的历史文化情况影响高层次的专业教育发展,历史文化如果和目前的教育理念相一致就能促进高校教育进步,落后的文化观念会影响高校新教育理念的颁布和降低学校学生的接受能力。我国教育发展应该多挖掘传统文化中的精华部分,将其与现代教育相符合的思想提炼出来,发扬学校历史文化传统教育学生。

高校的教育发展就像真理的探索过程一样,首先要选择和自己志同道合的部分并以此为发展基础,将各自的理念结合新时代的发展情况进行拓展,既能顺应全球化的发展模式又能提高教育水平。

全球化是改变国家各个方面的发展模式,在政治方面促使国家重新思考影响教育各方面的利益主体在教育中的关系;在经济领域促使国家将就业市场导向纳入高层次专业教育的发展方向中；关于文化领域，政府主要通过高校培养公民文化平等和文化自由思想，在文化发展过程中要取其精华弃其糟粕。

各个国家的高层次教育都受到全球化观念的无形作用，但全球化对各国家的改变程度不同，因为各国家的基础文化和经济水平不一样，在接受能力上有区别，所以，各国根据自身对全球化的吸收而修改的教育方式是有明显的地区差异的。其他国家可以借鉴别国的高层次教育模式，但是无法完全复制到本国的高校中，教育政策的制定者应该充分考虑到这种情况。

三、全球化给我国高等教育带来的挑战

与世界高等教育的发展相比，我国高等教育起步较晚，但是发展迅猛，具有鲜明的中国特色。全球化对我国高等教育的冲击可以从经济全球化、政治全球化、文化全球化和科技全球化四个方面概括。[①]

（一）经济全球化对我国高等教育的影响

在全球化背景下更多跨国公司入驻我国境内，这些公司不仅需要相关专业优秀的人才，还需要从业者具有良好的对外沟通能力，因此学生在高校内学习的课程就会根据具体需要进行扩充。知名的国际性公司成为许多大学生毕业后的目标，其工资标准高福利待遇好吸引了大部分求职者，这样这些境外公司就能从众多应聘者中选拔出有能力者加入，从而极大地提升公司的综合实力。

1. 经济全球化对我国高等学校人才培养目标提出了更高的要求

新时代人才培养目标定位不断提高，传统单向灌输式教育模式已不符合我国的发展要求和国际形势。仅仅依靠书本知识和课堂学习的教学形式会使学生不具备前瞻性、大局观和发展性意识，无法迎接和应对新时代的新挑战，长此以往将导致我国人才缺失、人才储备不足，不利于我国人才战略发展。因而，学生需要与社会接轨，与时代接轨。注重理论与实践的结合将更加凸显教育改革的力度，培养创新型人才。

---

① 王雪. 全球化背景下我国家庭教育的发展[J]. 文存阅刊，2017（007）.

第一章 绪 论

2. 经济全球化对我国高校的教学内容和方法必然产生影响

全球化是最先在西方国家中产生影响的,所以当其他国家进入全球化大潮中时,西方发达国家已经成为全球化标准的制定者。这些要求对经济发展尚不完善的国家来说压力较大,但是我们也不能拒绝与其接触,隔离于世界形势之外,所以我们要通过新时代下的高层次的专业教育来培养出熟练应用这些规则的大学生,帮助我国更好地融入全球化的模式。

3. 经济全球化将使我国高等教育投入的渠道多样化

跨国公司为扩大影响、追求利润最大化,会直接要求在我国投资办学或合作办学,开设研究所,从而使得科研经费来源趋于国际化。发达国家对于高校教育的发展有着许多经验,已经开始通过满足就业市场需要来设计高校教育专业,这种教育模式值得我们借鉴,这将促进我国一些高校加快与国际接轨,但对我国政府也提出了一个如何从宏观调控上促进高等教育发展的新课题。

(二)政治全球化对我国高等教育的影响

政治全球化是指政治在全球各国和地区互动、交流、渗透的过程。受政治全球化的影响,国家内部所发生的政治事件会在全球内引起各国广泛关注,一国涉及的问题可能会引起其他国家的共性,进而会形成一些国际化的准则和标准。

政治全球化进程不是资本主义政治全球化,而是多种政治观相互交流、渗透和交锋的过程。政治全球化的发展将有助于培养我国高校大学生适应现代政治的思维方式,其互动形式也将对我国大学生民主理念的培养产生积极的影响。[1]

我们应该从传统民主制度和观念中解放出来,将其中的优秀成分予以继承、吸收、发展和创新,形成符合时代发展要求的科学民主观。这种科学民主观是传统文明与当代文化相互作用孕育出来的果实,带有浓厚的民族特点和历史沉淀。同时,它也能积极引导学生树立科学民主意识

---

[1] 魏延华. 加入WTO后中国的高等教育[J]. 辽宁工程技术大学学报(社会科学版), 2002(4): 66-68.

和主人翁意识,形成社会责任感。科学民主观为我国新经济体制下的新政治观提供了思想保障,为高等教育改革提供了新契机。

科学民主观进入教育领域对高校的教育管理提出了新要求,高校教育不能仅依据政府安排制定学校的教育课程,更要听取社会各方面对学校管理的意见,促进高校教育走向高质量发展。另外,政治全球化也非常有助于培养我国大学生国际政治意识,使他们具备活跃在国际舞台上的能力,如双赢、妥协等政治谈判策略及政治沟通传播等技巧。同时,也应教育我们的大学生,让他们看到民主模式并非是一成不变的,而是随着时代发展不断丰富的。西方的民主并不能解决资本主义内在的矛盾,社会主义所倡导的平等和民主等价值理念仍将是21世纪人类追求的目标。[①]

全球化发展既有机遇也有挑战,对此要全面分析、正确判断。我国在传统文化的熏陶下,在经济、政治和外交上均以"大道之行,天下为公"体现大国担当。但西方国家的价值体系与我国的主流价值观念和道德素养标准存在冲突,因而在现实教育教学中要积极引导学生树立正确价值观,始终以社会主义核心价值观作为主流价值引导,让学生爱家、爱校、爱祖国,实现全面发展。

(三)文化全球化对我国高等教育的影响

在世界文化相互碰撞的当下,存在多种形式的文化互动,这种文化交流互动影响着各个国家、地区自身文化的发展。文化全球化的进程是不对等的,每个国家文化底蕴不同,追求的文化高度不一,在这一基础上进行的文化互动也是不平等的,但各种性质不一的文化充斥于全球环境之中,仍影响着文化互动过程,在互动过程中的世界性文化和民族性文化并存的规律也在发挥着作用。

高校是立德树人、人才培养的重要基地。以往高校国际化视野不够开阔,过于强调学生书本知识的灌输,外国文化课程开设不足、学生国外交流机会少、学生出国留学率较低、宣传效果不佳等,都导致学生的国际交流能力和国际化视野不足。随着全球化发展,国外文化涌入中国,高校人才培养目标和学生发展路径有了更广阔的平台和空间。学生

---

① 魏延华.加入WTO后中国的高等教育[J].辽宁工程技术大学学报(社会科学版),2002(4):66-68.

们的眼界不断开阔,有更多的机会选择出国留学深造,进一步提高了我国高等教育质量和人才培养质量。但面对国外众多思潮,高校需要注重思想和价值引领,提高学生的价值辨别力,坚定文化自信。

文化全球化是不同性质文化的交流互动,每个国家的文化历史积淀不同,代表文化也不同,在高校的文化交流则是各个地区、国家的文化思想通过课本展示、教师讲授的方式,增加学生对外域文化的了解;与此同时,相对应的了解他国文化的外籍教员和想学习中国文化的外国留学生人数大幅度增加;在校园生活和课堂环境的接触中,我国学生与外籍学生会交流并且合作完成学习活动;原本仅在校园内学习生活的大学生接触的事物丰富了起来,对生活、世界的思考也更加广阔;这对于价值观逐渐成熟的大学生来说既是机遇,也是挑战。从上面我们可以看出,我国旧有的集中单一教育模式已经不能顺应文化全球化发展的大潮,具有一定教育局限性,所以关于如何在校园文化中让学生了解多元文化、拓展文化知识面是目前高等教育工作者急需解决的问题。

随着世界格局加速演变,多变外交逐渐深化,全球化为发达国家的价值输出和文化输出提供了便利。发展中国家的民众一旦在潜移默化中接受、认同了发达国家的价值观念便会使国家主流和传统价值受到威胁,影响国家稳定、民族团结。例如,著名的华纳兄弟公司,其实质上是默克多的新闻出口,输出的不仅是作品,更是价值倾向。高校要严守思想政治教育的主阵地,提高大学生的价值观念和文化素养,不断弘扬中华民族优秀传统文化,建设中国特色社会主义文化强国。在物欲横流和思潮汹涌的今天,取其精华、去其糟粕,讲好中国故事、传播好中国声音,为提高我国综合实力和国际影响力提供有效手段。

经济全球化加速了文化的融合发展,也对高等教育提出了更高要求。需要高等教育不断传承和发扬中华优秀传统文化,打破原始封闭观念,发展更具生命力的中国特色社会主义文化,是提高我国文化软实力,提升国际地位的重要途径。

我国的文化全球化进程应该兼顾中国特色社会主义制度和社会主义市场经济体制,汲取优秀西方文化,将中西文化衔接,不能满盘皆收,在充分体现我国民族精神的前提下,将优秀西方文化融入我国传统文化组成现代的、民族的、开放的中华文化,面对开放式的文化格局,只有我国文化与他国文化能够融合交流,我们才能更好地顺应文化全球化浪潮。①

（四）科技全球化对我国高等教育的影响

我国国际地位虽然有所提升，但在国际话语权方面仍处于相对弱势。要通过提高社会生产力，加强科学技术水平，积极应对和解决国际社会中存在的问题，才能不断提高我国国际竞争力和文化软实力。在高校急需提升教育质量，顺应时代发展潮流，实现传统单向灌输教学模式向双向互动教学模式的转变，进一步提升学生能力，实现人才高质量培育目标。

科技全球化对我国国情、教育、文化、律法、人的组织行为习惯和价值观等都产生深远影响。为了确保我国国防科技实力不被国外技术所制衡，应发挥好我国科技创新的支撑引领作用，降低科技全球化负面影响。

传统教育模式以校园为根据地，以课程学习与复习为主要内容，无法实现学生生活化的学习要求，也无法从根本上解决教育的普及化问题，不利于教育的高质量发展。同时，过去因地域和空间限制，偏远地区无法实现教学资源共享，出现教育不公平等现象。而科学技术发展打破了时间空间的壁垒，使教育资源得以共享，日常学习成为可能，促进了教育的改革与发展。

"互联网+"教育模式对教育资源均等化和师生关系平等化产生了巨大的新影响，促使新的教育格局的形成，如何实现教育均衡发展成为现代教育急需解决的问题。

传统教育注重教育计划和教学进度的推进，对教育效益数据建模的重视程度不够。这会导致教育软实力缺失，无法形成良性生态环境，不利于国内外的文化交流，影响我国文化强国建设和国际地位提升。一定的文化反作用于一定的政治经济。因此，为了促进经济发展，就必须充分利用教育资源，设立新的教育目标和人才培养方案，提升国际影响力和文化软实力，加强我国国际教育服务体系和国际文化体系，为提升我国国际竞争力提供长久的人才储备和新鲜力量。

---

① 谭顶良.高等教育心理学[M].南京：南京师范大学出版社，2018：78.

第一章 绪 论

第二节 知识经济与高等教育

知识经济是新经济范式和知识革命的产物,对人的组织行为产生了全新的影响,同时也是文化发展到一定阶段的必然结果。高等教育是知识经济产生和发展的动力源,同时也是教育效益综合评价的有效载体。

教育效益是软输出,对经济起到反作用效果,也就是知识经济。知识经济的本质是知识再创新。传统教育侧重学术探讨和理论总结,而智能经济信息化为知识经济提供了最优环境,促进了传统教育和知识经济的发展,二者互为补充,形成了智能经济信息化的生态环境。

一、知识经济概述

1970年,美国学家提出:"农业社会、工业社会至20世纪末以后将是后工业经济的社会,即信息社会。"随着信息社会概念的提出,20世纪80年代又有学者提出了"信息经济"观点。21世纪初,世界经合组织(OECD)明确界定:"知识经济是建立在知识和信息的生产、分配和消费之上的经济。"从此,知识经济逐渐被使用并被广泛关注。知识经济的具体含义可以从以下几方面分析:(1)知识经济本质上是信息经济;(2)知识经济的核心元素是知识;(3)知识经济是智慧的创造、实践的果实,是以高科学技术为基础环境的长久可持续性经济。

通过对其含义的具体分析,不难看出其内在规律和本质特征,是对知识和信息的生产、分配和使用,是对知识成果的实践、配置和产生价值的经济属性。

(一)知识经济对智力资源及其无形资产的占有和配置

知识经济是抽象化概念的经济体系,它是对人的价值、知识价值和科技创新等价值的使用和开发,不是对具体实物价值的使用和开发,这种经济体系体现出了前瞻性价值。

人才是创造价值、实现价值的根本。人才通过为企业创造价值从而促进知识经济的进步。知识经济通过 App、知识产权和共享而服务于使用者,这种传播使知识经济创造的价值无限扩大。在信息技术不断发展中,知识经济的价值体系会被人们反复使用或永久存储,对使用者会产生深远影响。知识和无形资产的实质化输出,既满足使用者的需求,又在无形中改变了行为习惯,为其自身的全面发展提供了现实基础。

(二)知识经济对知识产品的生产

知识经济对知识产品的生产既包含抽象概念化的具体实质化输出,也涵盖了技术性产品的运行使用和运营维护,从而形成客户关系和间接价值。

1. 理论类和经验类知识产品

在传统环境中,人们对创造出的新鲜事物的认同度和接受度都比较低,他们更注重传统实物的生产,对于抽象概念的物化产物有排斥心理,因此对创新事物的价值评判不够准确,无法实现知识产品的价值最大化。当前科技水平不断提高,作为智慧成果的物化载体可以不断放大和共享知识产品的价值。

2. 技术类知识产品

传统技术类产品主要是指工业革命的相关技术,比如汽车技术、飞机技术等,而随着科技发展,出现了生命科学技术、新能源技术、核能技术和影像技术等新技术类产品。

传统技术更加注重技术的实践结果,并且这种技术的单一价值高,生产成本高,周期长。新技术恰恰相反,它是智慧价值与生产力相结合的产物,其经济价值属性更加明显,展现的经济效益更持久。

(三)知识经济对知识产品的消费(使用)

当知识成为一种产品的时候就具备了商品属性,而产品是具有周期性的。根据价值规律,人会充分利用产品的周期性,而价值就体现在人利用知识和共享知识过程中,使知识形成新的发明创造或者是新的认知高度。产品的周期性规律可作用于生产力,也可用于升华自我,而产生的间接价值又产生深远影响。当产品生命周期进入衰退期后,知识的产品价值也随之下降。

第一章 绪 论

传统商品由于生产周期长、生产成本高、折旧费用高等问题导致其生命周期较短。知识产品正好与之相反,知识产品在科技下呈现的可复制性、可传播性的特点,都为其延长了生命周期。

分析知识经济的内在规律及其特点,可以说是一种新的经济范式,这种新经济范式产生出以知识为生产资料的生产力,是科技创新和创造的结果。高校教育是知识产生和发展的源泉地,同时,知识也是高校教育发展的根基,二者相辅相成、相互促进。

二、知识经济与高等教育的相关性

知识在学术层面是一种思想理论或经验总结,被传播时不具备经济价值。当知识转化为经济化产物时,就具有经济价值属性并产生价值导向,也称为经济导向。知识经济的核心要素是人和知识,通过对知识的加工创造和创新,会产生新的知识生产力和知识生产资料的再分配,推动知识产业生成高科技知识产业。这些必须以高等教育为依托,高等教育是其发展的核心动力。

知识经济范式的出现促使知识经济生产力不断发展和进步,要求更高的知识体系为支撑,而知识生命周期发展需要高校教育不断更新知识,为其提供新的知识力量。知识经济积极推动了科研发展方向和发展进度,为高等教育和高校知识发展提供前进动力。这种内在动力的外显体现在新知识和新创造的不断涌现。二者之间通过新旧矛盾的相互作用产生新的推动力,二者相辅相成,共同形成知识经济生态环境。

(一)知识经济与高等教育的关联性

知识经济和高等教育之间除了内在规律还有外在联系,从其本质概念分析,知识在高等教育中被实践创造,在实践中升华。

1. 知识是高等教育的逻辑起点

传统教育以思想理论为指导,形成教育体系和教学评估,侧重的是经验传授和理论验证,而没有真正探究其本质成因和概念内涵。知识经济范式要求对高等教育的本质进行研究。高等教育的本质是知识,知识是其核心发展的要素。在教育教学中体现的是知识点的传授,正是在传授知识中形成了更多新知识,形成系统层面的教育体系,这种具有高等教育体系的知识才具有更强的逻辑性和专业性,能够专业而成熟的处理教育创新和教育实践中产生的问题,所以其本质逻辑起点就是知识本身。

知识具有时代特征。随着知识经济在生产资料中的比重不断提高,知识的内涵也随之不断扩大,但是知识本身并没有变化,发生变化的是知识被运用的程度和知识被理解的程度。社会的开放性和知识的共享性可以将原本高深的知识转变为常识性知识,而某些常识性知识在一定特殊时期也可能是高深知识。

传统教育更清晰地展现了教育的本质。教育的本质是知识体系的构建过程。知识在高等教育中被教师通过教学方式和教学计划等教学手段传授于学生,学生通过吸收和内化形成自己的知识体系,然后将这种知识体系不断创新,又反作用于知识,形成新的知识。学生在学习实践中不断深化知识和创新知识,对知识的理解由浅入深,从而在各方面综合发展,形成知识综合体系。教师在传授和实践知识的过程中不断受益,增加了教师的理论深度和个人素养,在知识的作用下可以不断升华自己,又将新知识不断传授给学生,构建教育—知识新生态。

2. 教学过程实质上也是知识的整理、传播和内化的过程

高等教育具备教育属性和社会属性。教育属性是对知识的整理、传授和对新知识的再创造,使学生和教师在知识共享中不断提升综合素养,对知识起到教育传导作用,对新知识的产生和发展起到促进作用。其社会属性主要表现在人才输出、科技创新和社会经济。

人才输出主要体现在知识单体转为知识复杂体,也就是人由普通劳动力转变为复杂劳动者。而形成复杂劳动者的过程就是知识量化的过程,人通过对知识的理解和使用,创造出了人的价值,也就是人的经济属性。这种经济属性使人不仅仅是单纯的人力输出,而是智慧成果的输出。知识的外显化体现在人的能力上,而这种能力也是人才形成的一种表现,实际上人才输出就是高级知识的质化反应。

知识除了对人产生影响,还对科技产生影响。原始社会中很多现象无法解释,人们就采用神学或者其他宗教作为解释,而没有找到本质根源。随着社会不断发展,知识在实践过程中被不断验证,通过发现事物本质和内在规律,最终形成一定的科学体系。高校是科研力量的主力军,也是创新创造成果的先导者。通过高校不断创新创造出智慧成果,

从而改善人类的生活品质,为社会贡献更多力量。

知识的社会属性除了本身的文化传承外,理论传承也是其中之一。知识的物化反应促进了生产力的提高,增加了生产资料,使生产资料的占有更加合理化,经济范式不断被革新,经济的作用力进一步凸显。知识在科技发展中不断创新,也就具有了社会经济。这种社会经济属性对知识提出了更高的要求,知识承担的社会经济属性也就更多了。知识生产资料的产生打破了传统生产资料的物质概念,降低了占有和分配不均之间的矛盾,为社会经济发展起到了巨大的推动作用。

3. 高等教育与知识经济达成联姻,知识成为两者联系的纽带

高等教育是知识的产出地,这种知识不是常识性知识,而是前沿知识。前沿知识对生产力水平的提高起着促进作用,这也促使高等教育与知识经济的关联成为必然选择。高等教育更为专业,是知识的前沿性驱动力,只有高等教育才能支撑科技不断创新,生产资料的创新创造对社会进步起着积极的推动作用。知识作为两者的共性,使高等教育和科技创新有了共同性,这样二者才能紧密联系在一起,知识在其中扮演着重要的承接作用。

4. 科学技术是第一生产力

每一次科技变革和社会进步都以知识作为推进主体。知识经济的产生是社会的必然选择,这种知识具备经济价值属性,能够承担起社会经济发展的需要,为社会发展和经济范式提供了新的基础条件。知识是复杂的,综合对待知识经济就必须要有辩证统一的态度。因而,知识经济中的知识具体是什么就需要具体问题具体分析。

从知识的社会影响角度看,知识作为经济属性所产生的经济作用是明显的,它作用于信息化发展和新科技的产生,以及智慧成果的不断物化。其承担的社会经济责任更加突出,产生了新生产资料,并且缓和了生产资料的矛盾和分配占有的矛盾,生产力效率的提高促进了社会组织行为变化,新的社会组织行为变化对人的新思维的促进和发展提供了环境便利。知识的社会保障性属性更加明显。

从知识经济的经济属性角度看,知识本身是没有属性的,知识仅作为一种思想的承载体是纯粹的,但是其对智力成果的物化和智慧科技化的影响产生了新的经济范式——知识经济范式。这种经济范式核心元

素是知识,它提高了生产力水平,增加了生产要素,缓解了经济矛盾,为经济发展提供了新的前进方向和科技力量,对人的经济价值更加突出和成熟,为经济软实力提供了基础保障。

通过探讨知识的社会影响,分析知识经济的经济属性,可以得出知识经济既是科学技术也是经济范式,它兼容了二者的优秀成分,为经济社会发展提供了更强大的手段,对经济矛盾和生产资料矛盾等都提出了新的解决方案。知识作为核心因素,促使经济和科学技术产生内在关联,这种关联效益就是知识经济综合效益。从边际成本效益可以看出知识函数和知识核心价值。综上所述,二者以相辅相成、辩证统一的形式前进与发展。

5. 知识经济与高等教育的高新科技知识是统一的

当知识作为基本思想理论载体时是不具备其他属性的,不包含经济价值的属性。当知识经济发挥其经济属性时是高科技价值的体现,是知识转为具体物化结果的表现。高等教育中首先是对知识的学习和理解,通过对新知识的学习和实践创造出新的科技,并将科技手段转变为经济需要。三者之间层层递进,逐渐实现价值。知识还为更前沿的技术提供体系支撑。

在某种层面上看,基础知识体系和技术实体之间是总与分的关系。前沿知识通过不同技术形态应用于不同的领域,产生不同的经济增长点,这就是科技知识表现出的多元化形式。

6. 知识经济社会条件下高等教育成为经济社会的中心

高等教育在不同时期有着不同的社会地位。在传统社会中,高等教育远离经济中心;在工业革命时期,高等教育处于经济外围地带;而当前信息时代,高等教育成为核心经济力量。

在传统农业经济中,经济矛盾主要是粮食作物与人的生存需求之间的矛盾,高等教育作用于传统农业并未形成显著效果,而且对传统农业经济中的矛盾没有起到积极作用;工业革命中,知识作为一种工业科技力量作用于工业发展,为工业发展和人类物质生活提供了广阔空间,高等教育与工业革命经济进行了初步融合。信息时代下知识经济逐渐成为核心力量,主要因其提供了生产力水平,创造了新的生产资料,缓和了社会生产和物质需求之间的矛盾,推动经济发展方向,高等教育逐渐成为经济核心力量。所以,高等教育成为社会经济的中流砥柱需要社会历史环境的助力,这也是时代的必然选择。

在农业经济时代,由于社会生产和人生存需求之间的矛盾日益突出,人还没有形成对世界全面和科学的认知,对事物的客观规律和前进方向还不明确,对事物的发展停留在原始神学概论。这些初级概论无法形成系统的科学体系,不能成为科技或者说是知识系统,所以在农业经济时代更加注重中央集权的统治思想。

这个时期,科技创新主要体现在具体的手工艺研发制作,比如珠宝点翠工艺、冶金冶铁等。但科技只在家族内部传承,没有进入社会形成社会属性,经济基础薄弱导致人的思想层面受到限制,这就使得科技的社会属性缺失,知识传播范围狭隘。

后工业时代,大机器化的出现提高了生产力水平,扩大了生产资料的规模,由农业经济转变为工业经济,人们对经验总结更加全面系统,初步形成了工业知识体系,并且不断发明创造,开始利用客观条件改变人的生存条件,为人改善物质条件奠定了基础。人的思想也由基础生存转变为发展生存,科技承担起了社会属性,并不断传播和发展,这就是人的知识体系初步建立的过程。人对科技的使用,使科技有了知识生命体,也就是高等教育社会属性。高等教育不断产出新的知识作为技术的核心元素,为技术难题提供知识手段,再以智慧成果转变为经济动力,推动社会前进。

这一时期,科技利用率还比较低,科技主要掌握在资本家手中,劳动力的低价和资本家的剥削是经济表现的具体形式,也是经济关系中的主要对象。通过科技和廉价劳动力相结合推动经济进步发展,而科技和高等教育主要是作为辅助手段。

信息时代,人的世界观和价值观都逐渐成熟,信息技术高速发展,为突破行业壁垒提供了可能,实现了行业综合发展,人们改造世界的技术有了质的飞跃。人的价值和知识的价值被科技推动到经济中,其经济属性价值尤其显著。知识也就成为生产资料中的核心要素,进而提高了生产力水平,缓和了经济矛盾和社会矛盾。

知识经济的形成需要高等教育的支持。高等教育在顺应社会新需求中要利用当前的科学技术作为教育案例,为学生输入知识内容,帮助学生实现从具体到抽象概念的转变。在传递新科技的过程中,教师要不断凸显和深化综合专业知识,提升学生的综合素质,使智慧成果不断转化为科技,从而反作用于社会经济发展。高校作为人才培养的输出地,为社会和经济发展提供了动力和源泉,社会和经济又为人才和高校的发展提出新的培养目标和发展方向,二者相辅相成、相互促进。

高等教育作为前沿知识的源泉和承载地,具有先驱性和综合性特点,为高科技的产出提供质与量的保证,是知识经济的驱动力,是知识经济社会的核心要素。

(二)知识经济与高等教育的互动性

从教育的外部关系规律分析,知识经济与高等教育具有良好的互动性。

1. 知识经济引导和推动高等教育的改革与发展

新的经济范式的出现必然带动社会全面革新。高等教育在知识经济范式的影响下形成了全新的教育理论思想,也就是新的教育观和人才培养观。传统教育中知识作为思想呈现体,展示的是其教育基本属性,不具备经济性、产业性、功能性。教育信息化变革恰好改变了传统教育格局,为产生其他属性奠定了基础。这种教育格局的转变主要是人的认知的转变,主要体现在以下三个层面。

其一,经济市场规律的客观性和宏观性要求我们辩证地对待经济的发展,知识经济作为一种软文化输出,被逐渐转变为硬经济,说明其外在作用力被放大。人在发展中形成的知识力量转为经济力量,也形成了社会发展力。这种社会发展力要求高校承担起社会属性,要求高校要进行改革和拟定新的人才培养方案。高校要为社会培养高端精英人才,让人才具备综合素养和创新创造能力,能够将智慧成果转为科技经济,在实践中解决知识经济中产生的问题,突破技术壁垒,研发前沿科技等,为知识软实力增加经济属性比重,使之成为经济核心要素。

其二,知识经济是知识与经济的结合发展,其本质是知识的经济属性和经济的知识属性,这两种属性也称为教育产物的商品性。教育成为一种商品后就必然产生相对应的产业结构,这种产业结构的核心是高等教育。高等教育必然要实行改革和组织结构变革,高校也就具有了边际效益。为了提高高校的边际效益就需要教育升级,形成新的教育局面,形成新的教育观和人才发展观,人才培养导向战略的实施成为必然选择。

第一章 绪 论

其三,传统手工艺经济时代中,主要生产劳动方式是手工制作,通过手工技艺形成一定的商品经济价值,这种技艺主要通过家族传承和地域发展起来,传承范围小,经济价值单一。工业经济时代中,大机器生产成为主要生产力和生产工具,人的地域性被逐渐放开,活动范围更加广阔,与世界的联系更加密切。知识经济是对前两种经济的继承和发展,是对世界的新探索和新经济方式的革命。这不仅能够满足新的学习需求和教育需求,更实现了知识软实力的提升,软实力的输出为我国国际地位的提升奠定了基础。

2. 高等教育的改革与发展拉动和促进知识经济的发展

高校不仅要传授学生专业的理论知识,也要承担社会责任。传统的高等教育是知识的输出地而不是知识的创新地,高校对人才输出和文化输出力量的重视程度不高,但高等教育要发挥作用就必须要保证其有量有质,承担起社会责任。

高等教育主要是专业精英人才的培养,而想要获得量的输出就必然要有庞大的专业人才输出,这样智慧成果的输出才能源源不断地涌现,而智慧成果主要体现在应用技术、职业技术和综合技术上。

一定的量的积累才会产生质的变化,因此要想实现高质量的质变,新的经济范式和社会发展就必然需要高科技成果的出现,而高科技成果必然产生更大价值,能够提高生产力水平,增加生产资料,缓解和解决一部分经济矛盾。这种知识纵面的作用深远持久,为经济发展和人才方向都提供了坚定的基础,能够促进更多量的形成和质的飞跃,而且这种增长形成了产业生态环境,为知识经济和高校教育提供了蓬勃发展的动力。

高等教育的量和质的输出为教育信息化发展提供了保障,人才的输出和成果的研发为科技进步奠定了基础,高校教育的边际效益逐渐凸显出来并成为一种产业助力,这就促使高科技成为核心生产要素和生产驱动力。高等教育和知识经济范式的联系也就更加密切和集中。

3. 高等教育活动本身成为一种经济活动

高等教育的直接产出资料是知识,知识也可以作为商品,其可复制性、可共享性和转移性使得它具备商品流通性的可能。所以,高校不仅承担了社会经济需求,本身也是一种盈利机构,通过知识的输出和发展能够取得更大的经济成就,实现经济价值。

知识本身就可以成为一种商品,能够增加经济价值,其知识价值主要体现在学生综合素质和综合能力上,商品价值主要是研发成果或者著作成果等。知识要想实现边际效益或者取得更大的经济张力就必然要成为解决经济矛盾的手段,为知识经济范式奠定核心基础,为生产要素提供新鲜元素,这种元素具备持久生命力。这种生命力促使高校教育不再是单一的教学活动,而是一种经济效益,这种经济效益的最大化使它成为知识经济范式的战略组成要素。

(三)知识经济与高等教育的互补性

知识是知识经济和高等教育的共同体和连接体,既促进了二者共同发展,也对二者进行互补。知识经济的核心元素是知识,只有前沿的、丰富的知识才能成为知识经济长久发展的源泉,而知识的承载体是高等教育。所以从内部发展规律可以看出,教育在知识经济提供的物质基础上,而教育成果又反作用于知识经济发展,他们既单独发展又相互影响。知识只有在呈现教育属性时侧重理论经验传授,而知识经济呈现其经济属性时侧重的是经济价值,知识经济要想持久发展就必须容纳和吸收更多知识元素,知识元素的吸纳渠道主要以高等教育为主,这就形成了高等教育与知识经济生态环境,也就是高等教育和知识经济产业链。二者相互补充、协调发展,推动了社会经济发展,解决了经济矛盾。

1. 高校内部的经济收入

高校正常运转需要以经济作为支撑,而经济的来源分为内部和外部来源。内部经济主要是高校科研成果和知识成果。高等教育是人才培养的集成地,有着国家政策扶持和鼓励,这就为高校自我发展奠定了坚实的基础。高校在将知识成果物化的过程中产生的成果价值和科研中形成的高科技产品等都可以转化为直接的经济价值,这些经济价值也就是高校自身产出所获得的直接经济来源。

2. 高校外部的经济投入

高校是知识经济发展的中心载体,已经成为社会的核心关注点。社会各界从原本的关注资本和投机转变为关注高等教育和创新技术,高校也就有了新的经济来源。除了知识的价值交换以外,还可以收获非营利组织的投资,如教育基金、教育部专项教育费用、企业捐赠等。这些社会资金的流入为高校教育发展和科研研发提供了充足的资金和时间保障。

3. 知识经济的可持续发展对高等教育育人活动的精神依赖性

知识经济的主体首先是知识,而后产生的经济价值被经济发展所需要。人具备感性和理性两种情绪,知识在传播中以一种客观观点被阐述和共享,所以知识的经济情感价值导向也就是教育情感倾向在经济价值中也存在,但是比例较小,经济价值中更侧重于经济而非情感。所以,知识经济在未完全发挥经济价值时,情感价值比较大。但从知识经济的整体发展角度阐述,其主要突出的还是经济地位和价值。

科技是一把双刃剑,在发展知识经济的过程中既展现了很多优势,但是也有许多不可忽视的缺陷问题。比如自然资源过度开发造成的大型自然灾害、生物链断层等问题。社会需要辩证统一的看待,科技也需要。知识经济是为人类社会服务的,是人扩大生存空间和改善生活条件的手段。要实现知识经济健康平稳发展就必须改变对科技的运用,通过对科技良性效益的扩大形成纵向科技张力,弥补横向发展中的负面效益,并且实现人与自然和谐发展。

4. 高等教育的育人功能

高等教育的本质是以教育为主,也就是对受教育者进行知识共享。这种主体属性就导致其核心战略以知识为主体,以知识传播和人才输出为己任,对知识的发展起着主导作用。知识是释放智力的乐园,人在学习中对知识进行质疑和创新,对新知识不断融合,形成个人新知识体系和知识张力,并传递给其他人再创新知识。这种新知识的扩展范围不断增大,形成知识交汇生态环境,为高科技产物的诞生提供了精神环境。而高科技作品形成和研发的主要对象也是高校人才,这就使得人才输出比知识发展更为重要,所以高校培养人才方案就更加被重视。人作为移动的知识传播体和发展体,除了能够实现自我价值和知识价值,更重要的是有改变和探索世界的能力。这种能力需要人具备强大的内心世界,而内心世界的发展主要源于生活和知识。知识是精神世界构成的主要元素,没有正确的知识作为导向就无法形成人的科学观。人在消极中对知识和物质社会的消耗是非积极的,所以高校育人就显得尤为重要。

三、知识经济对我国高等教育的影响

知识经济张力扩大到教育范围中,教育为了顺应时代需要和发展就必须做出改变,这既是高等教育迎来的重要机遇也是高等教育即将面临的重大挑战。

(一)知识经济给我国高等教育发展带来的机遇

以知识为主要核心元素就意味着高等教育成为核心承载体,那么获取机会的成本就会降低,主要体现在以下五个维度。

1. 知识的经济化与经济的知识化趋势,使高等教育的地位提升

传统经济中高等教育以知识传递为主,不强调经济核心,人的作用比较小,人的知识张力较弱,能够作用于经济的价值较少。以劳动力和资本为主的经济方式对知识的需求较弱,对廉价劳动力的需求非常大,所以教育只是作为学习的一种途径,是获取知识的一种手段。信息时代中知识经济成为经济发展的中流砥柱,意味着高校教育走向了经济中心,成为经济发展的核心竞争力。这种地位转变使得高等教育更加重要,软实力输出更加被重视。

知识经济成为经济发展的核心要素后,个人获取知识的门槛降低,对知识素养的提高提出了新要求,也就意味着要改变经济分配要素——高素质人才职业方向由实体转为科技公司。这种资金流入导向也就是价值驱动力导向,意味着文化素养差异已经转变为经济收入差异。

2. 大众化与国际化趋势,使高等教育的市场拓展

国家提倡实现教育大众化,人民的文化素养需要提升,这就奠定了教育在国家战略中的地位。高等教育作为经济的核心竞争力就更加重要。它不仅呈现了经济价值,更重要的是对外的软实力输出,为我国国际地位的巩固做出了重大贡献。由于世界格局的转变,我国在国际上扮演的角色日益重要,但是国际形势瞬息万变,所以就更加要求高等教育变革,为实现科技强国奠定基础。高等教育的国际竞争力张力和经济价值促使它获得了更广阔的市场空间。

第一章 绪 论

3. 高教、科技、经济一体化与学习终身化趋势,使高等教育的功能扩张

高等教育随时代发展不断完善,功能性特征不断凸显,主要体现在以下三个方面。

第一,时间上的延长。高等教育原来是有固定时间学习的,在规定时间可以进行专业课程学习,但这已经不适应当代社会的学习需求。目前,学习已经向开放式学习转变,学习时间不断扩充,社会学习机会的增加,增加了老年学习的时间,实现了向终身学习的转变。

第二,空间上的扩大。传统高等教育是固定在课堂和校园中的,受教育者和学习空间有限。信息技术的融合使得教育能够实现碎片化学习,线上课程等方式的出现为教育的扁平式发展提供了契机。空间壁垒被打破,全民学习的环境正在被优化。

第三,内容上的丰富。传统高等教育中,知识的来源是教师、教材和图书馆。学生需要通过读取大量纸质文献才能形成一定的知识积累并构建知识体系。科技的反作用力使得知识资源被扩展,知识获取和共享门槛降低,信息的传递更加丰富多彩。高校教育逐步走向了社会,形成了社会教育和导向,为企业和社会发展起到了积极教育作用,利用科技作用力形成了企业—社会良性教育生态态势。

高校对企业的明显作用力体现在企业大学的建立。企业针对性人才需求的提出和教育机构的成立为企业获得专业精英人才降低了门槛,实现了企业优质化人才储备力量战略,为企业生产和技术支持提供了保障。企业在发展中能够取得更加广阔的生产和合作空间,为我国企业国际化发展提供了人才竞争力。

传统高等教育主要侧重于知识传播、科研试验等,并没有真正实现其价值和效益最大化。我国国防力量和综合国力不足,主要是教育力量缺失导致的。当前知识经济成为主导,也就意味着国防和综合国力要不断凸显教育力量。我国国际软实力被不断输出,全民素质的提高对社会健康发展和自然生态建设都起到了促进作用,为我国国际地位的提升提供智慧力量,这种新局面的转变为我国综合发展提供了先导作用。

4. 综合化与信息化趋势推动高等教育的改革深化

"互联网+"教育的方式为高校改革提供技术支持。这种技术的融合和推动使得教育改革更加综合化和全面化,形成了教育新局面。传统教育中知识的传播范围受到地域和时间的约束。传统教育的单一性和阶段性较为明显,课程设置始终是专业性较强,知识交叉程度较低。在知识经济技术的影响和推动下打破了各种壁垒,知识边际效益和成本效益都得到了改变,成为经济核心竞争力,这就要求教育必须从单一性走向交叉性,学生学习结构需要被改变和发展,综合作用张力要进行更加全面和透彻的延伸。

从目前世界形势对高等教育方向的要求来看,高层次的专业教育不能再局限于只对学生的知识理解的传授,要对学生进行多方面的能力培养,也结合这一时期国际培养人才的目标培育出全方面、多领域的人才。为此学校可以根据市场的需求设置专业类型、调整学生教育模式等来改进高校教育质量。

随着信息技术革命的发展,将网络与专业化教育联系起来提高教育质量,形成自上至下立体式改革教育发展模式,学校教育也不再以培养知识型学生为主要发展动力,而是将培育多层次的专业人才作为高校教育的最高追求。高等院校主张教师在教育的过程中尊重学生学习的合理要求,注重让学生发表关于学习内容的意见和借助于网络媒体建立新型课堂。对授课教师进行定期的教学观念培训,使教师也能及时适应新环境下的上课方式,从根本上改变学校的办学理念。

5. 产业化与社会化趋势使高等教育发展的环境不断优化

在市场需求对高校教育培养人才的方向影响越来越大的情况下,我国政府教育部门针对这种形式制订了相应的教育改革计划,让专业化教育从根本上改变培养人才的类型,这些新型人才在社会上创造的物质财富也为高等院校的进一步发展提供了改革资金。

随着社会上部分企业依靠技术型人才在各行业拔得头筹,人们开始对专业化教育寄予厚望,社会中各企事业单位逐渐对高层次专业化教育机构投入培养资金和教学设备,人们对于人才能够发挥的作用有了更深刻的认识,人才主导经济发展也是世界范围内认同的经济理念,整体的社会环境使教育行业进入了快速发展阶段。

第一章 绪 论

（二）知识经济对我国高等教育发展的一系列挑战

1. 国际竞争加剧对高等教育培养目标的挑战

现代网络环境下企业之间的竞争已经不再是制造加工水平之间的比较,而是企业核心技术。核心技术所能创造的价值远超过人工劳动力加工的价值,所以高校要据此不断更新学生培养模式,增强学生的创造力。

根据最近就大学生的教育质量问题在全国范围内进行的一次抽样调查结果看,我国高等教育在培养目标及培养方式上存在着以下"六重六轻"：

重成才教育,轻做人教育；
重专业教育,轻基础教育；
重书本教育,轻实践教育；
重科技教育,轻人文教育；
重共性教育,轻个性教育；
重继承教育,轻创新教育。

社会对毕业生的评价是创新能力不强；敬业精神、合作精神不足；身体素质、心理素质相对较差。

2. 知识高度综合对高等教育人才培养模式的挑战

现今技术型人才培养的先决基础是学生要具有一定的知识基础,没有人能够全部依靠实践和技术完成日常工作,在某一方面极其精通的学者一定是还对其他方面有所研究,因为每一个专业领域都不是完全独立于其他学科之外的,所以学习内容的涉猎范围也要尽可能拓展,这种新型学习理念对我国专业化教育提供了一定的启示。

人才培养模式由培养目标、专业设置、教育方式、学习方式与评价方式等要素构成。我国传统的人才培养模式的特点可概括为以下5个字：

第二,"专",即强调按统一的计划与要求培养人才,培养目标过专；
第二,"窄",即专业划分过细,专业口径过窄；
第三,"灌",即教学重灌输,轻启发；
第四,"死",重记忆,轻思考,学习方式过死；
第五,"偏",即评价指标片面,评价方法单一,评价结果偏颇。

这种模式培养出来的学生在计划经济体制下容易对口安排,但综合素质较差,适应面较窄,创新能力较低。在知识经济时代,这种人将难以被社会认可和接纳。

3. 功能迅速扩张对高等教育体制的挑战

在新的经济发展形势下,高等院校的教育是培育新型人才的主要基地,是创造社会财富的起点。要培养专业型人才除了将高校教育体制进行改革外,还需要学生本身对于未知领域具有一定的探索欲望,能够配合学校的教育方式提升自身能力。

我国政府从新中国成立初期就开始不断探索教育革新,现阶段已经全面普及义务教育并取得了初级教育的成果,但面对企业发展还需要高层次的教育做出改变。

先从高等学校内部来看:在高校职员管理方面,对教师职工和学生的管理很严格,在教师等级评估方面,注重教师的实践讲课能力,但对教师的理论性研究要求较低,关于教师教学的年级和是否从事班主任等工作安排多是由学校分配,并未对教师进行意愿统计。

在高层次院校中教师有不公开的教育排名,教学时间长的教师在人们心中默认成为本学科的代表,所有教学方面的安排都要听从其意见,忽视了新来的教师也有教学方法和理念上的长处。

在教学效果方面,对教师是否具备专业教学能力的评价主要看学生的考试成绩和上课状态,导致部分教师为追求学生考试成绩给学生多布置课后作业和进行惩罚等行为,打压了学生学习的热情,没有发挥良好的教学作用。

4. 网络自由传输对高校德育的挑战

高层次院校对学生进行全方位的培养不仅包括知识和实践能力的培养,还包括学生道德素质的提升,道德知识的学习比学生专业知识的把握更加重要。一个人只有具有良好的道德品质,才能保障他人生前进的方向是正确的,不至于因为一些人生路上的小障碍就走上违法犯罪的道路,尤其是我们当今的教育处于网络媒体下,更要求对学生的道德品质进行一定的培养。

以网络为载体,各国的文化在不同环境下不断地接触和交流,外国文化大量进入高层次院校的课堂教育,学生在浏览网上的不同文化信息时会潜移默化地受其影响,但外国文化与我国文化有不同的地方,这需要高校对学生自身把握能力进行培养,因为新型社会环境下对学生的道德素质要求更高。

5. 教育资源共享对高等教育市场的挑战

我国高校将教育材料和课堂教学方式与国外其他高校进行分享,可以减少部分院校独立探索改进教育模式的时间,与他校交流还可以拓展学生的知识领域,但凡事都有利弊两面,因此也要辩证看待。

各高层院校之间在学生们高考结束的那一刻便开始了人才的竞争,高校会对高考时成绩优异的学生给予一定入学优惠,吸引优秀学生加入本校。不仅在国内各学校之间有这种现象,在我国与其他国家之间同样存在人才抢夺,近些年发达国家不断颁布各种留学优惠政策,吸引发展中国家的人才加入他们国家的精尖行业共同进行技术突破。目前,外国已经将人才争夺的目标集中于高校教师队伍,因为从事高校教育的人员都是具有一定学历和优秀实践能力的高层次人才。

目前,西方国家的高层次教育形势发展不是很乐观,许多学生在读完大学教育后不再继续深造,取得更高学历,因为外国许多国家鼓励学生顺应自己个性化的未来选择,不对学生日后是否继续学习做出严格要求。所以导致西方高校高层次人才数量日渐减少,国家只能对外招收博士人才。如美国、日本大多将目标集中于中国人才市场,使我国高层次人才逐年外流。

第三节 市场经济与高等教育管理体制

始于20世纪70年代的新公共管理运动对公共领域管理提出了新想法和管理新角度,关于棘手问题提出了专门的处理范例,为处理公共问题提出了更多解决策略。其中高等教育管理是公共管理领域的重要问题,其教育管理改革也处于新公共管理运动变革之中,是人们高度关注的方面。关于高等教育管理的政策主要是改变从前各权力集于一身的状态,将各个权力进行分散,一权一人,专人专事,专人专责,增加问题处理效率,同时增加竞争机制,改变办事人员懒散状态,更加关注问题解决的质量,并且接收社会学子。主要表现在提倡高校管理权力的多中心,强调分权与授权,引入竞争机制,关注质量效益,面向社会办学等方面。

一、新公共管理运动的兴起

20世纪70年代,凯恩斯主义的一系列政策给西方各国的公共管理带来了毁灭性打击,给社会生活各方面带来了一系列的负担,难以再成为政府管理的主要手段。在社会经济生活中,失业率骤然增高、通货膨胀率暴涨,社会上出现了生产与消费不匹配的现象,经济金融行业无法正常运转;同时政府采取扩张性财政政策,但办事管理机构效率低下,颁布的相关政策没有及时落实,整个政府职能失效,社会上怨声载道,政府已经不再得到民众支持。传统的公共行政管理模式在理论和实践的质疑声中陷入"四面楚歌"的境地。越来越多的人认识到,传统的行政模式已无法承担现代公共服务所需的能力,传统行政模式效率不高,目的只限于控制问题而无法真正有效解决问题,而新的现代公共服务需要即时性的、灵活的政策制定,出现问题及时解决,对常有的问题进行有效预测避免犯错误。

正是在这样的理论和现实背景下,西方国家为了恢复经济平稳运行、解决市场生产过剩的问题、摆脱财政困境和提高政府工作效率,开始针对"效率"和"生产"进行集中研究,这场改革从美英开始,影响范围逐步扩大至整个西方国家,此次改革也是在顺应全球化经济浪潮中进行的。在当时的人们看来,这次行政改革运动被认为是可以真正改变政府部门和公共服务机构的新公共管理(New Public Management)运动[1]。

(一)丰富公共管理理论体系

传统公共管理模式是政治、行政分属分管,办事两地来回跑,而新公共管理运动采用管理新理论新制度,不再分管的政策等。其理论和实践应用丰富、效果显著,被许多国家采取用来改革本国公共管理部门,新公共管理政策理念主要引用西方的新型教育管理理念,加入科学管理方

---

[1] [韩]郑俊新,[美]罗伯特·K.陶克新,[德]乌尔里希·泰希勒.大学排名理论、方法及其对全球高等教育的影响[M].长沙:湖南大学出版社,2018:257.

式和时事政策分析,在此基础上保留部分传统社会学、公共服务学原理和经验,促进了人类公共管理方式的进步。

(二)政府公共管理实践成效显著

新公共管理运动对解决西方经济危机产生了巨大效果,对西方政府层面的思想影响极大,变革了政府职能部门,提升了政府服务办事效率,缓解了西方国家的财政赤字压力,西方经济运行稳定下来,西方民众对政府部门重新开始信任,使得发达国家重新恢复国际竞争力。新公共管理运动的一系列政策克服了传统政府部门在管理体制上的弊端,例如,原来政府机构对公共物品采取的政策是垄断供应和限制物品分配,新公共管理政策采用分权下放、重组权力机构、权力组织重新安排、人员尽其用的做法,维护了公共管理机构的形象,便于民众生产生活。

传统公共管理主要是政府管控公共事业,管理制度比较严格,管理方式比较陈旧,对管理开放性要求不足。新公共管理处于探索发展阶段,管理手段还有待验证,但是发展前景广阔,发展价值巨大,更倾向于市场作用力。

以往是政府宏观调控为主,市场作用为辅。但是新形势下更倾向于市场导向作用,所以需要政府对公共事业开放,形成市场导向机制的公共事业群体。

传统管理方式中资源配置主要是通过政府分配和管理的,资源的有效性比较低,自主释放动能不足。新形势下就需要市场激发内在能量释放,进而产生出新的供求关系和市场环境。

市场的态势是发展的需求具体变现形式。新公共管理的产生是市场的选择,是时代进步的体现,是政府形象和政府战略的转变。政府作为宏观调控的主要成熟体,要顺应市场发展和民意需求做出合理调整,从而进一步调控市场,保证市场健康发展。传统管理方式中政府对于管理更加严格,标准更高,市场自主调控空间小,市场发展主要是跟随政策,容易形成市场能动性不足等问题。传统公共管理侧重主体不同,导致其对市场不够敏感,对市场新需求把握较低。新需求萌芽需要新的配套管理,新的公共管理应运而生。这种新管理方式顺应了市场和社会进步需要,市场发展获得了新空间。

二、新公共管理运动的主要思想

传统公共管理是以政府或者政策为导向,公共事物主要被政府管控并被作用于人民群众和市场需要,形成的公共服务和管理都具备政府属性,政府职能监管力度较强。新管理则正好与之相反。新管理更加注重市场的作用,突出市场自主发展的能力和前进规律,只有市场主导才能获得更多发展空间和实现管理结构优化。政府开放式管理也就是市场竞争式发展,有利于市场和客户群体,为改变供求关系提供了可能,是供需关系改变市场发展规律的具体体现。这种市场导向制的内在作用调整了政府与市场的关系、社会与市场的关系。政府与社会的关系改变为公共管理效率的发展提供了新机遇。其中心主旨主要体现在以下几方面。

(一)以市场为取向,重塑政府与公众的关系

传统管理方式中政府是主要的管理部门,行使管理权,具有权威性,与人民群众和市场之间的界限较为分明,对市场开放程度比较低,形成的管理机制比较强大,市场引导和调节作用比较小。新管理方式是以市场调节为主、政府监督为辅的一种管理导向机制,这种导向机制形成的市场性和发展性更加充足,市场空间和发展前瞻性更加广阔,能够进行市场自我调节。政府的监督管理职能更加重要。政府根据群众的新需求提供新供给,调整市场资源导向,形成新的市场产品生命周期,能够为供求关系提供新的发展机会,为市场综合发展提供空间。市场能够更加充分地捕捉到群众需求,与群众之间的关系更加和谐,调节供求关系更加便利,资源配置更加充分。

在市场环境形成良性发展的过程中,政府与公众的矛盾弱化或者被解决,政府公信力不断增加。这种情况下就形成了新的公共管理评价机制和评价体系。以人民群众和市场导向进行数据建模,形成长期有效的综合数据,作为评价参考和评价要素,并通过民意进行管理调整。通过这种改变可以增加公共管理公信力,形成新公共管理信誉度和执行力。公共服务的服务主体是人民群众,满足的也是人民群众的需要,所以发展民意和民力就更加重要,民众导向机制的结合发展能够促进新公共服务管理更加完善。

（二）确立政府有限责任，由"划桨"转为"掌舵"

新公共管理的核心价值是市场导向和群众导向，这就明确了政府的职责，意味着政府从传统的管理职能中解放出来，形成了新的管理范围。政府办事效率提高，监管职能被突出，监督管理方式更加成熟。但是，市场导向不是市场决策，决策权取决于人民。只有当市场调节作用显著，市场供需关系合理，民众才能行使决策权。在传统政府管理中，政府行使了决策权，人民群众参与度低，出现了政府权威性导致民意不能集中，对市场供需关系调整不到位的问题。这就意味着市场作用力不足，对市场微观调控力不足，形成市场短期机制。新公共管理的市场导向机制对政府责任划分更加清晰，管理职能范围更加明确，管理效率更加高效。

政府作为公信力的代表，协调好各部门之间的关系，形成良性的发展方向，能便于对各部门进行领导，实现管理效益最大化。市场关系改变以后形成了新的关系，对于政策和资金的使用更加合理优化，形成社会综合效益。政府由管理身份转变为协调领导者，实现新的管理形象的转变，为社会提供更多发展空间。

（三）全面引入竞争机制，切实提高工作效率

传统管理方式以政府为主，公共服务主要是政府提供资源和扶持，财政支出成本较大，管理综合成本高，服务质量低和服务效率低，而且政府人员职权使用不明晰，自下而上的服务质量低，对民众需求满足性较少，民众对责任的建立和责任的认同度较低。针对传统管理方式中存在的问题，新管理采用市场导向和群众导向方式。改变评价要素也就改变了管理方式，形成了自下而上的管理观念，社会部门参与度高，市场方向更加明朗，管理效率和管理效益空间增大。

新公共管理要实现市场机制和群众导向，就必须有开放思维。政府通过招标管理等方式选择更优质的服务对象。政府通过验收成果和群众导向机制检验市场成果和公共服务效果。而竞争体系能够择优而选，对公共服务形成更高的效益和作用。所以，竞争机制下的公共管理具体办法有以下三个方面。

1. 实施绩效目标控制

通过调动社会部门的积极性,设置绩效标准能够实现公共服务价值最大化。传统约束方式以制度管理为主,民众参与度低,目标价值低,能够完成的目标仅仅是规定任务,而非择优完成。只有充分涉及每一个人和每一个参与的部门,才能够调动员工的积极性,提高管理和服务质量,所以就需要采用当前广泛使用和接受度较高的绩效管理制度。

2. 更加重视结果

新公共管理方式因采用市场导向和群众导向机制,所以更加注重结果导向,管理灵活度更高,形成的质量更高,增强了公共管理服务质量和效率。所以,新管理方式的结果导向作用也就更加显著和突出,为后续管理提供新的指导依据。

3. 引入私营部门成功的管理经验

公共管理是综合性管理,比基础管理范围更加广阔,涉及的社会范围更大,形成的管理效果也就要求更高。管理的思维和手段可以借鉴成功企业的管理模式,通过政治、经济、法律等辅助形式,形成社会公共福利和公共利益价值最优化。

新管理要形成良性生态环境,就要充分调动人的主观能动性,不断降低个人的利益需求,加强民众的责任心,增加成长空间,建立社会服务意识,使民众具备良好的道德素质。同时要优化管理环境,为管理形成直接效益,简化程序和手续,提高管理效率,关注管理者的心理发展和情绪变化,通过情绪疏导形成积极情绪,提高绩效管理能力。还需要加大参与者的管理范围,提升其主体意识,发挥管理者的管理效益,最终达到新公共服务管理的目的。

(四)改革公务员制度,创建新型政府

传统制度中存在权责不明确的问题,使得公职人员的责任心不强,管理张力渗透度比较低,形成的管理效力不够充足;还存在行政管理的管理范围较宽,管理方式针对性不强,管理张力输出值较小等问题,加大了管理难度。人的管理是最为直接和关键的,所以打破传统制度,形成新的人员考核机制和合作方式更便于管理效益的产生和作用发挥。

传统管理方式存在缺陷,政策实施程度不高,群众接受程度较低,社会福利制度和社会利益呈现度较低,加剧了公共管理矛盾。为了解决传统管理中的矛盾和管理方式不配套的问题,实现社会管理福利和对利益负责,在人员管理中必须采用新的方式和目标。

传统管理方式中,政府职能部门较少出现过重大危机事件,导致资源利用程度低,不注重结果导向,形成了服务主导,导致应对危机的政策缺失。在日常发展中不会凸显出问题的严重性,但一旦出现危机,必然产生危机管理缺失和危机应对失策的问题。传统管理方式消耗的成本高,对抗危机的能力弱,对制度和服务质量的掌控不足,形成的局面比较被动。而新管理方式针对这种情况和长远发展提出了方案,在服务方案中做出危机预警和危机对策,形成更加丰富的导向和管理效益。这样才能凸显公共事业服务的价值和福利点,为人民群众彻底解决问题和提供优质公共服务奠定基础。

三、新公共管理思想在高校管理体制改革的表现

20世纪70年代的新公共管理运动的兴起丰富了社会管理的方式和理念,对于社会管理中的棘手问题提出了专门的处理范例,为处理公共问题提出了更多解决策略。其中高等教育管理是公共管理领域的重要组成部分,其教育管理改革也处于新公共管理运动变革之中,高等教育管理也是人们高度关注的方面,因此在对高等教育进行改革时会吸取新公共管理运动中的思想,将高等教育进行新形式化管理,"新公共管理"模式开始走进高等教育领域。

新管理主义思潮对于高等教育的影响领域逐渐扩大,改革从高层行政管理领域到高等学校其他扩展领域,覆盖面广,适用区域大,在大学管理的各个方面都有新公共管理的理念驱动。这种高等教育管理改革的历史是:全民化的高等教育转为全球化高等教育、高等教育市场性扩大、世界性的高等教育发展已普及到全部高校之中、入学人数的上涨远超高等学校预定的教育投入、国家开始制定相关政策将目光转向提升教育质量、学校教育开始不局限于升学和培养高层次人才,而是加大力量培养具有专业性的职业人才,国家政策和市场导向成为高校人才培养的主要依据。

综上所述,新公共管理思想在国内外高校管理体制改革中的主要表

现有如下几种。

（一）提倡高校管理权力的多中心，强调分权与授权

传统管理主要是权力高度集中，办事效率低，问题得不到有效解决，而新公共管理创新了管理的组织结构，进行分权，将权力落于实处并减少下属权力部门，这样遇到问题能反馈及时，处理有法，对问题迅速做出反应。这种管理手段就是对政府、市场、学校手中的权力进行重新配置，让权力机构灵活运作，不再有一个权力中心的现象，权力掌握在多个机构部门手中。[①] 其中最主要的部分是将权力下移交给民众与社会部门，社会有了权力以后，民间机构开始逐步参与运作发挥更大价值，区域间联系性增强，产生了一种"教育民营化"的现象，这就是政府教育观念转变的结果，是社会力量对教育的显著作用。

新公共管理倡导教育分权，结合学校教育实例来说，就是学校领导既要有权又要授权于人，平衡好二者关系。

1. 集权与分权相互补充，灵活运用

传统的决策方式以自上而下传递控制为主，政策指挥都是高度集中的，而基层人员是执行和被动参与，信息交流程度较低，难以形成高等教育管理体系。为了改善传统管理中的不足就需要统筹兼顾，实现权责划分，集权与分权相互补充，使决策成本降低，获得最优效益，这样才能发挥决策和管理的作用。

2. 强调适度授权

高层领导作为领导先驱力量，具有决策前沿性，这意味着领导能够实现组织结构优化，实现人的权利的优化。这种优化是对权责的分配优化，要在决策中对管理人员明确一定的职权范围，调动其主观能动性，形成管理积极效益，适当的放权能够为执行和完成任务提供精神和物质条件。但是要保证管理张力，不能形成泛滥式管理。泛滥式管理形成的危害性非常大：第一，管理人员执行缺失，权力过大造成权责分配不协调。第二，监管力度加强，导致权利被动收回，无法形成有效的管理机制和执行机制，管理人员陷入传统管理方式中，无法形成科学权责执行方

---

① 胡乘铭.浅析大学学科的建设与发展[J].价值工程，2013（24）：266-267.

案,导致任务无法完成。

3. 授权不授责,但同时要权责明确

对于权责分配要合理。传统方式中决策过于集中,所以问责制主要针对领导层面,而对下属的权责并不明确。在发展过程中往往出现许多不可挽回的错误,这为新的管理方式敲响了警钟。新的管理方式中,权力分散且集中,形成的管理层级明确,这要求对应层级也要与之相适应。这种权责相匹配的方式能够为领导者和执行者提供积极的情绪,只有权责范围真正明确了才能形成管理的最高层次,实现决策的意义,为实现工作目标而努力。

(二)在教育领域引入市场机制

新管理方式冲击了传统管理方式,释放了政府职能转变信号,为政府转变服务者服务态度提供了契机。市场引入机制在教育领域同样适用,以教育市场为导向作用,形成了新的市场局面,扩大了教育机会。政府在服务中突出服务功能,从管控作用转变为监督作用,更加开放教育市场,为教育市场保驾护航。引入其他社会资源形成新的教育管理机制和评价机制,形成市场引导、服务教育、教育辅助和发展市场的生态环境,为教育发展提供更充分的资源和资金支持,这样新管理机制才能发挥更大的作用,为知识经济发展提供能量。

我们可以借鉴发达国家的成功案例,如学习美国教育改革的成功经验。美国通过教育改革,引入市场机制形成了新的教育局面,改变了市场供应者和供求者关系。原本的供求关系是政府与消费者,而在市场经济条件下,供求关系转变为消费者与提供者。这种转变意味着选择方式多样化,权责分配明确化。公立学校承担起主要教育职责,而私立学校则更侧重其经济职能,消费者选择权利充足,对于市场导向更加敏感,需求释放更多样化。提供者则根据市场需求信息调整发展战略,不再是服从政府导向而导致需求缺失。在市场经济机制下,政府监督职能更加重要。保证市场合理竞争机制、市场引入和发展机制的落实,对市场健康平稳发展非常重要。为了能够实现市场良性竞争,公立学校领导和私立的权利范围不同,责任也相应不同,但二者相伴而行,为教育市场机制提供了更多可能性。

市场机制与政府调控不是对立发展,而是相辅相成的。传统方式中政府管理以把控为主,存在权利过于集中在领导人手中,领导拥有决策权,执行人员通过文件进行项目执行,遇到各种问题还需要逐层反馈上级,组织结构冗杂,形成的周期长等问题。政府与消费者之间的矛盾日益突出,消费者可选择范围较小,导致教育失衡现象严重。准市场的介入则缓和了政府与消费者之间的矛盾,转变了政府形象和职能管理方向,这为市场开放提供了空间。准市场机制形成了中间选择机会,市场责任更加突出,消费者不再被动选择和接受,供给者也有自己的选择空间,供给者和消费者承担各自的权利和责任,选择方向与供给程度都有很大的改变,使市场发展更加和谐,教育的市场竞争机制更加高级。

(三)高度关注教育的质量、效益和效率

新公共管理方式更加侧重于对教育领域产生量变和质变,这需要高效配合机制和效益考察机制,最终实现改革目标。

传统管理方式以中央决策为主,决策权利集中,教育局面困顿单一,消费者可选择性和需求性缺失,形成了消费者和政府之间的矛盾。这种矛盾导致很多问题浮出水面,加剧了教育失衡和教育管理缺失。管理者没有一定的权限解决出现的问题,更加剧矛盾点,以至于教育问题日益严重。为了改变这种局面,政府由中央集权转为层级明确的权责制,转变为监督服务者,这样能使教育执行者真正有权限解决矛盾,为教育实现现代化提供保障。学校合理分配权利和责任,能够真正实现对人的管理,实现人的自我价值,为社会进步提供契机。从规章制度约束力转变为自我主观意识约束,让教育管理服务承担起相对应的责任,如此才能更好地行使权力,实现向责任教育的转变。

权责明确更有利于教育扁平化管理的实现,更容易实现管理目标和管理效益。管理的福利是实现人的成就感,也就是归属感呈现,而这种归属感也是主动承担责任的内在动力。正确的分权机制能优化管理结构,书面约定可以保障权责明确规避风险,建立危机管理制度。

传统政府管理比较僵化,形成的管理局面较为狭隘,没有形成成熟的特色教育,换言之即教育可选择性小,很难针对学生的特性因材施教。管理模式的弊端也不断凸显出来,矛盾日益加深。为了顺应时代发展需要和人才需要,就必须从根本上进行教育改革,使教育管理改革呈现出新趋势。传统政府管理即权责分配改革势在必行,而良性局面的形成就必须有危机管理制度——具备法律效力的书面约定形式。这种书面形式,为传统学校发展和新局面的形成提供了法律保障。书面约定促进了新管理的发展,使权责分配更加明确,实现目标与教育效益的综合成果转化,因而政府监督和服务就更加重要,书面约定效益也就更大,新管理方式被认可程度也就越高。

权责明确使高校组织管理实现扁平化的组织结构成为可能,这种管理结构更加直接和便利,能够提高学校的管理效率和管理福利,不仅为管理者提供福利,更被管理者加以利用。

(四)重视社会和家长对教育的需求,面向社会办学

传统方式中政府管理程度过高,权力过于集中,信息传递不及时,民众的声音很难被采纳到决策中,政府根据宏观调控机制和管理办法做出决策,这导致决策结果不能满足民众需求,造成了政府与消费者之间的矛盾。消费者权益和需求无法得到保证,会导致对政府公共管理支持程度下降,政府公信力下降。新管理方式要避开传统管理方式中的弊端,不断强化权责界限和重视民众需求,增强管理公信力和公信约束感,形成市场导向和顾客导向双重作用下教育需求和供给良性服务关系的新管理局面。新公共管理方向和手段也就更加明确,对管理效益实现也就更具有期待性。

市场机制中的顾客导向准则实际上就是供求关系的改变,从政府主动产出转变为以销定产,使消费者需求成为主导,掌握市场需求的主导权,生产权力在消费者手中,而这种关系的转变也就是市场导向的变化,是供需关系的根本变化。借鉴到教育中,就是教育供求关系的转变。学校通过对学生、家长需求的掌握,转变管理方向和教育目标,以期实现优质教育,形成良性教育关系。教育中最主要的方式是知识传递方式和学生素质形成,这种隐性效益要想成功实现就需要更直接的方式,不体现在传统的考试成绩,而是体现在科研成果等更为直观和直接的效果当中。顾客的愿望和需求要间接或者直接得到满足,消费者的需求由隐性转变为显性,能为教育管理和教育发展提供更好的机会。而这种需求导向也就是教育市场需求,教育质量在这种需求中就更加重要,这促使教育改革,教育管理形成全面调整,实现优质教育和高效管理新局面。新管理方式的福利渗透到消费者和教育机构中来,为新管理方式增加内在动能。要想消费者预期得到满足就需要实现以下三方面的具体需求。

1. 为顾客提供充分、优质、公平的教育机会,满足顾客不同的教育需求

教育机构的主要作用是教书育人,是知识传播和知识发展的重要基地,在这一过程中就必须关注教育主体。学生作为教育主体,要更加注重学生的需求,满足其实现条件,不断提升教育主体的本质和人的价值,所以主体需求也就是教育需要产生的供给点。但是主体的需求点较为分散且不具体,这就需要教育机构仔细分析需求点,然后通过教育方式予以实现和满足,形成知识作用力和教育张力。让管理方式更加亲民和直接,管理福利充分作用其中,为学生发展提供切实保障。

2. 建设服务型学校

传统学校通过学校规章制度对学生和教师进行约束,这种制度管理方式会僵化管理关系。管理者和被管理者沟通不畅,矛盾日益突出,管理方案实施不畅。新高校公共管理方式要解决这种弊端就要从领导集权管理转为服务管理入手,实行信息多边化管理,对家长、学生、教师和学校进行全面关注,为他们提供具体的帮助和服务,满足其各种合理需求,以实现管理最大效益,真正实现服务育人的教育理念。

3. 尊重家长和学生的教育权力[①]

传统教学管理中,学校要求和决策是通过教师向学生和家长传递的,他们在被动接受和执行中受到需求压迫和消极情绪的影响,对教育管理认同度低,导致教育管理公信力和公约力缺失。需求被忽视使得他们做出错误选择,教育管理的决策法方案和管理方案得不到认可和落实,教育管理矛盾就越发突出。只有将教育选择权利回归受众群体才能缓解矛盾。知识经济中主要支撑力是知识,但是移动载体是人。所以教育新管理方式就必须顺应人的发展需求,为人提供选择空间和权利,真正实现管理福利福泽到人,满足学生和家长的需求,这样教育管理才能实现优化目的。

---

① 袁小平. 从"新公共管理"视角反思中小学管理[J]. 教学与管理,2006(7):17-19.

第一章 绪 论

第四节 新公共管理运动与高等教育管理体制

市场经济以知识经济为主导,知识成为推动提高生产力水平的要素,高等教育经济化也成为发展趋势。上层建筑反作用于经济基础。知识经济与高等教育并非独立发展而是相辅相成,知识经济的作用力越突出,高等教育就越需要为其提供更多支撑力量。高等教育作为科技发展的前沿力量阵地、高科技产品和技术研发基地,在经济中的影响力越来越大。知识经济的发展越来越依靠知识,而新经济范式的要求对人才需求更高,这就意味着高校教育必须改革,以满足人才发展的需要。通过重新制定教育内容和延长知识传播链,创新知识发展和实现智慧成果,才能为知识经济提供长久动力。高等教育与市场经济相辅相成,相互作用,高等教育是经济发展的重要力量,经济发展是高等教育的物质条件。

一、市场经济对高等教育的影响

信息时代下,市场经济的核心推动力是知识。传统教育方式和管理已经无法满足经济发展需要,经济发展需要高素质人才,需要建立更丰富的知识体系,这就促使高等教育走上改革道路。经济基础的物质条件丰富化需要加强教育支撑力度,所以经济从根本上改变知识结构体系也就是高等教育体系。市场经济对高等教育的积极影响主要表现为以下几方面。

(一)市场经济的健康发展为高等教育的良好发展创造稳定的社会环境

只有得到正常的物质保证,教育才有发展机会和空间。如果经济发展方向缓慢,发展道路过于曲折,那么形成的经济环境就不稳定,这种不稳定性对于教育的发展会产生一定的负面影响,导致教育无法获得优质的发展条件和外在环境。如果市场经济中形式过于单一,需要的教育格局较小,高等教育面临的局面更加狭隘,人们意识开化水平较低,吸收的社会力量就较小,人的价值就很难突出。为了解决这些弊端,就需要市场经济健康全面发展,尤其是促进高等教育发展和人的价值实现,为社会和经济提供强有力的保障。

(二)市场经济的发展为高等教育改革注入新的活力

传统经济方式侧重于廉价劳动力和资本流入方向,社会发展水平较低,社会对人才需求度较低。同时,受到生活条件和生活水平的限制,人的思想意识开化程度不高,高等教育不注重科研成果的经济价值和智慧成果转化。而新时代下知识经济的呈现就对知识提出了新要求,对高等教育的发展既是革新也是机遇。只有顺应经济发展需要,高校教育才能更快发展和实现成果价值。

(三)市场经济的发展促进高等教育观念的不断变化

传统经济体制发展单一,是封闭式、固守式、平稳式发展,无交互和效率概念。这就不需要高等教育,也就不需要思想理论为人的发展做支撑。所以高校管理体制以政府管理为主,招生和就业机制也是通过人才分配机制实现,教育管理结构冗杂,教学内容单调,教育资金有限。知识经济发展则是对这些弊端的冲击,解决了这些潜在问题,为教育发展提供了新的机遇,使教育改革成为可能,并为教育提供了新的使命——多种意识迸发融合,实现知识—成果—人的多边价值最大化。

(四)市场经济的发展将为高等教育提供广阔的社会实践平台

传统经济范式中以廉价劳动力和资本为导向,人的综合价值体现度低,高校没有人才培养方案和人才目标,专业设置按部就班,教学方法以传承式和讲授式为主,教育发展缓慢;高校内部竞争压力小,主要以教学年限和教学职称为主,教学效率低,教师参与度低,教师墨守成规,不利于高校传递知识和实现知识成果,降低了科研空间。健康的市场经济综合作用明显,在很大程度上为高等教育提供了更广阔的发展空间,市场经济的参与能够从根本上解决一系列问题,进而为新的问题提供了更多解决办法。这种经济作用有利于高校的根本发展和目标设定,有助于知识经济的长久发展和综合国力的提升,为我国教育软实力输出提供坚实的后盾。

第一章 绪 论

回顾历史发展进程,传统经济范式影响了高等教育的发展方向和发展速度。但是传统经济范式的优点——平稳性、目的性和控制性,也对高等教育管理产生了积极作用。传统经济范式的平稳性促使高等教育目的清晰;目的性促使高等教育有规律性,教师力量稳定;控制性促使高校教育管理集中度高,管理张力大,形成的管理约束力明显,保证了教育价值方向,具有教育概念性指导意义。经济范式的教育属性被放大,教育功能更加完善。市场经济的弊端正好与之相反,市场经济下的教育形式变化较快,学校教育模式可能会跟不上经济形式的变化,而且社会各方面对教育发展的期待变高,给高校的教育发展带来较大的舆论和现实压力。

传统高等教育更加侧重于知识理论的发展,科研程度较低;以理论研究为主要战略,应用开发为辅;更多的是提供无偿服务,有偿服务只是偶尔实现;导师主要是发展好自己的本职工作,为学生系统学习提供优质教学质量;学生在导师的精心指导下对系统知识掌握更加全面和透彻,功利意识较弱。市场经济的快速发展必然使其负面效益影响高校发展,高等教育发展弊端逐渐凸显,教育的功利性和浮躁性都影响了教师和学生,造成对学术研究的严谨性逐渐缺失,产生对知识本身的尊重度逐渐降低等问题。

目前,我国由劳动密集型经济转变为知识经济,这种经济范式的转变必然会影响传统高等教育的继承和发展。新经济范式的负面效益冲击力度大,对传统教育管理革新形成阻碍,出现的问题与矛盾增多,而这种不全面性导致新高等教育方式稳定性不足,功利性过强。

经济范式的转变促使高等教育随之转变,但转变有一个发展过程。当新经济范式发展完善,高等教育还处于发展旋涡,就必然会被前后两种经济范式所影响。由于固有经济范式条件的影响和新经济范式的推动,使高等教育不能全盘吸收新经济范式带来的优势和发展,也不能完全摆脱原有经济范式的物质载体,这就使得发展出现矛盾激化点。这种矛盾激化点难以被解决。因此两种经济范式的负面效益会被放大,影响高等教育健康发展,而高等教育改革过程是漫长的,健全的高等教育改革方案能够实现对人的有序管理,加强知识经济的后期动力,同时也需要采取更多的手段,对发展方向进行调整,最终实现新的发展。

传统经济范式已经被新的经济范式取代,密集劳动也转为科技劳动。高等教育是社会公共事业的一部分,必须要顺应时代和社会发展需要,这种客观选择是必然的。只有了解社会形势变化的特点才能改进我国教育发展模式。在改革中要坚持政府领导方向,吸收新经济范式中的精华作为发展动力,这样才能够形成社会推动力,以全面健康的方式促进转变。单一的元素不能成为核心改革力量,容易使其偏离正轨,所以在转型中一定要结合新经济范式的优点,促进内能外显化,形成综合效益,从而达成高等教育改革目标。

二、市场经济对高等教育的调节

新经济范式的核心竞争力是知识,人是知识的移动载体,因而人无法远离市场机制。市场经济对高等教育的调节作用主要体现在以下几个方面。

(一)有利于高校自主招生和合理设置专业

以往政府管理形式单一,管理局面僵化程度高,高等教育的民众诉求传达不够准确和清晰,对外界环境不敏感。经济范式的转变促使其发展,但是这种矛盾激化点需要市场发挥调节能动性才能予以解决。威廉斯评论道:"市场模式的主要优点是它可以不断地刺激学院和大学,使其适应不断变化的经济和社会状况。"高等教育要想借助市场的力量,就必须从管理上有所突破,只有这样才能为教育发展争得机会。传统管理方式中高等教育忽视了利益相关者的需求,也忽视了经济方式新要求和社会发展新需求。随着市场就业形势不断变化,产生了不同的职业需求,但是高校面对这种形式,没有及时调整进行教育改革,形成了社会需求和教育之间的矛盾。而市场调节作用是以竞争机制和顾客导向机制为主,绩效评估体系为准的新管理方式,要求高校积极面对需求变化,实现需求变化导向,为高校发展争得新机会。

传统经济范式中,以政府管控为主导,消费者没有掌握权,主要是根据国家调控政策选择学校和专业课程等。高校和消费者都没有很多选择空间,这种需求性被忽视,一直得不到满足,从而形成了三方矛盾。这种矛盾的加剧为市场导向机制提供了发展机会。权责分配的新管理方式在市场的干预下开始逐步重视消费者需求,需求的生命周期被缩短,形成需求导向供给关系,高校市场空间更大,竞争更加激烈。选择的多样性使得消费者成为买方市场,高校为了生存和发展需要更加注重质量和结构调整。专业人才的饱和度等指标以及市场需求导向的综合作用,为高校教育结构调整提出了要求。高校课程设置也更加合理精品化,教师成长速度加快,人的价值更容易被实现和发展起来。新经济范式得到力量补充,为高等教育提供更加丰富的物质基础和发展选择。

(二)市场的积极调节作用有利于高校合理定位,办出特色,办出水平

格拉夫在谈论美国高等教育时提出:"在美国这种系统中,消费者的需求起着重要作用。消费者掌握着平衡杠杆,而计划者却没有。消费者不仅可以选择进入哪所院校,而且可以随意退出,从一所院校转入另一所院校。由于存在着如此广泛的入学选择权和以后的退学权、转学权,因此各学院和大学的生存或者依赖于满足用户的需要,或者依赖于以自己大学的优秀质量来吸引用户。只有形成自己学校的特色才能吸引用户,雷同则不能。既然如此,许多院校都努力建立自己的办学特色,而不是被动地接受统一的模式。"[①]在市场和就业需求这个平衡杠杆之下,高等学校必须拥有独特的办学优势、教育特色和教育方式,才能在如此众多的学校之中脱颖而出,确保高校的特色专业在高等学校行列中立于高地。

(三)市场的调节作用有利于高校建立市场主体意识,发挥自身的主观能动性

传统教育方式以教育属性立足于社会,以社会福利的方式体现,受到市场影响较小。国家管控和管理程度高,权力集中,面临较少的经济风险和改革风险。同时,在管理中占有很高的地位,形成了封闭式发展的环境。知识经济的发展,对高等教育提出更高的要求,促使高等教育必须重新面对市场竞争和市场选择,如果不进行开放式全面发展则面临市场需求生命周期风险。消费者对这种生命周期判断偏向消极则会放弃该校,负面消息的舆论传播速度会使学校丧失名誉和信任度,从而失去一大批消费者,高校就可能面临被其他学校合并或改革的威胁。为了保持高校活力,必须积极面对市场导向和消费者导向,为自己寻找新的发展机会,顺应市场发展形成高校市场体制,成为自身发展的核心竞争力。

传统教育观念基本固定,教学结构冗杂,教学体制老化,教学方式

[①] 郑景云.高等教育质量影响因素探析[J].中国成人教育,2014(13):6.

单一,招生和就业方式常规化。高校教育在传统中发展限制较多,其地位和质量认可度低,形成的教育效益程度低,能够被应用于实践和个人成长中的空间狭窄,社会和经济需求不能被满足,高校没有自己的特色点,无法形成特色教育和特殊人才培养体系,无法为我国高校在国际中赢得一席之地,从而导致我国高校国际地位始终处于薄弱环节。新经济范式的正面引导作用就是为了解决这些问题。如果市场的综合能力和综合导向作用结合效果良好,就会为新教育管理和发展提供更多可能性。

三、市场经济对高等教育管理体制改革的要求

传统经济范式被新经济范式继承和发展,即传统高等教育被新高等教育继承和发展,这对发展提出了新的要求和具体指导意见。

(一)高等教育要面向市场需求培养人才

传统教育人才输出主要是通过提高劳动力和生产力而进行的培养计划。这种计划的针对性较强,人才理论知识体系完善,但机动灵活性不足,能够形成的经济效益低,对人员管理程度过于集中,其智力释放程度比较低,人的价值和人的效益无法对经济产生直接作用。有能力的专业人才稀缺,这和经济的矛盾尤其明显。知识经济发展中需要更多支撑元素也就是高素质的专业人才,这就要求高等教育需要吸收市场优秀导向,为专业科研人员培养制定优质方案,并形成教育改革的强劲动力,进而实现综合人才的定向输出,为社会进步和发展提供源源动力。

传统教育观念,主要是理论知识的学习和培养,是对马克思主义等相关理论的学习和系统知识体系的建立,是对当前学术问题的分析和理解,以及对知识的传承和发展。但存在知识在实践中的运用较低,不能为社会解决实际问题;对专业精英培养失衡,达到要求的人才培养目标数量较少;教育管控约束力比较高,教育"一刀切"现象严重等问题。知识经济需要高科技和专业精英的扶持和帮助,这就需要教育具备经济属性,并能发挥经济作用,促进经济全面转型发展,实现技术和经济又好又快的发展,为国家在国际软实力输出和国际经济发展中贡献更多力量。

在地域发展中,既要形成地方教育特色,也要形成教育共性,让人才输出到国家需要的各个地方,能够为国家发展出谋划策。教育要从教育环境中走出来,进入大的公共事业建设中来,承担起相应的社会责任,

第一章 绪 论

贡献自己的社会力量,为社会主义社会建设添砖加瓦,使高等教育形成全面性和系统性的教育体系。

教育的根本目的是配合经济发展,发挥人的作用。如果教育脱离了根本目的就背离了教育初衷,而高等教育在其中发挥了巨大的经济价值,培养的人才在就业中不仅实现工作价值,更是在创造价值。这种价值创造伴随人的一生,能够在任何时候都发挥作用,这种积极的作用会促进社会的变革和前进。

(二)高等教育要调整培养目标,改革教育内容和方法

传统经济过于封闭,缺乏市场调节力,而传统的人才培养也是封闭固定的培养模式,停留于课本教学,缺乏实践课程,这些特点可能伴随终生,为个人就业和发展形成一定掣肘。这种制约性妨碍了人的个性发展和综合素养的形成,阻碍个人价值实现。知识经济创造的空间更加自由,更富有创造力和开拓力,这些特点为人才储备方向由系统知识转变为实践能力和综合素养提供了条件,为社会和经济发展起到推动作用,从根本上提高生产率,实现生产资料分配和占有合理化。这种明显的经济作用就是人的经济价值的实现,是人发展的必要选择和最终结果。

要选取知识经济中的精华部分融入教育因素中,为教育提供更多优秀的力量。这些积极力量作用于学生培养,对学生形成高素质有着巨大作用。学生综合素质提升为我国思想文化发展奠定了人文基础。良好的人文素养对管理起着关键作用,思想教育目标的实现是就业精神的具体展现,为就业发展和人文发展提供契机。社会正义感的保持能够稳定社会发展,稳定的社会反作用于稳定的经济。

传统教育内容配度低,以经验总结和常识性知识为主,占据教学计划范围大,形成的知识传递成果弱,甚至很难被再次传播和利用。而知识经济的出现和发展就需要对传统教育的内容做出改革,需要科学技术创新更多的新知识和新机遇,更好地推进知识经济发展,使教育内容具有时代性和前沿性。

教育方法多样化发展。新经济范式具备开放性和创造性,教学方法需要与之配合,教育方法也需要多样化发展,要做到因人而异,因材施教,实现教学目的。采用更先进的科技推动教育发展和进步,让学生在对应的情景学习中实现能力提升和知识巩固,使综合能力培养更加全面和丰富,这样才能实现教育改革的意义。

（三）建立适应社会主义市场经济的教育体制

当前,教育体制管理传统集中管理形式还存在,这与当前知识经济的开放性相矛盾。为了更好地顺应社会发展,就需要发展新的教育制度。新的教育制度吸收市场元素后以市场中消费者的需求为导向,具备开放性、创造性、竞争性和法制性。教学体制充满活力和生机,形成特色专业和办学特色。高等教育的投入和发展要顺应和符合经济发展需要,专业设置和教学质量要顺应市场需求导向,人才培养方向要顺应社会需求变化,最终形成符合知识经济发展需要的优秀教育体制。

教育体制改革不是为了分散中央管理权利,如分散院系与基本职工关系,不是一刀切的改变教育结构,如改变专业设置方向、课程目标和培养方案,也不是为了强行发展高校,而是真正从全国范围内进行教育改革,促使高等教育发挥出综合作用和综合效益,降低教育边际成本,提高边际贡献率与效率,为科研提供更强大的阵地和服务基础条件,实现知识经济全面发展,为我国取得更高的国际地位输出力量,为解决社会主义社会中的经济矛盾,提供生产力水平和创造更丰富的生产资料。

（四）面向市场经济,建立有中国特色的现代大学制度

市场经济主要是通过自主选择方式和价格方式进行资源费分配,高等教育也需要这种导向性。知识经济成为市场经济的核心力量,意味着教育的经济价值突出,那么我国高等教育就必须形成特色市场导向性教学制度,也就是现代化建设力量。这种力量不仅仅单纯作用于学生,更是国家整体建设的需要,是国家教育改革的具体目标。

传统大学制度本质是约束管理,具有封闭性,面向对象主要是学生、教师和管理人员。通过公共服务管理调动办学,实行中央统一领导；基本特征是系统学习、政治管理,存在责任含糊、管理松懈,对资源配置不合理,教育资源和教学矛盾突出的问题,这些问题阻碍了知识经济发展,就需要新的制度体系出现。实现资源配置优化和知识经济发展,就必须采用以市场导向和需求导向发展方式,增加大学制度对知识经济的融合度,利用好市场精华元素,建立自身优质发展。

我国经济体制的领导作用十分突出,高校建立新制度是为了推动经济更好更全面发展。所以高等教育的发展是历史的必然选择,高等教育要把握好时机,为自身发展吸收更多优质能量,并将形成新的积极作用反作用于经济发展中。

第五节　新时期高等教育发展趋势

教育与经济是不可分离的两个部分,教育培养高质量人才以促进经济增长,反过来经济的发展也给教育投入更多发展的资金,所以伴随着经济全球化进程加快,高等教育也发生了重大改变,主要体现在范围扩大化、组织形式转变、融入资金方式多样化、绩效评价体制和经济价值实现化等多角度。国际教育发展的新趋势是自主学习、由国门走向国际交流,这些变化趋势促使高等教育制度更加完善,而我国高等教育在全球大环境下也发生了翻天覆地的变化。面对新形势,我国高等教育要不断提高培养人才的专业化程度,逐步扩大高校职业技术资格的专业开发,使组织结构更完善,为国家经济发展提供强有力的支撑,为社会提供更多的知识福利。

一、世界高等教育发展的现状

全球多边外交政治关系和全球化知识经济发展,促进了国际教育新发展趋势的出现。主要体现在它的范围扩大化、组织形式转变、融入资金方式多样化、绩效评价体制和经济价值实现化等多维度。

(一)高等教育规模的持续增长[①]

高等教育规模的增长速度各地区都不相同,高等教育增速最慢的西欧地区与增速较快的东亚地区相差较多,高等教育普遍在发展中国家增长较快,但就总体增长来说,高等教育的发展情况在各国都不是很好,还有很大的发展空间。由于发展中国家经济发展水平也相对迟缓,面对经济发展形式的压力,也迫使这些国家大力发展高等教育,培养专业化的人才。

通过对世界教育格局的分析,能够促进高等教育发展的主要原因包

---

① 韩猛,冯利英.国外统计高等教育发展趋势及其启示[J].内蒙古财经大学学报,2013,11(4):13-15.

括:二战战后格局及世界经济的恢复,多边外交政治局面的形成,世界文化的碰撞和发展,以及经济和政治对人才的迫切需求。工业经济转变为知识经济的国际导向力量,对高技术人才以及精英人才的需求比例大幅度增加,这种人才需求导向对教育形成了新的影响和发展方向,以及"构成新型福利国家、可持续发展和法制化民主社会重要因素之一的教育自身的吸引力"[①]等。

(二)高等教育结构与形式的多样化

国际高等教育形成的多边发展模式,促使吸收更多国际化元素,这种多元素国际化被许多国家吸收。现在高等教育的发展模式是公立学校仍占据主要地位,随着民间社会力量在高等教育机构中发挥更重要的作用,民办大学和私立学校也成为高等教育变革过程中的重要影响力量,民办大学较公立大学更加注重人才的个性化发展。在互联网改革大趋势下,网络大学的数量凭借其方便快捷的独特优势正在以不可预计的速度迅猛增加。根据教育结构形式的多样化,各高等院校开始积极探索对自身进行多方面改变,如增加职业性技术培训课程、改进教育方式等。

1. 新兴类大学教育内容丰富化

如众多国家新建了教育培训机构、职业技术学校、民办应用技术学校等教育机构,同样发挥教育作用,并且由于学生入学人数少,因此可以对学生进行个性化的教育,发掘潜力,促进了新兴类大学的发展。

2. 私人课后培训机构大量出现

由于高等教育大众化趋势所迫,人们对于接受高等教育有较大需求,但是公立学校教育受到名额和地区等多方面的限制,产生的差额学生入学问题的解决就导致了私立教育机构的兴起与发展。

3. 学生学习方式更加多样

学生学习可以在网上进行,也可以通过视频连线与指导教师面对面学习,学习方式更加多样,更多学生也在互联网的操作中了解到高等教

---

① 丁兵.当代高校教育管理研究[M].西安:西北工业大学出版社,2019:109.

育的重要性,在社会生活中产生更多受教育的新想法和学习新需求。

高等教育模式的变化使众多地区的高校学生开始在家进行拓展学习。在其变革过程中,有部分历史文化底蕴深厚的学校对这种突发性的新型教育改革并不看好,有抵触情绪,但是高等教育改革的总体趋势是前进的,是有利于社会经济增长的,同时也促使我国高等教育结构多样化的形成。

除此之外,因为高等教育模式发生改变导致学生前期教育也发生了变化。当前,高等教育机构中新入学了大量非传统的学生,这类学生前期教育并不是学校教育,可能未从中学毕业直接步入社会,没有接受完整的全日制课堂式教育。这种受教育群体的多样化是社会需求发生变化的产物,同时也对高等学校教育能力和教育方式提出高层次要求。

4. 促进高等教育多样化的原因

高等教育发生变革的推动力是内外共有的,如下文所谈的诸多要素均是多样化变革的推动力。

社会生活中人们对接受高等教育产生了更高层次的需求,促使高等教育的发展方向要不断突破,从全面普及到适应不同人们的需要走向专业化的发展方向,尤其是满足对自我要求高的专业性人士对终身学习的需要。同时,就业的劳务市场的需求在随着各种新兴产业的发展而不断变化,这样相对应高校也要结合全球形势和经济发展趋势,对新兴职业技术进行及时关注,结合互联网信息,采用新兴教育传播技术,让高等教育的各种职能适应力在实际生活中不断得到提升。另一方面,政府对高等教育投入的资金减少,使部分高校由原来的公益性服务型办学改成了商业化的学校运作模式。

(三)高等教育资金筹措方式的多元化

在以前人们的认识中,高等教育属于公益性教育事业,主要的财政来源是政府拨款。但现在高等教育逐渐大众化,受教育人数激增,教育规模扩大,高等教育也面临着严重的资金不足问题,这一问题是世界性的、普遍性的问题。在世界各个国家中,高等教育入学人数大幅增加、教育逐步实现大众化,但相对应政府的教育财政类拨款却没有同步增加,产生了全球性高等教育经费紧张、教育财政危机的问题。为解决这一现象,国家开始利用社会力量,采用吸纳社会资本,邀请社会对高校进行教育项目的投资,通过二者合作培养人才、降低教育成本等多种举措来稳定高校的办学资金。

1. 增加政府的项目性经费投入

从高等教育大众化趋势出现开始,整个世界范围内政府的教育财政拨款逐年上升,在高等教育发展水平较高的工业化国家中,教育拨款是国家财政支出中较多的一部分,占政府总开支的百分比也日益上升。

2. 借用社会公共力量

在世界各国家,高等院校自身力量支撑不了整个教学时,就通过组织开展教育项目、加入新课程、吸纳高层次教育人才队伍来向社会征集公共资金,与社会的教育组织联合培养人才,高校将筹募资金用于改进学校设备和培养全方面人才上,一些地区还实行毕业率与教育拨款挂钩的政策,既能提高高校培养人才的质量,也能解决教育经费短缺的问题。

3. 在学生入学时收部分书本费用

最近几年,一些国家向学生加收高等教育学习费用,来弥补学校教育财政资金的不足,还有的高等学校与社会合作进行科研项目等,充分利用社会资源来创造新的商业价值。根据关于高等教育发展情况的报道,美国创新了收取办学经费的手段:联邦、州、地方政府三层分别拨款;社会公益性捐款;社会上各种教育基金会的帮助;开展校内其他附加产业;与海外国家进行留学生交流合作活动等多元化的经费体制来降低学校资金方面产生的压力。

(四)高等教育绩效责任效益被重视

从高等教育大众化普及以后,高质量教育这一话题逐步被人们提起,接受过高等教育的人和接受了好的高等教育的人区别显著,二者实际操作和应用能力相差较大,因此教出高质量人才成为高等教育发展的重要方向。为减少高等教育人才数量与质量之间的差值,美国率先做出行动,将高等教育学校分成不同等级。英国紧接着成立教育质量保障机构,以加强教育监管的方式,提高学校教学标准。韩国也开始调整高等教育政策,推行毕业生限额,对学生是否能正常毕业进行考核,改革教学管理,进而培养高质量毕业生。

第一章 绪 论

根据高等教育统计资料显示,保障高等教育教学质量不仅与培养精英式人才和严格的教育模式有关,还与高等教育投入资金有很大联系。高等教育从社会吸纳的资金逐步增长能够保证高等教育持续稳定的发展。

在高等教育高质量发展的路上,存在许多障碍,如政府关于高等教育资金投入有限,可教育发展一旦减少预算会严重影响学生学习效果和实践水平,还有劳动力市场需求制约着高校的人才培养方案。在美国面对高等学校学费逐渐增加的情况,很多家长和学生出现了抵制情绪,这就要求学校不仅要收集教育资金,更要让教育资金的使用更有效率,做好成本核算。由此可见,高等教育发展的情况与高等教育的消费者联系密切。

二、新时期世界高等教育的发展趋势

在新形势下,高校的办学模式进行了较大改革,不同国家的高校有各自的教育发展特点,但世界高等教育发展趋势是有共同性的。其基本趋势包括高等教育从大众化到终身化、与社会人才市场企业联系密切、课程设置多样化等。

(一)高等教育办学体制由单一向多元转变

在当代经济全球化背景下,科技、教育、人才、综合国力是决定经济发展的主要因素,而培养人才的高等教育学校旧有发展格局已经无法满足经济发展对高层次人才的需要。传统的高等教育由政府主要出资拨款,学校教育形式以全日制学校为主,无法培养出会新兴技术的专业型人才。在各国普及大众化教育的过程中,多以兴建新型学校为主要手段,与民间力量合作,建立如开放大学、广播电视大学、成人继续教育学院,以及跨国界联合办学等。可以预见,高等教育大众化的趋势不可避免,社会对人受教育水平的认可、中等教育的普及和发展都在持续地推动着高等教育向前发展。

还有,互联网技术的革新使网络信息查询更加便利,这种新技术的广泛应用也促进高等教育发展,使人们更加了解高等教育的实质及重要性。高等教育的大众化意味着人们接受更多更高质量的教育,给了每个公民获得学习更高级技术和知识的机会,也为社会培养出了更多专业技术人才,而且高等教育普及方式会随着社会的发展变化更加多样。

(二)高等教育社会化功能愈加突出

随着高等教育从社会的边缘走向社会的中心[①],与社会各领域融合发展,为行业发展提供了新机遇,并承担了相应的社会作用:教育人才可在制定改革决策前提供政策咨询、为市场经济发展培养专业技术人才服务社会、为社会生活和社会建设提供需求性服务,促进高等教育在社会服务过程中创新教育课程教育理念,更新学校教育组织架构,完善自身,从而在更高层次上树立社会发展的使命感和责任感,增强全面服务社会、引领社会的自觉性和前瞻能力。

(三)高等教育将成为终身教育的组成部分

随着科学技术和经济的飞速发展,科学和知识也在快速增长。通过查阅国际资料,可以看出目前国际学科有上千种,学科更新换代快,人的知识体系更新换代更快,这说明学生在校学习的知识,到毕业时就已经跟不上新的知识体系。所以高校毕业不意味着个体教育的结束,而只是另一种学习的开始,接受不同形式的高等教育将贯穿人类终身。

目前,在欧美和亚洲一些国家和地区,终身学习体系已颇为成熟且被人们认同。所以,高等教育与社会生活结合必须更加紧密,教育形式必须更加灵活多变才能满足当代人关于教育的新需求。以此为要求的高等教育发展理念必然要求学校也具备相应教育能力:教育结构要灵活适应社会需要,能够准确预测人才市场新缺口,在进行新生录取时增加关注在个人技能方面的内容等。现代学校创新的学习方法和新媒体技术的应用增加了高等教育在日常生活中的应用。

(四)高等教育将进一步国际化

高等教育离不开教学与科研,而知识普遍存在于大众视野,随着人们对知识理解的不断深化、对理论概念研究的更加透彻,便离不开与他人交流经验成果,所以一些学术组织和研讨会开始有了国际化的特点。高等教育也具有国际化特征,主要表现为国内外各国之间教学经验交

---

① 许青云.当代世界高等教育发展现状、趋势及其启示[J].中国教育与社会科学,2009(4):9-12.

流、科研教学资料分享、教学课程国际化、国与国之间合作进行科研项目、互派留学生和学者进行文化交流活动、建立国际互联网等。高等教育的发展经验在全世界范围内交流共享会缩小发达国家和发展中国家之间的差距,增大各国科技交流促进世界整体科技水平发展,增进各民族文化融合。

(五)高等学校与企业界密切合作

传统大学虽然经过几百年的发展,具备了教学、科研和服务三大职能,但是长期以来它们总是坚守自己的学术堡垒,与企业界少有联系。可是到20世纪七八十年代,这种情况有了很大的改变。其主要原因是:科学技术的快速发展把高等学校推到科技革命的前沿,承担起国家科技创新体系主力军的任务,而国家支撑的教育经费却因客观原因不断减少,迫使高校主动与企业界加强交流,促进发展。

三、新时期我国高等教育的发展任务

现今世界各国都处于经济全面发展的时期,各国依靠专业技术不断提高自身在国际中的竞争力,我国既处于世界之中,便要顺应当前媒体和技术发展的形势,不断提高国家综合国力。我国目前的发展形势是各方面都进行建设,但是发展经济建设时难免会对环境造成压力,威胁我国人民生存环境,这种情况下,依靠新型专业技术型人才对社会改革的要求更加紧急。所以,我国政府教育部门就要将教育理念与世界发展形势以及我国基础状况相结合,发展技能全面型人才,让高校学生既能为自身日后的就业问题提供解决方案,能促进企业的经济发展,又能为国家的各个领域做出贡献,使中国立于世界之林。高校改革发展,必须顺应社会发展需要、遵循高等教育规律,与经济社会发展同向同行,无论各国各企业如何革新,依靠的始终是顶尖人才创造的超前技术,所以国家对高等教育始终不能缺乏关注。面对全球化发展形势,我国政府在制定高校教育政策时不能完全照搬其他先进国家的发展模式,不能盲目冒进,要知道我国目前的社会基础状况适宜何种方式的人才培育方案,要尊重人民意见和我国社会主义的发展规律。我国目前教育的主要问题是:提高学生成绩主要依靠多做课后练习和加长学习时间,这样无疑加大了学生的学习压力;学校主要对学生的知识掌握量进行培养教学,对学生的实践能力不是很关注；主要的教学人才全部集中于大城市的顶尖院校之中,农村和小城市的教育力量越来越差;高校人才培养的方向与社会市场的需求不对应,学生难以找到与自己专业对口的企业。国家能够提供更加专业的教育是人民一直以来的期望。

我国政府针对了解到的高等教育存在的问题制定了一些教育发展方案,提出了一些教育发展目标,首先将我国建设成人均接受高中教育文化水平的国家,提高人均受教育程度和我国的科技化水平;下一阶段,针对我国幼儿教育将丰富学习课程,培养儿童的兴趣爱好;接着就着重发展大学的专业化教育,将大学改造成真正的人才产出地,培养出更多依靠技术和专业就业的大学生。针对我国劳动力丰富的情况,应该对劳动人口进行一定程度的教育和培训,使技术工人操作时同样具有理论知识依据。

(一)全面提高高等教育质量

教育纲要中明确高层次的教育应该在社会发展中承担更重要的责任,要通过高校的教育培养出专业技术人才并流入我国社会生产的各个方面。一个国家只有教育事业发展兴旺,国家才能拥有创新的潜力,国家的综合实力才能不断提升。我国政府提出发展高等教育需要改善高等院校的教育结构,在重组高校专业的过程中保持各校发展特色,促进我国的现代化进程。人才能够不断更新企业核心技术,企业将拥有更多资金投入高层次教育中,形成良好的闭环并促进经济发展。

(二)提高人才培养质量

在各企业开始加大对技术型人才的发掘时,政府就应该明确需要增加高校的人才培养能力,秉持全方面发展的培养理念去进行教育活动。

1.加大教学投入

考核教师的教学能力不再以学生的考试成绩为主,应该看学生上课状态和知识应用情况,对于不同年级的学生采取不同的管理方式,不能打压低年级学生学习的热情。学校还可以将社会对本校的教育投入用来改善学生上课环境和进行学生实践活动。

2. 深化教学改革

学校将学生学习是否掌握用学分来进行评价,不再强调让所有学生学习同一种科目,学校给予学生选择的权力。同时学校将开办更多实践性课程,让学生能够及时应用在课堂所学的理论知识,高校在秉持为社会培养人才理念、满足社会需求的同时,为学生开办创业课程,鼓励学生以多种形式就业。

3. 严格教学管理

对学生的教学课堂过程进行监督,保障学生每节课接收的知识点,同时通过建立监督学校教学质量的评估机构来确保高校教学质量。

4. 大力推进研究生培养机制改革

培养更高层次的人才时,要积极与企业联合研发科研项目来增强学校与企业、政府之间的联系,培养高层人才的自主性和创新性,通过各种实践操作锻炼研究生群体的复合型能力。

(三)提升科学研究水平

科技水平的提高离不开高校人才的培养,所以政府想要发展国家科学研究就要优先发展高层次教育,让高校通过培养优秀毕业生为我国各领域建设做出贡献,对于与科学研究相关联的各个方面国家政府都应予以重视。对于重要的科学研究方向,国家可以采取一些政策吸引专业人才进行探索,但是也应鼓励个体探究自己感兴趣的部分,对于基础性的技术可以不断加强研究能力;政府应了解目前我国发展的主要状况,提高实践性研究的比重,鼓励学者将所学理论转化为现实财富;加强学校、社会和政府之间的联系,在学校发展时二者为其提供资金设备,在国家和企业需要时,学校为其培养专业技术人才;将科研成果应用于教学实践等。将创造能力和应用能力视为优秀学生应该具备的能力,高校在培养优秀学子的过程中要听取各方意见。

(四)增强社会服务能力

在我国发展新形势下,各高校在教学发展和改进教学模式的过程中逐渐明确承担社会职责,将教学研究所得与社会企业分享应用于生产技术领域。同时,对于社会上对自身有更高要求的人提供成人教育,在政府投资下创建成人大学等机构。高校教育不仅能创造出新的科技人才,还能通过教育的方式保留和传承我国的传统文化,有利于我国文化在世界范围内的传播。

(五)优化结构办出特色

我国历史悠久,领土面积广阔,因此各地区的文化底蕴也不相同,在政府新颁布实施政策时,总有一些地区无法适应,这个时候就需要政府来平衡改善。一门学科是不可能独立发展的,在应用过程中总会与其他专业产生联系,所以发展高校专业时应该促进学科之间的整合,尽可能地培养全能型的受教育者。对于我国科技和工程方面的重点科目,应该进行研究型人才建设,同时协调不同区域的教育情况。经济发展较慢的西部地区,其高层次的教育发展状况也不乐观,所以近些年政府不断推出优惠教学政策,鼓励我国经济发达地区教师进入落后地区进行支援教育。对于落后地区学子,政策也鼓励支持其在外学成后回本地区进行教育建设。高等院校按各种标准进行划分,能够帮助政府管理和学生选择,在高校定位办学特色时,政府教育部门要及时干预以形成不同类型的办学特色。

我国在大力发展和普及高校教育的同时,对原本就是重点的优秀院校也要继续进行政策扶持,对于这一类型的学校,加快与其合作科研项目能够极大推进其技术研究发展。同时,对于同处在这种类型中的学校采取淘汰制,每年更新学校专业排序,深化重点院校办学特色。政府可将高校的教育科研成果与他国交流,在平等沟通的基础上开展合作建立研究部门,在不断地实践中形成高水平大学。对于原本师资力量和教育基础设施完备的大学来说,需要的是同等级学校之间的竞争来刺激自身的创造能力。

与此同时,我国政府在规划教育发展时也要充分考虑到高校自身的独特运行模式,行政校长是统管高校教育的领导人,所以政府从上至下改进学校教育发展就需要先从改善运行体制入手。通过法律法规和相关政策明确校长、副校长等职位的权力内容,完善学校内部教育理念的决策方式,监督学校高层切实履行责任。

在我国各高等院校内都有一定数量的教授职称的优秀学者,这些人员的特点多是学历达到一定等级并有多年教育经验的教学人员,他们或是高校从其他学校中外聘的或是之前在本校有教育经历的,邀请这些教授对学生进行授课可以拓展学生的知识面和个性化的学习理解。

面对高等院校内部教学人员倦怠的情况,高校对自身的教育人员应建立合理的管理模式,既要对教师队伍进行评估又要采取一定的鼓励措施。对于学校的发展政府应该从长远角度考虑,与社会各方力量一起对高等院校进行教育扶持,教育模式的改革应与教育质量监督一同进行。高校内部应针对后勤保障部门进行一定整改,确保学校内一切资源都能促进学生掌握知识。

对于高校内部所开设的各专业进行教学效果的检查,在政府教育部门的鼓励引导下建立第三方评价机构,对教学效果进行及时反馈。在我国发展高层次教育的同时进一步寻求与国际教育机构的合作机会,在对外交流中展示我国的教育特色并对我国教育发展不充分的部分进行完善。

四、我国高等教育的发展趋势

从我国高等教育的发展历程可以看出,在我国社会主义市场经济发展较为困难的阶段,教育受物质条件和技术的限制,高等教育的发展面临很多困难,突出表现在教育质量难以达到预期效果。另外,中国的总人口数中,受教育的人口较少,受高等教育的人口更少,这已严重地影响了我国特色社会主义市场经济的健康发展和高等教育的高质量实现。21世纪初期,国家高等教育在发展高校数量和面积、教育质量、教育指导思想、教育方式、师资力量、受教育对象、高教投资、管理监控上都取得了一定的成绩,但远远没有达到发展中国家的及格线,所形成的反作用力还不足以成为经济和社会发展的核心支撑力。随着社会的不断进步,我国经济处于快速发展阶段,物质条件比较丰富的一部分人群,思想开放程度提高,经济实力水平提高,对教育需求和个性发展有了新的要求。然而,社会发展和地域发展的不均衡导致高校依然处于供不应求的地位,教学质量良莠不齐,形成的教育作用不能被充分发挥,教育反作用力不足以成为经济动力和社会核心力量,这就加剧了教育矛盾,影响教育体系发展。

(一)在发展方向上

提高教学质量是各级各类学校办学的永恒主题。教育部从2003年开始实施了"高等学校教学质量与教学改革工程",此后每年都把提高教学质量作为工作重点,之后又启动规模更大的"教学质量工程"。《国家中长期教育改革和发展规划纲要》提出:高等教育承担着培养高级专门人才、发展科学技术文化、促进现代化建设的重大任务。提高质量是高等教育发展的核心任务,是建设高等教育强国的基本要求。2020年,高等教育结构更加合理,特色更加鲜明,人才培养、科学研究和社会服务整体水平全面提升,建成一批国际知名、有特色、高水平高等学校,若干所大学达到或接近世界一流大学水平,高等教育国际竞争力显著增强。

(二)在发展路径上

要以加强世界一流大学和高水平大学建设为重点。我国要实现长时期持续健康发展,增强自主创新能力,建设创新型国家和人力资源强国,必须以更加广阔的视野、更加开放的姿态、更加执着的努力,加快推进建设世界一流大学和高水平大学的步伐。要采取强有力的措施,集中国家力量,加大投入,促进我国世界一流大学和高水平大学建设的新发展。

(三)在发展机制上

无论采用何种教育发展模式,最终目的是促进高校形成自我发展的模式,通过自身的一些举措可以及时了解教育的不足之处。目前,一些高校仍注重在数量上发展,注重规格升级,注重更改校名。这反映了我国高等学校仍然处于不断的发展、改革、调整和转型中,也说明高等学校内部尚未完全建立良性的、以质量提高为主的机制。

为防止和限制过度的外延式发展,不仅需要必要的管理和限制,更需要通过制度建设,促使高等学校产生自我约束和自我发展的机制,推进高等学校的健康发展。

(四)在人才培养上

首先我国政府要明确高质量的人才对于社会发展的意义,重视人才的培育工作,不仅传授给学生扎实的理论知识,还对学生的实践应用能力进行培训,培养出适合当代社会环境且兼具创造性和个性的优秀学子。政府和相关的社会慈善机构增加对高校教育的投入,让高校不用再将时间耗费在筹措教学经费上,有精力集中去进行教学模式的改进。

（五）在教学改革上

针对学生的学习情况不再统一要求所有学生学习一样的课程内容,但是针对重要科目开展必修学科,学生可以有自己的个性化选择,这样学生学习的热情更加高涨,学生每学期只需要固定完成一定数量的学分任务,整个过程中还是由教师把控教育课堂。在高校内部开展更多类型的研究活动,丰富学生的实践能力。密切关注政府、高校和人才市场之间的联系,促进学生有效就业,培养学生的实践创新能力和创业能力。

（六）在改革内容上

着重处理好政府依法管理与学校依法自主办学的关系。深化高等教育体制改革,明确中央政府和地方政府在高等学校的管理和投入上的职责权限。改进高校自主权和政府行政权之间的关系,规范政府及其职能部门、高等学校主管部门与高等学校的管理职责权限,落实高等学校办学自主权。深化高等学校内部体制改革,加大推进依法治校的力度,进一步推动高等学校制度建设,促进高等学校形成法律治理结构。坚持和完善党委领导下的校长负责制。改革学校领导层面的体制管理,丰富学校办事流程,针对学生教育中的实际问题进行重点关注,充分发挥高等教育人才的教学作用,保障全体教职员工有提出学校发展建议的权力。

（七）在组织功能上

高校在办学过程中要肩负继承和发扬我国传统文化的任务。高举中国特色社会主义理论伟大旗帜,强化高等学校的综合研究力量和哲学社会科学研究力量,对于世界形势发展、国际政治经济文化教育现象阐述自己的观点,对于当代中国社会主义的重要问题进行深入的研究,形成中国特色的社会主义理论体系和文化解释体系,努力掌握当代文化发展和意识形态的话语权。同时,促进大学文化发展,倡导大学精神确立,形成高等学校良好的思想政治和文化建设氛围,为推动社会主义文化繁荣和创新做出自己的贡献。

(八)在新的历史条件下,我国高等学校也发生了新的变化

1. 高校功能发生了巨大的变化

随着新的教育形式不断变化,高校管理体制也发生了新变化,要想了解高校管理体制变革的内涵,就需要把握高校的社会功能和功能的定位,深入思考改革的重要性。据大学研究资料显示,现代高等学校教育的功能主要有服务社会需要、培养高级研究人才和进行新兴领域研究。而在高校形成过程中,转化了很多智慧成果、培养出很多专业人才,对知识的创新和发展起到了巨大作用,成为社会文化观和社会文化发展驱动力。综上所述,大学可以引领社会文化发展潮流,有其独特的培养人才模式,在社会生活中发挥着巨大作用。

高校在社会生活中的具体功能有:提升公民人均受教育水平,提高公民文化素质,建立文明城市;传递先进的科学文化知识和应用技术;宣传解读最新政治领导思想等,在面对当今就业市场严峻的形势下,高校最主要的功能变成了培养与社会服务需要接轨的专业人才。高校管理体制改革的新要求,就是把权责明确的管理制度和制度约束转变为师生自主管理和科学发展,培养具备前瞻性发展能力的教师和具备综合性能力的学生,进而实现大学的功能。

2. 高校管理权力主体发生了重大变化

在以前传统的经济环境中,政府统一集中管理高校教育,各地政策统一制定,教学模式与教学内容一同更新变化。但是随着经济改革的深入,市场经济取代原有的计划经济模式,就业市场逐渐进入以前相对固定的高校教育领域,各地政府政策不一定能及时跟上社会形势的变化,改变了政府集中控制高等教育的局面,权力逐渐回归于学校本身。这种高校管理权力的转移使高等教育迅速走向大众化,并且加大与社会的合作力度,可利用的教育资源更加丰富,除政府提供公共产品外,社会每年都会提供给高校需要的新兴教育服务产品。政府的高校管理权力逐渐受市场形势变化的影响,"市场的介入正促成一种新的教育资源分配方式和人才培养模式的产生,教育政策创新需求也随之而生"。

3. 作为服务产品的高校教育效用发生了根本性改变

在市场经济的形势下,就业与高校教育连接更加紧密,高校教育也逐渐具有服务产品的属性,也使大学生的求学目标转向了实际就业需求,但这种变化在教育经济学中还有新的内涵。在过去经济体制下,人们接受高等教育是模式化的行为,大学毕业后直接进入公职单位,为国家服务,工作就基本稳定下来,可能转换工作单位也是工作需要进行的调动,毕业时不用担心是否能找到对口工作,只要安心接受好大学教育。那个时期大学生学到的知识只要可以为国家服务就可以,也不用考虑在整个教育过程中的投入与产出。但是在当今时代下,大学生求学方向完全是为自己服务,更加多元化。

如今大学生接受的高等教育其目的除了提升公民整体社会文明素养外,更主要的是培养创业就业所需专业能力和服务社会的职业技能,与就业市场的需求紧密联系,追求更高的人生目标。现代高校教育这一公共性的服务产品与以往政府控制的教育模式相比,由单纯为国家服务转变为为社会各个方面服务,工作时间由长期从属于一个单位转为多个单位流转,非长期性地工作于一个单位。

4. 高校教育形式发生了新变化

伴随着高等教育功能属性的变化,改革传统高等教育形势的要求更加紧迫。逐渐更新的教育形式不仅包括传统课堂式教育,还有成人高考,继而出现成人大学和继续教育,甚至还有开办老年大学、线上互联网技术革新产生了网络远程教育、服务于专业性职位的职业教育等。因为传统的书本式教学更注重知识能力的培养,缺乏实际操作能力的教育,课堂上往往以教师为中心,以考试结果衡量学生知识掌握程度,这种教育模式已经不再适用于现今市场经济的环境。

关于高校教育的课堂改革,出现了一些新风气,教师与学生不再是一听一讲,而是针对一个话题共同探讨,更加关注学生的个人想法;教材内容随新时期教育思想的变化不断更新;考试形式不再拘泥于传统试卷的形式,而是采取开放式考试;开办更多新课程等。这些课堂教育新景象在推行过程中虽然存在一定争议,但大体方向是一直推动着高校教育向前发展。

综上所述,高等教育管理体制改革是在实践基础上的大变革,是希望通过教育理念、教育模式的革新带来高校教育的新气象。在教育理念方面,高等教育不再是服务于国家的单一产品,也不只由政府独立管制,而是社会整体需要;在高等教育功效方面,教育是社会的公共事业,是服务于社会各部门需要的人才培养机构;在高校的社会定位方面,高校不是政府的附属品,而拥有教育自主权。高等学校的这些变化,对高等学校管理体制改革提出了新要求。

第二章 高等教育质量管理国际经验及启示

在世界范围内,各国都在大力改革自身教育以期借此提高经济竞争力。近几年来也使高层次教育成为各国政府间热议的话题,发展高等教育不仅在于高等院校自身,还要依靠政府、社会三方的共同努力。虽然各国并不都找到了适合自己国情的教育发展方式,但是都认识到以知识型培养为主要的教育发展模式不如技术应用型人才培养模式能够提升经济发展水平。本章从不同高等教育管理体制中,以英国、美国、新加坡三国的相关机构为例,全面系统地解析各国高等教育质量管理。对国外新高等教育管理方式的借鉴和案例学习,能够帮助我国更好地吸收、利用国外高等教育管理的先进经验,从而为我国高等教育管理的发展提供动力。

第一节 英国高等教育管理

一、英国高等教育管理体制

在世界各国都发展高层次教育的环境下,英国始终是高层次教育模式的领跑者。英国从一战二战之后建立殖民地、世界性的征战和掠夺开始,其经济发展水平就处于世界领先位置,直至现在英国教育的发展情况与美国都相差很少。英国经过殖民时期的资本积累建立了一批像牛津大学这样的一流综合大学,其教学水平和发展模式在世界范围内得到广泛认可,其学子获得世界性奖项的人数有百位左右,有效促进了英国各行业的发展。外国的其他优秀人才也陆续被吸引来此学习,学生之间交流能够产生更多的技术层面的提升,使英国的教育方式一直不断更新。

(一)英国高等教育管理体制概况

英国高层次学校的管理体制改革是由政府教育部门制定相关教育政策,具体的学校运行由高校内部自己决定。英国政府始终坚持建立系统和机构,促进高校自查自纠自改的教育发展模式。英国为找到适合自身情况的教育方式也进行了不同方向的探索。自上开始,在国家教育部门建立了专门制定高等院校教育政策的机构,根据国家要求和英国社会的现实情况改进教育理念,其也负责制定教育过程的各个具体流程。教育的实施是由各个机构自行履行责任,对于教育功能不能及时发挥的相关部门政府会进行教育管理。同时,英国政府专门聘用各方面专业人才作为咨询部门,为高校的高层管理人员提供改革的建议,英国政府还建立了专门为教育行业进行资金投入的机构,确保高校想如何发展教育都有雄厚的资金保障,不用因为资金缺乏而在各方力量身上耗费时间去筹措资金。

(二)英国高校内部管理体制

从英国发展教育的历史来看,英国的教育政策最终采取的是由国家设立机构统一管理高校,高校内部是由校长主要负责,以校长为领导向下发展管理体系,学校的具体事务就按学校的流程进行,集中决策管理。英国在1992年对国家的高层次教育提出了新的发展理念,因此颁布了相应的法规进行高校教育推进,使英国的高等院校出现了两种发展模式。1992年之前建立的高层次院校主要是各专业的人才组成学者团管理内部事务,之后建立的高校主要是以建立理事会的形式处理内务,前后建立的两种高校其发展大小、收录学生数量和专业设置方面有所不同。

二、英国高等教育管理特点

一般认为高等教育管理通过国家管理和国家调控来保证教育的正常发展,以期能够形成人才输出,为经济发展提供人才,解决经济发展矛盾等。英国在长久发展中形成了自己的特色教育体系,并在国际社会中占有一席之地,成为各国学习和借鉴的优秀案例。

世界格局的改变对英国国家发展提出了新的要求。为了适应国家经济体系和社会管理,教育领域也出现了很多新元素和发展新态势。英国高等教育管理结合了历史和时代发展的共同特点,对原有教育体系进行继承和发展。英国高等教育管理方式的改变,促使管理体制和结构也随之改变,这些改变也改变了市场供求关系和导向关系,使社会元素被吸收和使用的空间更加广阔。

政治的多边外交模式和经济全球化发展,为教育多样化提供了发展空间。高等教育不可能脱离世界而存在,发展就必须融合时代和历史的发展特点,最终形成新的教育体系并反作用于经济和政治发展。因此,英国高等教育的新体制形成也必然影响世界其他国家高等教育的发展。我国作为文化大国,就要不断学习和发展,这就促使我们要将国外优秀的成功案例借鉴吸收为我国高等教育的优秀成分,从而促进我国高等教育的发展。

第二节 美国高等教育管理

美国作为世界经济大国,其配套教育也是世界顶级,主要体现在优秀先进的高等教育管理体制、办学质量和师资水平。"它山之石,可以攻玉",了解和学习美国高等教育先进体制,对我国高教体制改革有重要的借鉴意义。

一、美国高等教育管理体制[①]

(一)美国高校管理体制的现状

在以往的社会法规中,美国高校管理体制对教育过程中出现的问题没有明确规定,到后来新的宪法颁布:"凡本宪法未划定而又非各州所禁止的事项,皆归属各州或人民。"从此,国家管理权利下放到地方。本书将从高校行政管理体制和高校管理体制两个方面介绍美国高校管理体制的现状。

---

① 吴亚玲.试析我国高等教育管理体制改革[J].学术探索,2012(11):107-109.

1. 美国高校行政管理体制

高校的行政管理体制就是高校管理的模式,是高等院校运行的规则,各国的院校管理都是由政府设立教育部或教育机构统一管理,各级政府传递中央教育理念,管理好自己地区所属高校。

(1)联邦政府与高等教育。在美国教育发展的历史中,一直由中央的教育总署部门对全国各州的教育进行管理,直到教育发展的问题教育总署无法进行及时处理,专门的政府教育机构才成立。这些教育机构是只负责本区域内的高校教育管理事物。例如,为高校不断改革筹集资金,了解世界教育发展的大趋势并结合美国中央政府要求颁布教育规定,并不是直接对高校教育不足的地方提出指正,而是对高校进行间接的管理。教育部对于教育方式和教育结构良好的院校会给予资金奖励,用这种方式来启示高等院校该将本校教育带向何种方向,这种管理模式给高校和政府带来了较高的经济利益。

(2)州政府与高等教育。美国也是由地方政府管理本区域内的高校教育,州政府对本州的高等教育具有广泛的权力,州政府通过行使这种权力,对本州高校的管理、教学、财政等方面施加直接影响。尽管各个州对高等教育的管理方式不尽相同,但多数情况是通过州高等教育委员会来行使两项重要的权力:第一,在州立院校成立以前,批准建校的必要规章;第二,为新建院校发放许可证。高等教育委员会的权力直接规定着美国州立院校办校性质和相对应的教学任务。还有,美国州立院校的教育经费是直接由州政府进行财政拨款的,州立院校没有其他的资金来源,各州会直接授予公立院校办校资格等。私立院校为自治机构,但其建立必须得到州政府发放的执照,州政府要明确规定其首届董事会成员名单和董事会成员的选举方式。部分地区政府还会定期审查私立院校的办学课程,针对普遍问题进行立法规定。

(3)监督机构和高等教育。在如何检验高层次院校教育质量的方面,美国政府采取与大多数国家不同的方式,不是由中央政府建立统一的衡量标准,而是由各地方自行制定本区域的教育目标,采取民主的形式确立各专业和各等级学生要达到的教育要求。政府部门还可以在民间选取优秀人员组成检验组织,核查高层次院校的教学效果,核验标准由政府部门和专业机构来确定,将合格的院校名单公布并给予奖励,激励教育行业的发展,促进高校进行教育模式改革。

第二章 高等教育质量管理国际经验及启示

鉴定机构对联邦政府的日常工作至关重要,政府根据鉴定机构的分析结果,确定由州管理的院校和其课程安排可以接受政府投资,也根据分析结果确定政府每年要资助的院校,这类鉴定机构是促进美国高等教育不断向前发展的保障。

2. 高校管理体制

对高校进行管理主要就是检查高校自上而下的政策运行程序是否合理,办学课程是否符合政府社会的发展要求,高等院校的高层领导是否真正有效管理校园内务,就美国来说采取的主要管理方式是董事会领导的集中管理制度。

美国高校的管理主要都依靠董事会这一机构,其职责主要是根据地方州立政府对本区域教育目标的要求制定出本校教育发展的基本轨迹。董事会对于学校内部行政事务的管理十分严格,会定期检查资金使用明细和考核学校工作人员能力,在外部将美国高校管理好但是不管理教学方面的事物。

美国政府在选拔董事会成员时,对于其人员的要求首先是在社会某一行业有一定的行政影响并且对教育有一定研究,人们对于他本身要有一定的认可度,他才有资格被选入学校董事会。虽然董事会决定校长管理的方向,但是校长也可以成为董事会成员,一起参与教育方针决策,董事会下设各个具体的部门,每个部门负责一项具体的事务,分工明确。

既然有制定教育政策的机构就必然有辅助机构,美国政府建立评议会来帮助高校内的董事会提供教育建议,有智囊团的作用。因为美国的董事会侧重于管理高校的行政方面的事务,关于管理教学方面还缺乏一定的实践经验,所以将管理教学事务的工作交给专业的评议会,确保高校管理的效率和质量。

近些年来教学的评议会逐渐有非授课类教师加入,让其与授课教师一起了解学校的新政策、最近的教学目标等。在美国的教育统计报告中,教育行政管理人员占比逐渐下降,各校的评议会开始邀请学生代表参与会议过程,从学生角度看待教育问题。

还有高校的校长在教育管理方面有着不可替代的作用,学校运行中教学的大小事务名义上都需要校长进行处理。校长是董事会和学校之间的连接者,作用主要是上传下达,校长每天处理的日常事务较多,对学校运行过程中遇到的实际问题拥有独立的决定权,校长只需要对董事会负责进行定期的述职工作。校长除了要管理好学校事务外,还要与就业市场和社会企业进行及时交谈,将董事会制定的教育发展理念与社会现实相结合。

在各院校中会分设副校长一职,帮助校长完成各项工作,院校规模不同,分设的副校长职务内容也不相同。大型院校副校长主要负责学生在学校的一切事物、学校举行的学术交流、各学期教学规划,有时还要兼管学校财政工作,而小型院校没有特别需求可能不设或少设副校长职位。

(二)美国高等教育管理体制的特点

1. 政府运用多种手段,实施间接调控

美国的中央政府和我国的政府一样对于高等院校的教育发展情况进行统一的集中管理,也是通过多方面的手段建立完整的发展监督机制。但是美国近几年对于高校的具体教育情况减少直接管理,将主要的教育政策的制定交给其他专业机构,州政府通过分析各高校的教学政策、颁布教育规定促进高校教育满足社会需要等方式在整体上监督各高校运行,不直接参与高校内部一同管理。一方面是减轻政府工作压力,一方面是对高校发展采取更民主的方式,能够形成高校自我完善的模式。

2. 高校拥有很大的自主权

在美国政府减少对高层次院校的集中管理后,高校的教育运行主要依靠董事会和校长来管理,这样两个机构共同管理,校长没有单独的管理职权可以避免教育依靠个人意志发展的现象。同时以董事会作为决策机构可以使决策体现人民意愿,保障高校运行时有规则可以遵守,董事会制定完学校发展总体方向和教育目标之后,校长负责具体细则的执行,可以更好地服务于社会实际需要。美国高校的办学自主权保障了高校可以根据市场环境和人才需求及时调整教学内容和教学模式,提高了州政府办学的积极性。

3. 高校实行民主管理

在美国,高校要采取新教育模式和教育方法时需要听取师生意见,在董事会之下建立了专门负责不同方面的辅助管理机构,董事会主要针对学校运行和人员管理方面重点关注。对于具体教学安排则由评议会来进行统筹,对于教职员工采取定期考核的制度,在选拔评议会成员时选取优秀教师代表参与教育政策制定管理,同时对教师的利益给予一定的保障。还有,在学校院系中成立了许多学生组织,他们是群体利益的代表,就校园生活中遇到的相关问题会代表学生集体与学校进行沟通,反映学生需求。由此也可以看出,在美国高校也保障了学生群体对学校提出建议的权利,希望高校能在师生双方的共同努力下有更好的发展。

4. 广泛的社会参与

在美国,参与高教管理的不仅有政府教育行政部门,众多社会学术组织和鉴定机构,传媒及选民的意愿也直接影响高校重大事项的决策。因为美国公立大学也属社会公益性事业,其办学资金主要来自选民的税收,所以公立大学的发展情况有很高的社会关注度,社会大众会关注公立大学的发展规划设计、教学模式的进步、学术理论的传授是否足够专业、经费支出是否透明公开等方面。同时,在各个高校之间还存在一定竞争,每年鉴定机构会重新对高校教学水平、教学能力进行评估,更新大学排名,激励大学不断创新发展,从以上这些可以看出美国社会深度参与高校管理体制变革。

二、美国高等教育管理特点

就经济水平和科技能力来说,美国是始终处于世界领先地位的,其内部推动力之一是高层次教育的快速发展,教育的进步为美国各行业培养出了技术型的应用人才,在现代社会企业想要快速发展必须拥有核心技术来带动经济增长。目前美国教育的发展形势是比较好的,美国人均受教育水平高于世界其他国家,而且经济基础好,教育改革和项目投入的资金非常充足。同时美国在本国内发展起了一批高水平大学师资力量和优异教学设备,每年来这些大学进修的外国人很多,也促进了本国本土高校教育改革的进程,提高了美国科技的竞争力,通过分析美国强大的过程可以知道教育的重要性。这对我国来说也是一个启示,面对我国科技知识产权少、核心技术竞争力弱和研究实践能力不足的现象,我国也应该抓紧教育改革的速度。

美国政府认为高等教育是国家向社会开放的学习机构,给予了公民学习的机会,同时高层次院校也对美国企业技术发展起重要作用。由于美国教育发展的时机合适,所以美国在这些年积累了许多科技成果应用于实践领域并发展了许多新领域新经济,通过纵览美国教育史,可以看出美国教育具有以下特点。

高度的办学自治性。高校拥有办学和教育的自主选择权更能够激励高校创新教学方式,学生有兴趣才会有研究的动力,美国的科技成果和知识产权才丰富起来,最后应用于实际生产。美国的高层次教育也是受工业化时期发展较快的英德等国教育发展的影响下建立的,这两国在教育发展初期都有其教育独特性,英国是提倡自由民主,将教育管理交由高等院校内部自行解决,而德国当时首先提出将教学成果转变为科技产品,这两种观念都被美国发展高层次教育时所吸收。另外,美国政府结合本土州立情况将办学的自由给予州立政府,极大地促进了科技创新能力的提高。美国从建国初期其性质就是各移民团体组成的联合国家,各团体、各民族之间有自己运行的法则,所以对于办学和教育的自主性要求较高,美国政府针对这一特点让办学自主性成为美国高层次教育的独特优势。

美国政府给予高层次院校一定自主权的政策是在美国行政权力处于分权的情况下制定的,美国的高等教育延续了行政管理的特点,每一件事务都有专门的负责机构,这种分而治之在教育领域的体现主要是:政府只负责在整体上管理政府出资建立的公共学校,对于民间力量办的民办教育机构,州立政府不参与教学管理。对于中央政府创办的学校,政府也不具备直接管辖权,直接管理高校运行的永远是学校内部的董事会,董事会可以制订学校发展规划、可以收集民众意见管理学校设施,包括学校工作人员、州立政府和中央政府。对于高层次院校的调控主要依靠任命校长和增减学校教育拨款。还有美国政府为防止大量的贪污受贿案件发生,在拨发每年的教育经费时会给予学校一小部分,更大的一部分是直接给予学生,避免由政府到学生之间的中间机构,学生可以带着教育资金去任何学校。这样既充分尊重了学生对教育的选择权利,也可以刺激高校不断丰富教学形式以满足更多学生求知的欲望。关于监督高层次院校教育成果,政府建立了第三方的专业机构,这一机构由各行业的优秀学者组成,对高校的教育成果进行检测,这样教育政策的制定和教育结果的评估都掌握在社会和高校手中,避免按政府意志随意

第二章 高等教育质量管理国际经验及启示

确定教育发展规划。教育评估也是教育流程的重要组成部分,评估机构由第三方的社会人员组成,在选拔评估人员时人们肯定会选择自己信任的有一定社会威望的专业人员,这在一定程度上避免了人民不了解教育运行过程而提出质疑。

高等教育的多样性。美国政府给予高层次院校自主权力的同时就注定各校都有自己的发展方向,最终使美国教育发展多元且广泛:第一,美国的高层次教育和我国的高层次教育一样分两种发展方向,一种是培养社会所需要的技术人员用于参与国家新技术开发和企业科技创新活动,另一种是向更高和更深层次培养专业学术研究型人才。这两种方向一种是注重应用能力,一种是注重高端技术研究,共同组成美国教育的完整体系。因为美国政府不管控本区域内的民办教育机构,所以美国民办机构比较多,远超过政府建立的院校,民办机构是私人投资,教育经费往往比公立院校多,教学设备也比较先进。另外,美国教育在发展的过程中关注到了不同种类人群的需求,兴建了各类不同的大学,如针对残疾人有残疾大学,还有不同肤色的大学等。美国中央政府对大学具体实行何种毕业制度不做具体要求,各大学可以实行学分制也可以采取其他制度管理学生,但是不要觉得学分制是学生比较容易完成的类型,采取学分制的学校对于每个课程学生学习是否达到标准有严格的要求,学生想要达到大学毕业需要的学分不是一件十分容易的事情,这也是为什么美国学生进入大学的人数较多但每年的毕业人数都很少的原因。在这样的情况下许多学生选择直接进入另一种类型的学校,学习一门专业技术为以后的就业服务。

高等教育的社会性[①]。在世界发展高等教育的历史上,不同阶段总有不同的国家作为教育发展先驱带领其他国家发展教育,一开始教育发展较快的是英法两国,他们提倡学校需要办学自治权,政府可以在整体上进行管理但教育细则应交由学校自己完成。接着,二战开始,德国教育随着资本的积累不断发展,德国注重将教育研究转变为科技成果,最后是美国教育逐渐领先于其他国家。以前的教育思想主要强调知识的交流是开放的、教师的教育课堂是由教师主导的,教师和学术知识虽然是教学过程中必要的两部分,但是只关注这两方面使学校的教育没有充

---

① 徐云鹏.美国高等教育管理的特点及对我国高等教育改革的借鉴意义[J].河南财政税务高等专科学校学报,2011(02):59-61.

分结合社会需求，教育方向不正确。高层次的院校本身就是以培育学生实用的科学技术为主要教育目标的，如果学校教给学生的技术不能被就业单位接受，就等于学校所做的教育活动没有意义。在这方面美国做的是最好的，美国政府将教育与市场需要紧密联系，加大资金扶持力度，在校内开展科研项目，将学生的科研成果及时变成促进企业技术变革的工具，如美国建立的硅谷产业园就是为了不断提升科研能力和企业的生产手段而建成的机构。美国对于理论性的知识研究也没有放松，知识性研究的相关学者每年都会获得不少研究类奖项。美国高等院校为激发学生的创造潜力开办校外实践活动课程，让学生参观企业生产技术部门或其他实验室深入了解科技的作用，暂时摆脱沉闷的书本课堂。

高等教育制度管理的科学化。高等教育的主要管理者是政府部门，政府的具体措施体现在政府教育政策的颁布、对高校招生规模的把控和对教学内容的审查等。同时，高校自身也会根据学生成绩进行自我调整，体现在学生日常学习生活的管理、学生的入学标准、学校的教学设备等。美国政府对于高层次院校都采取建立相关规章制度和个别学校的个别专业特殊管理的政策，不能随意发挥学生的个性。如在课堂上熟练应用互联网技术进行选课和视频学习操作，在日常生活中对教师等研究人员的工作时间不作硬性要求，因为科研是极其消耗脑力的活动，一旦进入实验状态可能自身没有明显感受，实际却度过了十几个小时。但是会定期对教师的科研成果进行评估，对业绩进行审查，通过建立完整的教育制度来保障学校教学工作的顺利进行。

高等教育管理的人文关怀[1]。在20世纪80年代，针对高等教育系统，美国制定了一系列关于高校教育的新规定，在改革高校教育时，更加考虑学生和教师对于教育的想法，体现美国高等教育管理的人文主义管理特点。高等学校教育教学内容涵盖范围广，针对现代社会学生学习压力大导致心理闭塞的问题，美国高校专门开办心理咨询课程，不仅教会学生基本知识还重视培养学生健全的人格，在各高校内部都有教育和心理专业的学者成立的心理诊疗室，定期为学生讲授心理知识，使学生遇到问题时不会只是逃避或将问题扩大化，给每个孩子健康成长的空间，也可以在一定程度上稳定美国的社会秩序和经济增长。不能再出

---

[1] 徐云鹏.美国高等教育管理的特点及对我国高等教育改革的借鉴意义[J].河南财政税务高等专科学校学报，2011（02）：59-61.

现像以前一样只注重知识传授而忽视学生的心理接受程度,给学生造成极大心理压力的现象,理顺高校中服务、教育和管理之间的关系。

第三节 新加坡高等教育管理

一、新加坡高等教育管理体制[①]

由于新加坡移民人口多,因此教育方面也不好管理,传统教育的管理方式主要是依靠各地区内部自行管理,但是这样使教育出现了许多问题,由此政府开始统一管理高层次院校的教育方式。经过一段时间的实践,新加坡政府发现将这两种方式结合能够更好地适应新加坡本土的教育特点,将政府教育部门的领导、行政部门立法和给予学校一定管理职权结合。新加坡政府在制定教育准则时,在考虑国家教育基础的情况下融入学生的合理需求,将传统的教学活动变成有趣的和更有实际意义的教学活动。

二、新加坡高等教育管理特点

第一,新加坡网络媒体技术覆盖率较高。在网络技术刚刚开始在各国应用的时期,许多国家没有把握好先机,没有意识到媒体技术对于国家发展的重要性。所以没有将网络技术与本国其他产业相互融合,社会各行业包括教育行业依旧采用传统方式进行生产和教学,没有其他国家使用新兴方式带动教育发展产生的效益高。新加坡政府正是发现了这一契机,就为高校内部添设多媒体教学设备,给学校内部统一联网来促进学校发展教育。

第二,新加坡政府制定政策流程规范并考虑院校需求。新加坡的教育由政府部门统一管理,管理方式也采取新技术下的视频媒体的方式进行管理,政府工作人员不会实地视察学校发展情况,可能会通过学校的视频报告来检查教学质量。政府部门没有只注重高校外层基础设施的改善

---

① 赵华,李思经.国外高等教育管理特点及对我国的启示[J].现代教育论丛,2010(12):55-58+70.

情况,对于内层的教育课堂管理也较为严谨。从政府上层开始,管理分为上级和下级两层,新加坡政府上级管理没有对院校每天的具体工作内容做出安排,只是总体上规定高校一个时期内教育发展的总目标。通过以上我们可以看出没有网络媒体的时代人们交流教育信息不便利,对于国家教育政策了解不及时,对于高层次教育的管理不够高效。

第三,新加坡政府对高校教育情况掌握及时。在其他国家政府普及媒体网络教学时,没有对媒体信息进行一定筛查,没有规范化的教育制度,新加坡政府聘请专业智囊团针对教学活动中的各项专业数据进行统计,描绘出信息教育发展的应有蓝图。

第四节 国外高等教育管理的启示

一、完善高等教育管理体制,扩大高校办学自主权

综合世界各国发展高等教育的经验来看,在政府完全掌握教育发展的国家中,学校已经成为掌权者巩固权力的工具,领导者在学校大力推行自己的教育思想。不能任由学校发展成无意义的附属机构,就需要将政府管理和学校自治相融合,政府在整体上掌握好高层次院校发展的总体方向,在高校建立专业开始就提出密切高校与市场就业之间的信息联系。高校如果不能及时了解企业的职位需求,培养出的人才可能出现不对口现象,学生出校园后无法从事本专业相关的工作,就等于专业知识会在日常工作中慢慢流失。但是政府也必须对院校自己制定的发展目标进行审核,这就是政府总体领导的意义。

二、转变管理方式方法,提升高等教育信息化管理手段

院校教育始终是发展院校自身,最终的所有步骤都还是要由院校内部自己完成,如果高校教育的领导者完全听从政府领导,政府的教育理念不符合其院校自身,管理者也不反映,只是听从命令办事,会导致校园内气氛压抑、教学压力大、学生管理混乱等现象。还有学校下层的不参与决策制定的职工人员应该认清自己在教学过程中的作用,如果还是

第二章 高等教育质量管理国际经验及启示

只听领导安排被管理,学校底层的意见校长永远也不会真正了解到,学校领导在制定相关规范时也不会考虑到员工的想法,可能某个安排就会损害职工个人利益。

近年来社会上对于新兴起的网络媒体技术都很关注,直到各行业有先驱者将技术应用于具体生产,网络技术便开始融入我们的日常生活。尤其是对新兴技术时机掌握较好的新加坡,其现在的教育发展已经与同类型国家处于不一样的水平了,我国在改进教学模式时可以学习新加坡的教育经验。我国政府在发展教育时不能只注重政府领导,也不能将学校的管理权完全交给学校自身,高校不能再沉溺于传统的讲授式课堂教学方式,要在学校内部建立起网络设备,鼓励教师使用多媒体教学。如果学校内部没有统一的教育网络,学校教育政策利用人工传递效率极低、处于接受地位的学生的意见也没有反馈通道,教学与学习、管理与被管理都是双向的活动,二者只有多沟通才有机会共同进步。

三、创新管理理念,实现教育管理科学化

(一)以人为本的管理理念

政府发展教育事业并不只是为促进企业技术发展进而增加国家的经济收入,一个人接受良好的教育对于其自身来说也能够满足其提高生活质量的需求,因此发展教育具有多方面的重要意义。教育主要是针对人的活动,要是不考虑人的想法教育是无意义的,如果将教育视为上层领导者所把控的领域,教育就会脱离发展基础,学生接受就会存在一定难度。要想发展好教育,一方面靠领导层制定正确的切合学校情况的教育规范,另一方面需要学生主观意愿积极配合,二者合力才能提高教育水平。

(二)高等教育管理社会化理念

在世界各国的普遍观念中,都认为教育是独立于企业之外的第三方行业,教育应该有自己的发展模式,社会和政府都应对教育事业给予帮助,因为教育的成果对社会的各方面都有利。针对我国目前高层次教育发展的现状,如果没有各种社会教育慈善机构对学校进行资金投入,没有政府定期统计社会就业缺口数据并将信息传递给高校,学校的教育会没有方向,进而丧失改革的基础。这种政策的变化通过学校建立董事会即可看出,董事会的成员是社会上较有威望和公信力的人员组成,反映的是基层人民的想法和需求,同时董事会成员一般是有一定社会资产的人,可以为学校投入发展资金。无论采取何种方式来提高学校教育的质量都离不开新兴技术的支持,教学时利用多媒体技术和高科技设备,能够使教育教学更加透明化和规范化,使得高校能够及时接收学生、家长以及教师们的反馈。

(三)高等教育管理市场化理念

传统方式发展教育主要依靠政府和社会慈善机构投入资金来启动改革方案,但是在发达国家还有另一种发展方式,将高校的各个部分包括教师、教学等都采取选择和比较的方法。我国学校管理也可以借鉴这种方式,在高校选取授课教师时采取合同聘用制代替原来的终身制教学等措施。通过在高校内部形成一定的竞争,可以使学校始终拥有教学理念先进的教师和教学设备,提高学校学生学习的热情和创造力的培养。高校既然想改进自己的教学质量,就不要局限改革思路,针对学生不愿问津的学校课程,不能持保守态度,要及时淘汰或合并一些落后于时代的课程,新增学生和社会需要的专业课程,不能只考虑自身学校的文化传承,而忽视学生的实际问题。

四、强化管理队伍素质,不断提升教育管理者水平

我国发展高层次教育在教育制度和管理流程上已经做出了改变,但是只改变制度不改变人,无法真正的形成教育新模式。如果学校的管理人员依旧不能正确摆放自己的位置,不学习新时期关于新教育方式的相关理念和要求,高层次教育便无法得到发展。学校在选拔教师时要充分衡量其综合能力,不能仅依照教师教学方法独特便予以录用,现代社会更需要考虑的是教师能否掌握多媒体技术,如果教师没有一定的计算机基础操作,那课堂时间多半就用来调试设备了。不仅要考察教师的多媒体实践水平,还要将计算机课程加入学生所学专业中,培养学生适应新时代要求。另外,如果学校现有教学人员不满足新政策下学校对教师的要求,学校要及时更换授课教师或对其进行技能提升培训,从促进学校改进的各方力量入手发展教育。

第三章 高等教育质量目标系统的建立

高等教育质量提升是改进高校教育方式的一个重要方面,也是检验高等教育是否能满足市场需要的重要指标。根据目前学者对高等教育的研究,提出了许多种不同的检验高等教育质量的标准。

例如,联合国教科文组织的高等教育政策体现出基于机构多样性视角的质量多维观、基于利益相关者视角的质量主体观和基于动态过程视角的质量保障观等不同理解。提高高校的教学质量就是高校和政府的各级领导需要通过专业教育理念的指导,为提高教育质量而做出的持续性努力过程。教育者、学习者和管理者是高等教育内部利益相关者,政治组织、企业单位、社区机构和校友会是高等教育外部利益相关者。质量评估、质量保障和质量改进构成了高等教育质量建设体系的三个层次,并形成了有机统一体。

第一节 质量与高等教育质量

"质量"是经济管理领域中的核心概念之一,同时也被广泛应用到其他领域,比如高等教育管理领域。在日常语言的用法中,人们在谈到质量时,往往将关注的焦点集中在产品的特性上,但这并非质量的真正内涵。质量不是产品的物理特性,而是客体与主体之间的互动关系。高等教育产品不同于一般商品,其鲜明的公共属性所带来的错综复杂的社会关系进一步丰富了高等教育质量的内涵。

一、经济管理领域的质量概念

在不同的语境中,"质量"(Quality)这个语词表达不同的概念,比如,哲学的质量、物理学的质量、管理学的质量与日常生活的质量之间就存在着巨大差异。即使在同一个范畴体系,对特定的概念往往也会有不同的理解,比如,《现代汉语词典》(第5版)中对"质量"的解释:"表示物体惯性大小的物理量。数值上等于物体所受外力和它获得的加速度的比值。有时也指物体中所含物质的量。质量是常量,不因高度或纬度变化而改变。"因此,厘清核心概念的内涵,并在整个研究过程中保持其同一性,是开展严谨的科学研究的重要前提。

在高等教育领域中讨论的质量问题,不是在哲学意义上探讨质量,也不是物理学的质量,更不同于生活中所使用的质量,而是管理学范畴中的一个核心概念。质量是一个企业能否在社会上立足、被群众认可的公信力,质量不仅仅是企业生产产品的质量,而且是包含采购、生产、销售和售后服务等诸多环节在内的全面质量管理。按照教育经济学的观点,高等教育本身在走向市场化,"大学通过市场服务取得等价报酬而自己获取资源""对高等教育的统制力量转移到需求一方""决定高等教育体系的,不是制度框架和政府规制,而变为市场中的竞争力"。[①] 高等教育提供的是教育服务产品,同样存在有关质量的问题,可以借鉴经济管理领域的质量概念来发现、分析和解决高等教育领域中的质量问题,这引导我们将问题进行不断地聚焦,让我们从经济管理领域中的质量定义开始对高等教育质量内涵展开研究。

质量是什么?在经济管理领域,对质量概念的理解经历了三个发展阶段:符合性质量、适用性质量和广义性质量。[②]

符合性质量指产品具有的特性能够满足现行标准的程度,即"质量的临界观点":"只要产品符合可以接受的标准,叫作规格限制,或满足理想的价值,称为标称值或者目标价值,它们就是满足要求的、优质的

---

① [日]金子元久.高等教育的社会经济学[M].刘文君译.北京:北京大学出版社,2007:225-226.
② 杨善林.企业管理学[M].北京:高等教育出版社,2004:287.

第三章 高等教育质量目标系统的建立

和可接受的。"[1] 也就是说,"如果一个产品的某一维度在规格允许的容差范围之内,则它具有符合性意义上的质量"。任何一个成熟的行业都会有明确的产品质量标准,作为规范各个经济主体的经营行为、维持正常的市场经济秩序的重要手段之一。产品质量标准包含国际标准、国家标准、地区标准、行业标准和企业标准,它往往具有普遍的约束力和强制性,构成了市场准入的必要条件之一。

二、质量的社会关系属性解析

当人们在讨论质量的时候,往往将问题的焦点放在产品的"固有特性"上,比如,消费者在购买一件家具的时候,对质量的评判总是倾向于从材质、做工、外观等方面衡量其质量的高低;在一家宾馆住宿时,对其质量的评价也往往是集中在居室的设施和环境条件上。这就给人们造成了一种错觉,似乎质量就是产品的特性,而提高质量就是不断改进产品的特性。若果真如此,质量就是一个纯粹属于客体的属性,而与主体没有关系。实际上,质量在人们的认识中就是物品合格与否,质量评价问题的关键不是客体的"固有特性"怎样,而是客体的"固有特性"与主体的"要求"匹配得如何?因此,质量不是一个物理学或技术领域的概念,而是一个社会学概念。"质量关注事物特性与主体需要的关系,是一个相对的概念,处于不断的生成中。"它是物品的使用情况是否满足人们需要的关系,而最终仍然是人与人的关系。"固有特性"是联结利益相关者的纽带,这些"固有特性"往往会以种种物理特性这种直观的形式表现出来,从而让人们可以通过各种感官去认识并评价其质量,这些能够通过感官去直接感知的物理对象只是"固有特性"的载体。这些载体当然具有其有用性,因为没有它们,这些"固有特性"便化为无形,即便是无形的服务如宾馆、旅游、电子商务等产品也必须要有或多或少的载体去实现。但我们必须清楚的是,这些载体只是"固有特性"的附着物,而不是"固有特性"本身。顾客消费的也正是"固有特性"本身,而不是"固有特性"的附着物。比如,顾客购买家具产品,搬回家使用若干年后,这些"固有特性"的附着物还依然在那里,那顾客没有消费吗?当

---

[1] [美]吉特洛,等.质量管理[M].张杰,等译.北京:机械工业出版社,2008:11.

然消费了。顾客消费的是家具的"固有特性",而不是具有广延性的家具本身。正是从"固有特性"的消费中,顾客获得了效用。效用是"一个人从消费一种物品或服务中得到的主观上的享用或有用性"[①]。效用正是顾客寻求的目标,一种产品的"固有特性"能够在多大程度上满足顾客的需求往往能够表征产品的质量高低。因此,产品交易行为并非表面看上去的人与物的关系,而是围绕"固有特性"带来的效用所形成的人与人的关系。"要求"的主体和内容都具有鲜明的社会属性。在广义性质量概念中,"要求"的主体具有高度的包容性,涵盖与产品质量相关的所有主体,包括个人、团体和机构。国际组织、国家政府会从保持社会和平稳定、维护市场正常秩序、保障公民基本权利的立场出发,制定产品质量标准并建立登记检查、监督调控、违法制裁等配套政策;行业协会基于保护行业企业有序、健康、可持续发展的目的,制定行业质量标准和相应规范来约束企业的质量管理;企业本身也会从提高自身市场竞争力的目的出发不断提高质量。无论是国际组织、国家政府、行业协会,还是企业的质量标准都必然是在消费者需求和社会发展要求之间做出均衡选择。消费者的要求是产品质量的重要方向标,适应性质量就是要求产品质量要适应消费者需求,让顾客满意成为最响亮的口号。但是,消费者的需求并不一定就是合乎理性的,非理性的消费行为到处可见。这就意味着一味地满足消费者需求会存在相当大的潜在风险。国际组织、国家政府、行业协会和企业不仅要考虑到消费者的质量要求,而且要兼顾到技术的可行性、资源的稀缺性和发展的可持续性。一句话,不仅要满足消费者的质量要求,而且要引导消费者的质量要求。从质量要求的内容来看,不仅包括国家法律、法规和政策提出的强制性要求,也有利益相关者之间通过协调谈判达成的契约性要求,还有基于传统、习俗、惯例形成的隐含性要求。

质量是利益相关者进行互动建构过程的结果。各个利益相关者都参与到质量过程中来,他们相互作用、相互影响,最终达成了可以共同接受的要求。这种质量要求在不同的历史时期具有不同的内涵,从而使质量表现出鲜明的相对性、动态性和发展性。这首先缘于人是社会历史的产物。按照历史唯物主义的观点,物质基础决定上层建筑,特定个体

---

① [美]萨缪尔森,诺德豪斯.经济学[M].萧琛主译.北京:人民邮电出版社,2010:73.

第三章 高等教育质量目标系统的建立

的思想和意识的形成必然基于其所处的社会历史环境。所处环境不同，人们能够提出的"要求"就不同，企业能够提供的特定"固有特性"也不同，从而形成了不同的质量内涵。因此，质量建设问题是国际组织、政府机构、行业协会、企业、顾客等利益相关者共同面对的课题，而不是某一类主体的责任，将质量归结为企业的技术革新是对质量概念的最大误读。质量不是一个技术领域的概念，而是社会学概念。"如同价值一样，质量概念也属关系范畴"[①]。质量与生产技术革新并无直接关系，而是表征产品的"固有特性"能够在多大"程度"上"满足"利益相关者在社会互动过程中达成的质量"要求"。

总之，只有将产品的质量从有形物质产品扩展到无形服务产品，从技术革新的质量误区回归社会建构的质量内涵，从社会关系的角度去把握质量概念的本质，才能为我们对高等教育质量建设问题提供富有重要价值的借鉴意义。高等教育服务也是一种产品，同样存在质量问题；高等教育质量也是社会建构的结果，同样需要从利益相关者视角去探讨高等教育质量建设问题。

三、高等教育质量的内涵阐释

高等教育质量是质量和教育质量概念在高等教育领域中的演绎。当我们理解了质量和教育质量概念之后，何谓高等教育质量便迎刃而解。前文已对源自经济管理领域的质量概念作了较为深入的阐释，什么是"教育质量"呢？根据教育专著中所介绍的，高校培养的人才在就业岗位上是否能真正完成企业工作任务就是这一人才是否达到教育的质量标准，"衡量的标准是教育目的和各级各类学校的培养目标。前者规定受培养者的一般质量要求，亦是教育的根本质量要求；后者规定受培养者的具体质量要求，是衡量人才是否合格的质量规格"。这一内涵是着重强调质量，认为教育能否真正培养出高质量人才在于教育的质量。沈玉顺教授认为教育质量是"学校根据国家教育方针政策的要求，为满足特定的社会和学生发展的需要而确立的教育目标，设计、组织、实施的旨在实现这一目标的教育活动达到的预期效果的度量"。还有学者提

---

① 史秋衡,吴雪,王爱萍,等.高等教育大众化阶段质量保障与评价体系研究[M].广州：广东高等教育出版社,2012：27.

出,"教育质量是教育服务主客观规定性的量度表达"。这两种界定按照哲学中对质量的理解思路,将质与量统一起来,教育质量即是对教育之质的测量。另外,有学者将教育质量定义为"教育满足个人和社会显现的和浅在的教育需要能力的特性"。初看起来,该定义类似于前文所述经济管理领域中对质量的理解,但是,将教育质量归结为一种特性却与 ISO 对质量的定义相去甚远。教育质量表征的不应当是被固定下来的,应该是高等教育能满足市场需要的程度。

高质量教育是社会对高校提出的真正要求,高等教育一词进入高校是在《21 世纪的高等教育:展望与行动》宣言中提出的,那一时期对于高水平培养人的认识主要体现在认为其是改变教育发展方向的重要定义。在英国,衡量教育水平的机构提出,政府和私人开办了许多所学校,这些学校对于接收学生没有要求,给学生公平的入学机会,但学生和高校如果没有把握住整体方向,学生接受的教育不是贴合社会需求的,那教学活动就不是有效的。英国还有学者提出其他关于高水平培养人才的理解,认为培育优秀全面的人才如果不遵守学生的心理发展规律,强加不符合学生年龄的知识给他,学生会更加抗拒完成学业学习知识。另外,如果没有充足的教育资金来更新教学设备就不要随便启动发展计划,设备更新不完整更影响培养学生的水平。同时,要建成高质量的教育,如果不考虑学生本身的需要,建设过程可能会很快,但是建设后会加大学生学习压力,增多学生学习无用知识的时间。在社会其他方面还有学者提出解释,高等教育质量是一种衡量教学成功与否的标准,高层次院校制定完整教育目标后,学校通过流程化的教学对学生的各个方面进行教育熏陶。从这些不同的定义中可以看出,高等教育质量的内涵与经济管理领域中的质量内涵在本质上是一致的,即"一组固有特性满足要求的程度"。

基于经济管理领域对质量概念的内涵来理解高等教育质量是适切的。在经济管理领域,质量的载体是产品,产品既包括有形的物质产品,也包括无形的服务产品。而高等教育的产品是所培养学生的质量,是高校满足社会和政府对其的需要,也是高校通过教育设备、知识课本和优秀的师资力量培育出全方面人才的过程。在教育的过程中有多个主体涉及其中,他们既对教育的过程进行投入,也时刻要求着教育培养的方向是他们所需要的,所以高校只相当于政府和社会企业之间的桥梁,沟通着国家政策和基层民众需要,高校通过培养专业的技术人才为政府和社会企业提供着教育服务的功能。当我们确立高等教育服务是高等教育的继续行为之后,高等教育服务就是高校对社会做出的服务举措。在经济管理领域,质量是产品(含服务)的"一组固有特性怎样符合社会的需要",所以教育质量是高校在新的教育形式下必须改革的重要部分。这二者之间存在一定的差异性,这主要缘于市场交易的商品具有典型的私人性,而教育服务具有鲜明的公共性。但这种差别并非本质的不同,对于非义务的高等教育而言更是如此。因此,将 ISO 的质量定义应用到高等教育质量的内涵解析上来是恰当的。正如有学者提出的,"高等教育服务质量就是高等教育服务产品组合的质量,即高等教育服务产品的固有特性满足教育需求主体显性或隐性需求的程度"。高等教育的服务面向不仅包括学习者,还包括政府、企业以及其他社会机构。从全方位的视角去理解,提高高校教育质量,这一内涵中的"受教育主体"容易造成一种误解,将广泛的需求主体狭隘地理解为学习者。更准确地说,高等教育的需求主体应当是所有的利益相关者。

结合上文来看,将高等教育深化为对社会的服务是高校教育模式改革的主要发展方向,学生是这个过程中的最大受益者,将高等教育质量定义为高等教育服务所具有的特性能够满足利益相关者需求均衡的程度。学习者当然是最重要的利益相关者之一,除学习者之外,还包括政府机构、企业单位及其他社会主体。高校的教育不仅要让学生获得全方面能力,还包括满足政府机构、企业单位和其他社会主体需求的程度。高等教育质量所要努力去满足的"需求"应当是各个利益相关者需求在多重博弈之后形成的均衡解。能够在多大程度上满足需求均衡解,才是促进高校教育改革的指导思想。

第二节 高等教育质量建设的主体

高等教育的主体是谁,是提升高校教育质量首先要思考的问题。"谁的高等教育"所表征的高等教育为谁"拥有",而不是归谁"所有"。高等教育为谁拥有,谁就应该对其质量建设承担一定责任,这是合乎逻辑的。因此,问题的焦点就集中在"谁的高等教育"。从利益相关者的理论视角来分析,高校不同于企业的股东所有制,而是一种典型的利益相关者组织,高等教育为所有的利益相关者共同拥有。根据高校的具体情况来说,改革的对象应该遍布教育过程中的所有利益相关者。

一、利益相关者视域下的主体分析

现代意义上的企业利益相关者(Stakeholder)发端于1963年斯坦福大学的一个研究小组,迄今为止,已成为经济伦理学的一个重要范畴。狭义的利益相关者为"组织若没有其支持,不能存在的群体和个人",而广义的利益相关者定义由弗里曼(R. E. Freeman)于1984年在其著作《战略管理:利益相关者方法》中提出,与企业是否获得利益有关的人主要是指对企业进行了投资或是企业的生产结果有利于它。企业利益相关者理论提出后,引起了公司治理方式新的变革,即从股东治理方式、员工治理方式转向利益相关者治理方式。利益相关者理论挑战了传统的股东利益至上价值观,在承认股东作为权益出资人享有公司剩余索取权的同时,坚持所有利益相关者都应参与公司治理,"企业在考虑股东利益的同时,还要顾及债权人、雇员、消费者、供应商、政府、社区以及环境等个人或群体的利益"[①]。

利益相关者理论产生于企业经营领域,有学者认为,企业本身并不是一个利益相关者组织。关注利益相关者的利益固然具有重要的进步意义和现实合理性。但是,对于企业而言,企业本质上是营利性组织,股东经济利益无疑是企业所有经营活动围绕的核心,这是企业经营的根本责任制。否则,企业经营便失去了最重要的激励机制。因此,关注企业利益相关者的利益在相当大程度上只是企业正常运转的一个有效手段,而并非其存在的目的。基于此,有学者提出高等院校是一种典型的利益相关者组织。不能将大学与企业同等看待,大学是公益性的服务组织,而企业是以盈利为目的的商业性组织,大学中不存在某一主体对大学进行入股的现象,各方力量可以对大学进行投入,但是不能获得大学的管理权,大学从来不是针对某一利益主体进行的,它是社会性的、公共性的教学活动。与企业归股东所有不同,高等教育机构为利益相关者

---

① 李善民,毛雅娟,赵晶晶.利益相关者理论的新进展[J].经济理论与经济管理,2008(12):35.

第三章　高等教育质量目标系统的建立

所拥有,就是说大学并不属于某一群体而是属于公共群体共同的,任何个人、任何群体不能将大学囊括在自己的利益范围内,大学永远不可能成为谋私利的利益机构。对高等教育机构性质的新认识必然带来高等教育责任内涵的变迁。在高等教育历史上,大学主要是作为一个学术组织,研究和传播学术是大学存在的唯一责任。但是,随着社会发展,在学术责任之外逐步提出了大学的社会责任。从利益相关者理论视域来看,大学并非仅仅深居"象牙塔"中践行其学术责任,而是要在利益相关者构成的社会网络中履行其社会责任。如果大学各项决策和教育结果不能满足于社会各群体对于其的需要,大学就不能为对其投入的各方势力带来经济收入,所以大学的每一次改革都是需要谨慎小心的。在明确了现代高等教育机构的利益相关者属性之后,面临的首要问题是弄清谁是高等教育的利益相关者。

原哈佛大学文理学院院长罗索夫斯基(Henry Rosovsky)在《美国校园文化——学生、教授、管理》一书中,将与教育有关系的各个主体和组织与教育的关系进行梳理,按一定标准将这类人群进行划分,希望能够通过关系的梳理找出对教育过程影响最大的群体,来促进教育方式的改革,其中与大学教育牵扯最大的第一个层次是教师和学生;第二个层次,校长、社会慈善教育机构以及涉及教育资金的机构;第三个层次是被罗索夫斯基称为"部分拥有者"的利益相关者,就是他们与学校有资金上的往来或教育制度上的建议,如社会慈善机构会对教育进行投入,对学校的教育内容提出建议的社会学者,他们都是属于与高校有部分关系的人群;第四个层次是与高等院校关系较为浅的群体,如新闻媒体等,他们虽然会对教育改革和高考中考进行定期的报道,但是他们极少深入校园之中,与高校也没有资金上的往来。我国还有其他教育学者对社会群体与高等教育的关系进行了其他方面的分析,还是根据利益大小的关系,认为要根据利益大小和与高校教育联系的深度找到利益最深的群体首先满足其教育需求。有相关领域的专业人士依据大学和利益者之间的关系进行分析:第一层级为利益关系者——教育讲授者、教育客体对象和组织领导者;第二层级为利益相关者——校友会成员、资金提供者;第三层级为利益相关者——社区和社会资源等。还有学者依据能力和对大学管理程度做出利益者划分:中心利益者为大学管理的核心管理人员;主要利益者为国家和教育讲授者;密切利益者为公司和教育客体对象;普通利益者为教育客体对象的家长。还有通过米切尔的三个维度形成的评分体系阐述高等教育利益分配关系：首先是确切利益者，也就是具备法律约束性、决策性和迫切性，面向对象是政府相关部门、高校和相关领导者；其次是利益相关者。这种利益相关者又分为三个层次：第一层次是胜势型，主要对象是教师和行政人员，他们是合理的利益者，受到法律的保护和约束，具有一定的迫切性，通过自身优势形成一定的利益福利；第二层次是依靠型，主要对象是教育客体对象，被法律保护和约束，具有一定的迫切性，但是对其他人没有什么影响力和作用；第三层次是风险型，主要对象是外部恶势力，违反法律法规，干预学校发展和利益；最后是潜在利益者，这种利益者又分为三类情况：休眠、酌情和强要。通常休眠型的代表是媒体和相关行业机构，一般处于松散状态，对高校不进行影响。酌情型通常是指教育客体对象的家长，是法律的保护对象，对学校提出一些要求和需求，但是不影响学校正常管理和发展。强要型主要是针对一些不诚信的公司，这些公司参与了学校活动等，但并未兑现条件或承诺。另外，还有其他利益相关者分类方式：亲近层次主要对象是教师、教育客体对象和领导者；朋友层次是财政部门、投资者、合作单位、相关办学单位等；广泛关系层次是附近居民、媒介机构、联系不密切的公司、其他高等院校等。

总之，高等教育机构是一个典型的利益相关者组织，利益相关者理论是分析高等教育质量建设主体的重要视角。只有充分调动和发挥各个利益相关者的主体作用，高等教育质量建设才具有根本的依靠。这种教育改革在国内不仅要咨询业内专家陆续开展，还要在国际中满足国际机构需要。总括起来，教育者、学习者、管理者、校友会、政治组织、契约组织、社会公众是高等教育的重要利益相关者。教育者、学习者和管理者是高等教育内部利益相关者，政治组织、企业单位、社区机构和校友会是高等教育外部利益相关者。

二、高等教育质量建设的内部主体

（一）以学生为代表的学习者

学生是学校的主人，是活动在大学里最庞大的一支力量，很难想象会存在一所没有学生的大学。在中世纪大学诞生之初的相当长时期内，学生在大学办学过程中处于绝对强势地位，对课程设置、教师聘任与考核等诸多环节具有决定性作用。随着高等教育发展，学生的地位逐渐

第三章　高等教育质量目标系统的建立

受到教师、政府、投资者的影响，但学生作为高等教育重要的利益相关者地位没有发生根本性改变。在知识经济和终身教育时代，传统意义上的学生（Student）概念已不能涵盖在高等院校里接受教育的学习者（Learner）。除了以学习为职业的学生外，还包括各类以闲暇或者职业为目的接受继续教育的成年学习者（在职），后者在现代高等教育机构中所占的比重越来越大。因此，在本书中，我们采用更具有包容性的"学习者"来代替"学生"。

高等教育质量建设应当以学习者为主体，满足学习者需求，在学生中形成质量扩张力，并形成一定的价值导向。因为接受高等教育的群体始终是学生，如果高等院校不能满足学生对于其实用知识的需要，会大大减少学生进入高校学习的机会，学校的教育经费也会大大减少，高校教育在社会群体心中会减少公信力，人们不会将教育作为人生发展的首要出路，所以在教育的过程中要考虑到学生个性化的需要。既然学习者是高等教育质量建设的主体，那么就应当尊重并提供学习者参与高等教育质量建设的路径和机制。学校教育规章制度的制定也不能完全依靠教育管理者，学习者群体是占高校内部人群一大部分的群体，如果学校的规章制度也能从学生的需要出发，考虑到学生主体的合理要求，能够有效推动教育规范的执行，能够增加学生对于学习的动力和创造力，那么就有利于形成新型的教育管理方式。这是对学生权力的认可，也是对高等教育现有行政权力与学术权力二元格局弊端的有效修正。

（二）以教授为代表的教育者

教育者是教育活动过程中两类重要主体之一。一般认为，教育者就是教师。但在现代教育条件下这种说法太过于局限。当人们提到教师时，"教师"概念所指涉的是在学校中专职教学工作的专业人员。在精英高等教育阶段，这些被称作"教师"的教育者蛰居在大学"象牙塔"中，教育者与教师基本同义。但是，在现代高等教育体系中，对学习者实施教育影响的不仅包括传统意义上的教师，还包括社会其他机构中的专业人员，如科研机构的研究人员、行业企业的技能型人才等。这些人员的身份显然不是"教师"，但他们确实经常出现在高等教育机构中，对学习者产生了实质性影响。因此，我们认为，教育者（Educator）概念比教师（Teacher）具有更大的包容性，也更适合当前高等教育发展的实际情况。

采用教育者概念并没有否认教师，教师仍然是教育者的主体，他们是高等教育形成质量扩张力的主体对象,为教育质量提供了基本发展机会。无论高校管理者制定怎样适合学校和学生群体的管理规范,都需要教师进行辅助执行的功能,如果不将教师看作与高校教育有关系的群体,高校教育的产出质量会大打折扣,高校管理者与学生之间会产生较大的隔膜,教师群体从始至终都是与学生接触最为密切的人群。在高校教师群体中,教授处于领导地位,对高等教育质量建设发挥着直接性的重要影响。在各个高校内部会聘请一定数量的教授级别的教师,他们既要定期为学生进行一定数量的授课,还要对普通教师群体进行培训,传授教育经验。让教师尤其是有丰富经验的教师在教学过程中引导学生,帮助学生找到学习方法,使这些教师成为高等教育建设中的骨干力量。

除了教授带领下的教师团队,活动在专业领域的社会人员还有非职业的教师,都是发展高质量教育的重要人力资源。当高等教育发挥其经济属性和承担起社会责任后,高等教育发展必然是符合时代发展要求和顺应时代发展需要的。加强高等教育与社会联系的重要方式就是直接从其他社会机构如企业、研究机构引入智力资源,他们是高等教育的教育者,是质量建设的重要组成。

(三)以校长为代表的管理者

高等教育机构是一种社会组织,它承担着特定的责任和使命,具有相应的人员、部门和制度。在高等教育"去行政化"的改革氛围中,也不能否认高等教育机构的行政职能。高等教育即使能够"去行政化",也不能"去行政"。高等教育机构这种社会组织的正常运转必然需要依靠一套人员精干、结构完整、功能完备、制度健全、经济高效的组织体系。"去行政化"所批判的是高等教育机构中普遍存在的行政权力对学术权力的僭越,以及广泛漫延的官僚主义、形式主义作风。要对高校管理职能部门进行正确引导,形成优质管理体系。当前高校管理部门要坚守原则底线,同时配备监督部门,为高校管理的健康发展保驾护航。管理者是高等教育质量建设的具体实施者、组织者和具体负责人。

在高等教育机构管理者团队中,校长是发挥核心作用的领军人,是高等教育质量建设的顶层设计者。在"政府主导下的合规格性单向度质量观"时代,校长是政府在高等教育机构中的代表,是政府政策的具体执行者,但缺少足够的办学自主权,具有浓烈的官方色彩。在"多主体介入表达的合需要性复合质量观"阶段,校长是高等教育利益相关者

第三章 高等教育质量目标系统的建立

群体中的"首席",因为校长既是教育活动管理者也是教育责任的承担者,对上需要对政府进行定期述职,接收国家最新教育思想,对下需要制定不同阶段的教育管理规范,无论校园内部事务大小校长都需要安排好学校运行的具体流程,同时还要关注学生的生命健康,校长是促进高校运动起来的主要连接点。校长角色和地位的变化,让校长真正具备了成为教育家的现实条件。校长及其所带领的管理者团队是高等教育质量建设最重要、最直接的主体,其他利益相关者能够在多大程度上参与高等教育质量建设以及参与的形式和方式都受到管理者的决定性影响。

三、高等教育质量建设的外部主体

(一)以政府部门为代表的政治组织

政府是高等教育质量建设的重要利益相关者。首先,政府是高等教育的重要投资者,政府每年都会将财政收入的一部分拿出来对高校教育领域进行投入,在我国公立高校主要靠政府教育部门在支撑教育活动的运转。在西方国家,即使是私立高校也有大量的政府投入。即使是高度市场化的美国,也已经建立了完善的教育资金管理制度,美国社会中会有各方的力量都对教育进行投入,在这种状况下美国的高校也不可能在不接受政府教育投入的情况下,让私立高校教育正常运转。政府在高校教育方面扮演重要角色,承担着高等教育发展的风险和责任,高等教育教学质量的及时反馈,对高等教育发展方向和教育质量评估具有决定性影响。在我国,政府不但是高等教育的投资者,而且握有大学校长的任命权,对高等教育发挥着多重影响作用。"作为'管理者',政府保持对高等教育或大学的有效干预",作为高校教育资金的主要投入者,政府在一定程度上对高校的内部管理事务有一定的控制权,"作为'监督者'的政府是唯一可能成为最公正的监督者"。在"政府主导下的合规格性单向度质量观"时代,政府主要是作为标准制定者、评估组织者角色对高等教育质量建设进行外部考核;在当前"多主体介入表达的合需要性复合质量观"阶段,政府不仅是高等教育质量的外部考核者,更应当成为内部建设者。

政府代表着政治力量对高等教育质量建设的影响。在种种政治力量中,除政府以外,还有执政党的方针政策、民主党派和其他政治性团体的潜在影响作用等。在我国高等教育体制中,坚持共产党领导是不可动摇的基本原则,高等教育质量建设要遵循党的教育方针和教育目的。在高等院校内部,各级党团组织是高等教育质量建设的重要力量。

(二)以用户单位为代表的契约组织

高等教育质量是高等教育机构提供的教育服务产品满足利益相关者需求均衡解的程度。高等教育的产品主要有毕业生人力资源、科学研究成果和社会培训项目等,用人单位、成果受让方、接受培训者等是这些产品的用户或顾客。产品能够在多大程度上满足用户需求是判断质量高低的标准,也是质量建设的根本着力点。高等教育机构与产品用户之间形成了契约关系,这些契约组织是高等教育的重要利益相关者。在这个意义上,高等教育质量建设就是不断地改善高等教育机构与这些契约组织的契约关系。如果将大学教育管理独立于各种利益群体之外,还想要大学正常运转是不可能的,大学不仅会缺乏运行经费还会缺少发展方向目标,所以各方面力量要找清自己的位置,合力促进高校教育的发展。

在传统高等教育质量建设模式中,这些契约组织只是类似于普通商品消费者一样单纯地使用产品,而不参与到产品生产过程之中。高等教育质量建设的现代模式要求契约组织参与到产品生产全过程中,扮演质量建设的重要主体。一方面,高等院校可以通过市场调研,改变高等教育课程内容和组织模式,通过多样化的教学方式和培养模式来调整人才目标,使得毕业生在增长知识的同时具有相应的技能和良好的合作意识。另一方面,通过与契约组织合作的方式,如在课程设置和课程评价中邀请雇主参加,让雇主直接表达对精英人才的切实需求和企业对人才发展方向的规划,使教育内容更加灵活机动,形成能力教育。通过高等教育机构与契约组织深度合作的方式,发挥契约组织对质量的管理作用,形成建设性扩张力,进而利用内部能量促成高质量教育局面的形成。

(三)以媒体机构为代表的社会公众

时至今日,高等教育机构绝非孤岛式的"象牙塔",而是处在社会巨型系统中的一个因子,与其他社会公众保持着千丝万缕的联系。高校教育与普通民众之间的联系表现在民众的子女多是高校教育的对象,人民需要时刻关注高校教育的政策,接受高校提供的教育服务,同时公民工资收入的一部分会进入国家财政税收作为高校教育投入,二者之间相互促进。高等教育机构与这些社会公众保持着或直接或间接,或明显或潜在的互动联系。否认这种联系,对高等教育质量建设主体分析就不是全面客观的。例如银行等信贷机构与高校教育活动之间也存在一定关系,如果高校教育运行良好但是想要进一步发展改革可以向银行机构进行申请贷款,二者相互了解之后能达成一定的教育合作,高校得到进一步的发展之后,就能及时将教育贷款归还银行,银行也能在这一过程中得到一定的利息利润。

当精英高等教育转向大众高等教育,高等教育竞争空前激烈。高等院校竞争力的核心在于质量,有质量就有品牌,有品牌才有市场。在这一系列的互动环节中,社会公众发挥着重要影响作用。社会公众对高等教育质量的认可度是高等院校质量评价的准绳。一方面,如果社会公众对高等院校教育质量认可度高,那么,高等院校能够因此集聚更多的教育资源,使其质量建设进入一个良性循环轨道;另一方面,社会公众对高等教育质量的评价可以作为高等教育质量建设自我检视的镜子。将外部的社会公众引入内部,并成为高等教育质量建设主体,能够有效地改进高等教育质量。

(四)以杰出校友为代表的社会团体

校友是高等教育质量建设的重要主体之一。校友是曾经的学生,对高等院校发展的历史有比较深入的了解,对学校抱有深厚的依恋情感。这些杰出校友走出校门之后,在社会各行各业建功立业,是社会建设与发展的主力军。他们所创造的物质资源和其他社会资源在服务于社会的同时,也可以为高校的建设与发展贡献力量。对于走出校园的校友管理方面,美国的管理模式比较成功,在美国高校内部会建立校友办公室,对于每年走出高校的学生根据地区的不同进行记录,学校与校友之间保持着良好的联系,建立起了网状的校友信息互通状态,一旦学校有新的项目投入或建设时,校友会根据自身经济状况进行投入,同时学校也会定期拿出资金对校友会进行改善。将分散的校友资源组织化,建立校友名录,邀请成功校友回校交流经验。除了优秀校友外,还有大量的学术团体、院校联盟等社会团体也可以成为促进高等教育发展的重要力量。

综上所述,高等教育发展的对象由各个部分组成,包括学习者、教育者、管理者、政治组织、契约组织、社会公众、社会团体等。以高等教育机构为核心,众多利益相关者彼此之间形成紧密的合作伙伴关系。但这些合作关系不能使资金往来混乱,每个利益主体所得到的利润应该是符合其投入资本的,不同群体不能以任何方式占用他人的既得利益,每个进行投入的群体都应该为如何获得更多的利益而共同为高校教育的发展提出有效举措。在保证各方利益的前提下,利用现有条件发挥出更大的效益,形成更高的改革张力,需要针对教育的各个方面,结合市场需要进行深化改革。

第三节　高等教育质量建设的体系

高等教育质量建设是高等教育的利益相关者共同追求高质量的行动过程。在这一过程中,包含着评价策略、品质保证和质量提高等重要内容。评价策略是质量建设的先驱思想力量,品质保证是评价策略目标的实现,质量提高是对二者综合力量的发展和实现保证。

一、高等教育的质量评估

在 20 世纪中期以后,世界高等教育进入快速发展期。在高等教育急剧扩张的同时,伴随着高等教育经费短缺,再加之公共问责的范围越来越广泛,高等教育质量评估成为影响高等院校生存与发展的关键,从而掀起了新一轮声势浩大的高等教育质量保障运动。正如有的学者所指出,高校教育的评价功能有其他任何检测方式不能代替的功能,通过对高校教育结果进行教育质量评价,能够有效检测出高校教育针对上一次进步的地方,使高校专业教育的方向更有针对性,使高校教育培养人才的方向更符合社会和政府的需求。就中国高等教育评估来看,只有几十年的发展历史。但是教育改革与教育评估都是相伴发展的,改革教育需要随时检测改革的效果,所以也要积极促进教育质量评估的发展。

根据联合国教科文组织出版的《质量保证与认证:词汇的基本术语和定义》对"质量评估"的定义可知,质量评估(Quality Assessment)是一个系统收集、量化、运用信息,并据此判断高等教育机构或者教育项目的教学效果和课程充足程度的过程,前者即机构评估,后者即项目评

第三章 高等教育质量目标系统的建立

估。与此同时,质量评估也是一个评价学生学习成果,并提高学生学习与发展和教师教学效果的技术性设计过程。该定义指出了质量评估的核心内涵是"判断",也就是要对高等教育质量水平的高低做出断定、形成结论。一个科学合理的判断要有依据为前提,这种依据一是标准,二是事实。高等教育质量评估的结论不仅是表征事实满足标准的程度,更是要反映事实和标准在哪里?事实是能够真实可靠的反映高等教育质量的"信息"或"证据"。若没有这些"信息"或者是不真实的"信息",高等教育评估就只是人为的"闹剧"。标准是评估的尺度,任何评估都不可能离开标准,但标准应当是生成性而非完成性的,是个性化的而非统一性的。该定义还指出了根据对象不同的两种质量评估类型:机构评估和项目评估。机构评估是对高等院校整体办学水平的评估,项目评估是对高校内部某个专业或学科的评估。一所整体办学水平不高的学校完全有可能在某个专业或学科上办出特色、办出水平,一所整体办学水平高的学校并不意味着其全部专业或学科都是高水平的。高等教育质量评估的这两种区分具有重要的实践价值。另外,高等教育评估十分关注课堂教学的质量和学生在课堂的学习状态,可以提高国民综合素质和人的价值体现。评价策略成为高等教育质量建设的起点,是提高高等教育质量的手段和环节,其根本的目的在于提高教育质量、促进学生发展。高等教育质量评估在高等教育中有着十分重要的作用和地位,但质量评估只是实现目的的手段,而不是目的本身。

质量评估是对质量状态的诊断,其诊断结果即评估结论可以是定量的,也可以是定性的。但是,无论是标准参照性评估还是常模参照性评估,其评估结论终究要求具有区分性。这是高等教育自身发展的需要,也是社会公众对高等教育的要求。在这个意义上,对高校教育结果进行评价是十分必要的行为,在这一过程中能够共同提升评价方和被评价方的能力,评价机构需要聘用专业的学者建立合理的教育评价标准,被评价一方的高校需要不断改进自身教育水平,最终的评价结果是对高校教育质量进行等级划分。质量评估是一项复杂工程,将其应用到教育领域中来,使问题变得更加复杂。高等教育质量评估的复杂性主要体现在评估主体和对象的多元性。高等教育机构是一种典型的利益相关者组织,它为所有的利益相关者共同拥有,而不是某类主体的私有财产,即使民办高校也不例外。高等教育质量评估究竟由谁说了算?在理论上,所有的利益相关者都是高等教育质量评估的主体,但在实践上,往往由个别主体在没有得到其他主体认可的情况下代行了该项权力。如何吸收社会力量参与到改革过程中,是建设教育评估部门需要考虑的问题。从评估对象来看,以整体办学水平为核心的院校评估、以专业人才培养质量为核心的专业评估和以质量建设专项工程为核心的项目评估都应当纳入高等教育质量评估的视野,是高等教育质量评估的核心。

简而言之,构建评估策略体系是提高高校教育质量的重要手段,只有进行有效监督才能对教育形势做出准确的把脉和诊断,找到问题的症结所在,质量保障和质量改进才有坚实的基础。否则,高等教育质量建设很可能在错误的方向上渐行渐远。

二、高等教育的质量保障

质量保障(Quality Assurance)是从工业管理中的"质量保证"概念借用而来,大大地超越了传统质量管理中的质量检验思想。与质量检验强调对产品严格把关、禁止劣质品进入市场交易从而提高产品质量不同,质量保证强调从生产全过程的视角对产品质量进行全程监控,从源头上提高产品质量及出产产品合格率。质量保证体现了全过程、全方面、全体人员的全面质量管理思想。高等教育质量保障也应当体现工业领域全面质量管理的理念,对高校教育专业进行全方位的管理与监督,其监督经验可以借鉴其他领域管理的方式,因为各个行业之间都存在一定的共通的理论基础,以此可以有效促进高校教育质量水平的提高。高等教育质量并非某一个方面的质量,而是涵盖各个方面的整体质量;高等教育质量保障并非只是着眼于毕业生的就业状况,而是涵盖入学、培养、就业等全过程;高等教育质量保障主体并非只是教育者,而是包含了教育者、管理者、政府、企业、社会团体等各个利益相关者。高等教育质量保障突破了点、线、面的局限,是在系统框架下寻求高等教育质量建设的有效路径。对不同院校的高等教育做出个性化的教育指导,实现高校整体教育实践能力的提升,是对传统高等教育管理理论与实践的重要突破。

对高校的教学活动进行保障性评估,也是确保国家教育政策落地、提升人才培养质量的有效手段。对高校教育进行质量保障不是对单一专业的监督评价,也不是一项单独的工具或技术,是高校内部各专业的通力合作。创新教师理念、加大教育投入、提高教学质量、促进教师发

第三章 高等教育质量目标系统的建立

展、完善教育评估、争取社会资源等方面都是高等教育质量保障体系中的重要内容,但他们每一个具体方面仅仅是一个构成要素,要素功能的充分发挥有赖于健全的总体方针政策来保障运行。在以往发展高等教育的过程中,过于注重要素而相对忽视了结构。以人才培养质量为例,高校管理者和教育者往往把人才培养质量归结为教务处的职责,而忽视了人才培养质量的责任是高校的整体责任,每一位教师甚至职工都与人才培养质量有着重要的关系。高等院校可能会把某方面的工作做得很优秀,但整体办学质量难以得到切实保障。高等教育质量的保障是一项系统性工程,它有赖于高等教育管理者对各要素进行有效的统筹,如此才能发挥出最大的效益。高等教育质量保障体系包括以下几个主要内容:理念创新支持系统、教育经费支持系统、教师人才支持系统、社会资源支持系统和国际资源支持系统等。

质量保障是高等院校为达到高等教育质量标准所做的持续性发展过程。我国一位教育学者曾提出,建立完整的高等教育质量保障体系需要教育活动中的各方主体共同参与,首先需要评价机构与学校合作制定出评价检验规范,同时高校内部教职老师和学生都可以对本校的发展提出自己的建议,高校管理者必须定期向基层了解发展意见,从下至上形成合力提升学校专业教学水平。质量保障贯穿质量建设全过程,在任一环节都不能缺失高层次的总体性的教育目标。质量评估仅仅能检验高校的教学结果,但对教学过程中出现的问题无法给予帮助,它具有明显的阶段性或局限性。但是,质量保障却只能是连续性的过程,因为每一个中断都可能会对正常的高等教育质量建设过程造成致命的打击,可能会对学习者发展带来负面影响,也可能会对学校发展带来严重破坏。在这个意义上,质量保障是高等教育质量建设永恒的主题,在这一连续性过程中不容许任何中断,质量保障没有"假期"。质量保障是高等院校为达到高等教育质量标准所做的制度性建构过程。

高等教育质量保障当然离不开要素投入,但更重要的是如何将各种要素有机统一以产生更大的功效。这需要一套相对完善的制度机制来保障,它体现了对高等教育质量管理的思维方式创新。对高校教育进行教育质量保障也是管理高校教育的一种新形式,但是质量保障有自己的运行规律,应该在进行专业的理论研究的基础上进行技术性的评价保障。关于教育质量保障西方学者提出了自己的理解,认为教育质量保障是衡量教育活动过程的一个标准,而不是衡量教育结果的标准,并且质量保障活动是持续于高校教育活动过程始终的,不是进行片面性的评价,教育质量保障与进行教育质量的评价在本质上都是为了促进高校教育专业满足于社会需求和政府教育政策,这两项工作在进行的过程中,都要配备其他机构进行监督。这些"规范工具""体系"和"程序"就是使高等教育系统中各个要素协调配合的"润滑剂",系统的有效运转离不开发挥润滑作用的这些制度与机制。

总之,质量保障与质量评估具有紧密的内在联系,质量评估以质量标准为前提,而质量保障又以质量评估为基础。坚持合理标准、科学评估,高等教育的质量保障才会有稳固的基石,高等教育的质量才会有可靠的保证。

三、高等教育的质量改进

高校建立的教育质量检验标准是为了确保国家教育政策进一步贴合我国教育实际情况,避免高校教育改革过程中出现的一些问题,同时教育质量保障活动也能反映出政府的教育资源是否均匀的分配给各高校教育内部,有助于解决高等教育内部资源配置的问题。但是,高等教育质量建设的终极目标并不仅仅停留在对基本标准的达成,更重要的是对标准的超越,即质量改进(Quality Enhancement)。因为追求更高质量是包括政府、企业、社会、学校、教育者、学习者等众多利益相关者在内的全社会的共同诉求。更高质量的高等教育能够为社会培养更多高素质人才、创造更多高质量研究成果、提供更多优质社会服务、传承并创新更多优秀文化成果;更高质量的高等教育能够促进学习者提高职业能力,也能为学习者终身发展能力奠基;更高质量的高等教育是高等教育机构在激烈的市场竞争中,科学发展、和谐发展、可持续发展的生命线。也就是说,高等教育质量建设是不断超越的过程。每一个阶段都有不同的教育质量要求,根据经济发展状况不断提升教育质量是经济全球化的必然要求。

质量改进是质量评估和质量保障达到高等教育质量标准之后,不断追求的新的教育质量目标。对教育活动进行质量改进与进行教育评估不一样,但质量改进与教育评估共处在一个更广泛的连续性过程之中。质量改进也可称作质量提升或质量提高,如果高校教育能够得到明显的质量改进,对高校进行教育质量评价时评价标准的等级划分可以更

第三章 高等教育质量目标系统的建立

详细,会减轻政府教育部门的工作压力,使企业拥有更多的新型技术人才,促进国家整体教育经济水平的提升。从这个意义上讲,建立质量改革目标和对教育效果进行质量评估都是为了对高校教育理念进行改进。也可以说,"质量保障与质量提升是同一个问题的两个不同侧面,前者侧重于最低'底线',后者更强调更高诉求——追求'卓越'"。"卓越"没有标准,没有最高,只有更高,因此,高等教育质量改进就是一个没有终点的连续性过程。不断的质量改进是高等教育实现其本体性价值和工具性价值的要求和体现。

在高等教育质量建设体系的质量评估、质量保障和质量改进不同层次上,所有的利益相关者都应当是责任主体,都对高等教育质量建设担负着一定的责任。但是,在不同层次上,各种利益相关者所负责任比重并非固定不变。在传统的质量评估过程中,只有政府部门从事评估工作,评估机构相对单一,忽视了高校的自我评估和社会机构的第三方评估。未来的发展应当是这三类核心利益相关者共同参与、均衡协调。关于质量保障方面,政府的主要作用是为高校建设投入资金和教学设备,高等院校则是具体采取有效措施来实现质量保障,社会参与具有重要意义,但往往需要政府和高校提供有利的平台和机制。总体上讲,由于高等院校是典型的利益相关者组织,政府又是公共利益的代表者,政府具有信任度和权威性,有责任保障高等教育机构向社会提供的教育人才能够满足不同岗位的需要。当然,这并不意味着政府要参与整个评估过程,政府也可以提出自身对教育质量的要求,但具体实施可以通过高等院校和第三方机构去完成。

与质量评估和质量保障不同,高等教育质量改进的首要责任主体是高等院校。政府有责任保证所有高等院校向社会提供的高等教育服务达到基本要求,但政府没有义务也没有能力将每一所高校办成有特色的高水平学校,而完成高等教育质量改进使命的只能是高等教育机构即高等院校。在当前的高等教育制度环境中,政府为高等院校提供了核心资源,搭建了公平有序的市场竞争环境,高等院校只有通过持续的质量改进来提高核心竞争能力,才能在激烈的高等教育市场中发挥自己的教育优势。起初来看,推进质量改进是重要环节和内容,但在其背后更深层次上所蕴含的是高等院校与政府之间的权力关系的变革。"质量提升的主要目的是要把质量管理的权力交给高校,发挥其在质量保障中的能动性。质量的提升主要依靠高校,依靠教师和学生。"因此,高等院校及其内部利益相关者是高等教育质量改进的首要责任主体，而履行责任的前提和基础是政府能够赋予高等院校充分的办学自主权。当然，在强调高等院校质量改进首要责任主体地位的同时，也不能忽视其他社会主体的质量改进责任。

高等教育系统是复杂性系统，质量受到高等教育系统内各组成部门和主体机构的制约。进行质量改革要将教育过程中的主体进行多层面、多途径综合治理。总体上讲，坚持特色化战略、一体化战略、国际化战略和协同创新战略是推动高等教育质量改进的重要路径。

第四章 我国高等教育质量提升的路径选择

党的十九届五中全会审议通过的《中共中央关于制定国民经济和社会发展第十四个五年规划和二〇三五年远景目标的建议》,将"高等教育进入普及化阶段"作为决胜全面建成小康社会的标志性成就之一,并从多个方位对"十四五"时期高等教育提出更高要求,充分显示了新中国成立以来特别是改革开放以来教育普及达到的新水平。在高等教育普及化时代,多方利益相关者理应共同参与高等教育质量建设。与此同时,无论以何种方式继续改革都要针对高校的具体问题,不能偏离主题,在高等教育质量评估、保障或改进等任何一个环节,只有通过高等学校内部系统的运行,外部系统才能真正发挥作用。着眼未来,全社会对卓越高等教育质量的期待更高,在质量承诺、质量绩效、质量问责、质量经营和质量文化等方面,对以高等院校为主体的高等教育系统提出了一系列新要求。

第一节 我国高等教育质量现状

20 世纪末,针对我国经济发展政策,我国高等教育入学人数不断增加,我国的高等教育发展进入了新的阶段,高等教育不断普及,民众有了更多的教育机会,教育公平和社会公平得到保证。但是,随着高校规模的扩张,生均教育资源急剧下降,教育质量问题日益突显。高等教育质量问题的成因是多方面的,既有社会的因素,也有高校的因素,还有学习者的因素。在各种因素的综合作用过程中,高校因素占据着最重要的地位,高等教育质量建设应当充分尊重、调动和发挥高校的主体性作用。

一、高校扩招导致教育资源的短缺

自20世纪90年代末期以来,我国的高等教育不断发展,规模得到了前所未有的扩大,整个教育行业发展前景好,世界各国也开始借鉴我国的教育发展经验。在我国当时的社会发展背景下,教育资源受到限制,教育的质量和数量都无法保证。我国要在满足广大人民群众对知识的渴望的情况下,不断加大人力、物力和财力的投入,以促进国家的经济不断向前发展。同时,在扩大受教育人数的情况下,也要确保高等教育的质量。如何保证数量和质量都得到发展是迫切需要解决的实际性问题,也是高校培养的人才能否适应社会发展需要的关键。要保证培养出高水平的综合型人才,提升教学质量是首要任务。

自20世纪90年代以来,我国高等教育毛入学率一直稳步增长。在众多发展中国家中,我国的高等教育发展速度一直处于前列,甚至超过了一些发展国家。完成高等教育的普及,美国用了将近30年的时间。在美国成功经验的帮助下,日本、韩国、巴西分别用13年、15年、25年完成了这一转变。而我国只用了不到10年,便将高等教育的毛入学率提高到了15%。

随着高等教育的不断普及,民众接受教育的机会也越来越多。但在受教育人数激增的情况下,教学质量下滑问题也日益凸显,有关高等教育质量的相关研究也越来越多。在扩大招生规模和办学规模的同时,也必须要确保教学质量和辅助资源得到同步的提升,使所教学生能够将所学本领熟练应用于实践就业之中。但现实教学质量的提高并没有与大众化同步,远远滞后于大众化进程,这突出地表现在入学人数增加和政府投入教育资金不足。随着高校在校学生人数越来越多,远远超过了高等院校能够承受的范围。随之而来的是高校的教学场地、生活场地、基础设施、宿舍面积、硬件资源等无法满足日常教学工作的需求,没有充足的资金便无法保证教学质量。存在的一系列现实问题都无法让高等院校的教学工作正常开展,许多课程和实践都被迫取消,造成学生的平均使用资源也逐步减少,对高等院校的教学质量造成了严重影响,阻碍了整体教学质量的提升。

在我国新的教育理念驱动下,高等教育的规划设计和现实发展之间的差距和矛盾,对传统的高等教育体制也造成了强烈的冲击。我国的招生规模不断扩大,高等教育的人数逐年递增,但能否保证教学质量随之提升也倍受质疑。教育的"大众化"主要是通过数量来衡量的,但在数量增加的过程中产生的一系列问题,同样值得我们为之不断探索。如何确保高等教育健康发展,社会各界都对其密切关注。纵观西方发达国家的高等教育普及过程,其在教学数量和教学质量之间的矛盾一直都是影响高等教育发展的主要矛盾,在这其中,增加数量和提升质量是一对矛盾的两个方面,二者相辅相成、相互制约。

二、高校扩招后教育质量问题凸显

高等教育的大众化与普及化不仅能够让更多的人接受高等教育,不断扩大的办学规模和招生人数,也在一定程度上提升了人民群众的综合素养,进而学校需要建立更高水平的师资队伍,不断改善我国高等教育的落后境地。自扩招以来,高等院校局面稳定,也有力地促进了社会的和谐稳定。但扩招引发的一系列问题也不容忽视。师资资源紧张、基础设施不足、教学设施得不到完善、生源质量下降等现实性问题都迫切需要找到一条行之有效的解决途径。这些问题也对教学工作造成了一定影响,教学体系、教学目标、教学管理体制都无法适应扩招带来的变化,无法符合新的时代需求,进而又引发了新的矛盾。从根本上说,是高等教育发展中的大众化教育和教学质量之间的矛盾,这对高等教育改革来说是机遇也是挑战。如今的高校毕业生就业问题已经是高等教育需要解决的难题之一。在扩大招生规模之后,中国的教育在一定程度上得到了空前的发展,但高校学生的就业问题在扩招之初就已十分明显,严重影响了我国高等教育的向前发展。

在扩大招生规模以后,高等教育需要一段时间对其教育体系进行科学的调整,提高教学质量,进而促进后续的数量增长,如此形成一个良性循环。高等教育的发展受到诸多因素的影响,如经济水平、人口数量、科学发展水平等。第二次世界大战之后,诸多西方国家都在大力恢复经济发展,迫切需要各个领域的人才。此外,当时的人们也在为自己的平等权利争取,适龄人口也不断增加,高等教育数量不断提升。到20世纪80年代后,世界经济的稳定增长受到影响,社会对高水平人才的需求也有所下降,学龄青年也随之减少,但社会的发展需要更多的优秀人才的加入。由此,高等教育的质量问题也日益凸显。

在我国有相关政策引导适龄学生步入大学生涯,提升国民整体受教育水平,但这也给高等教育的质量带来了巨大的冲击与挑战。[①]高校扩招之后,我国教育大众化进程加快,公民接受高等教育的机会逐步增多,但随之而来的高等教育质量问题又成为关注的焦点。问题的焦点并不在于高等教育普及的必要性,而是高等教育数量提升之后,如何确保教学质量不下滑。近些年由于中国综合经济实力的上升,我国开始将资金大量投入高校教育领域,不断增加高校入学人数,提升了我国人均受教育的程度,但是这样也导致了一定的问题,有专业能力的教师数量不足,而且每一年级中学生人数过多,教师和学校管理存在一定缺口,容易导致学生安全问题的发生。中国也在一定程度上壮大了博士的生产基础,但所培养博士的质量却无法得到人们的肯定。华中科技大学教授周光礼等对我国博士的质量进行了深入的分析和探究,并编写了《中国博士质量调查》一书。有学者认为高等教育的质量下滑和扩招之间没有必然的联系,但是扩招所引发的一系列问题也不能忽略。随着我国社会的发展,教育质量直接关系到高等教育如何发展,也是高等教育发展的问题所在。《国家中长期教育改革和发展规划纲要》指出[②],高等教育的任务是为社会培养高水平人才、促进科学技术发展,有力推动我国社会主义现代化建设。高等教育发展的首要任务是提高教育基础,这也是把我国建成"教育强国"的根本要求。

关于如何提升、发展高水平的教育培养,马丁·特罗提出如果让更多人接受教育必然会使教育质量下降,如果要将高等教育的范围扩大,必然会导致入学人数大量增加,这样才能让教育覆盖到更多人身上。在这种政策下,入学学生主要是在中学时期就结束学业或是原来没有被大学录取的部分学生,这些学生原本的学业基础就比较差,再加上很长一段时间没有接受系统完整的教育管理,会存在难管难教的问题。如果这样的学生进入校园,教师只能将更多的时间和精力放在他们身上,对于原本学习能力就较强的学生来说,会造成一定的学习压力和心里不舒服的问题。在高层次教育普及到更多人身上时,假如高校没有及时根据学

---

① 祝文生,张德庆.大众化阶段高等教育质量保证问题研究[J].教育探索,2006(6):39.
② 王龙,程军.论提高高等教育人才培养质量[J].长春教育学院学报,2014,(11):123-124.

第四章 我国高等教育质量提升的路径选择

生情况对学校的基础设施做出一定改变,那学校内部会出现非常混乱的现象,师生会产生一定的倦怠情绪。扩大招生的这种方式往往需要在校内兴建许多宿舍楼满足学生的日常需求,但是这样导致原本计划用来做教学楼的区域被占用,学生的受教育环境变差。还有高校面对入学人数增加,不能只注重建设学校的外部设施,忽视教师力量的提升和相关专业课程的设置,学校领导应该加强对这一问题的重视。目前各校都开始创新学校内部的教学方式,对学校内部的各专业进行整改,希望以此增加学校的经济收入和入学吸引力,一开始这种改革方式取得了良好的效果,但是后期开始走向了变质。高校在改造专业课程时不能够只看重经济利益,对传统专业课程采取只更改专业名称而不改变学习内容,不能只是将学生吸引来就可以了。另外,高校在鼓励学生考取企业行业需要的入行资格证时,也不能忽视对学生基本知识能力的培养。

虽然也有学者主张高等教育质量下降并非大众化高等教育惹的祸,但是,高校扩招对大学教育的有效性产生一定冲击。受教人数的变化使高校的教育模式没有适应,一系列新的矛盾开始显现出来:规模扩张超前与经费投入严重滞后的矛盾、人才培养目标趋同与社会多样化脱节的矛盾、师资队伍建设与高等教育事业发展不协调的矛盾。[1] 在种种矛盾的作用之下,教育质量的下滑和人们对高等教育质量的担忧就不是空穴来风。关注高等教育质量、加强高等教育质量建设成为历史发展的必然要求。

三、高等教育质量问题的院校因素

高等教育是一个巨型系统,高等教育质量问题的产生也就必然是多方面的因素综合作用的结果。正如有的学者所主张的那样,我国高等教育质量问题可以从以下三个方面进行讨论:从学生层面看,生源质量和学习风气的下降是教育质量下降的重要原因;从教师层面看,教师数量、教师素质以及教师教学投入等问题是高等教育质量下降的重要原因;从学校层面看,规模扩张、课程设置和通识教育等问题是制约高等教育质量下降的原因。但是,在纷繁复杂的因素中,院校层面的影响无

---

[1] 吴若冰.大众化阶段高等教育质量保证问题研究[J].中国成人教育,2007(11):13.

疑是最直接、最重要的。

(一)高校管理者理念与高等教育质量问题

习近平总书记强调,高等教育发展水平是一个国家发展水平和发展潜力的重要标志。但我国高校管理的实际情况是,许多校领导奉行"官僚主义",学术管理没有学术性,工作开展不民主,没有充分调动师生的积极性,这些不利因素都严重阻碍了我国高等教育的发展。校领导将大部分时间和精力都花在资源筹措、资金筹备等方面上,对学校内部的学科教育和教育关注没有引起足够重视。有的教学单位将大部分正课时间用于事业创收上,颠倒资源配置,本末倒置。由于现行的高校教师薪资体系,教师的工资主要由职称、奖金、课时费等组成,没有和教学质量建立直接的联系,教师没有额外收入,便通过在校外兼职或从事其他活动的方式增收。如此一来,一部分教师专注于兼职活动,一部分则专门做学术科研,并没有将重心放在教学工作上,课堂成了教师敷衍了事的场所,随意缺课、调课、缩短课时等现象十分普遍。"教授不授、讲师不讲"的现象时有发生,授课的内容也拘泥于传统教学形式。有的高等院校在薪资方面偏向于行政岗位人员,许多中层领导的收入远远高于一直在科研工作中辛勤付出的教授学者,严重打压了科研教师的工作积极性,许多教授、研究生都放弃了人才缺口大的科研岗位,转而投向收入高、待遇好的行政岗位。由于目前我国高校毕业生就业形势严峻,许多学生在入学之初就忙于考取各种证书和研究生,忽略了专业课的学习和实践能力的提升。教学需要教师和学生共同完成,是一个教学相长的互动过程。长此以往,教师和学生都形成了懈怠心理,忽视了教学质量的提升,也严重影响了高等教育质量的提升。

(二)高校管理体制因素与高等教育质量问题

我国的高校管理体系既受到了计划经济时期体制的影响,也受到了市场经济的影响,正在不断探索和尝试面向社会的自主性办学模式,但高等院校的内部混合性管理体系还不够健全完善。在专业开设方面,高等院校有一定的自主权,需要结合高校自身的特点和社会的需要开设相关专业。在人事管理方面,高等院校需要充分考虑时代发展的需求,不能形成"只进不出"的闭合教师队伍。新开设的专业需要大量的高水平教师,一些规模小的专业可以适当缩减教师数量。但现实情况是,许多

第四章　我国高等教育质量提升的路径选择

教师"做一天和尚撞一天钟"的观念严重,占据了大部分教学课堂,而一些行政岗位管理人员供过于求。我国高等教育的融资体制由原来的政府统一拨款逐渐转变为多渠道筹集,包括学生的学费、社会投资、高校经营、校企合作、后勤社会化服务等形式,不断增加奖金投入。通过提高学费和扩大招生规模来筹集经费的方式无法从根本上解决问题。在通过社会渠道筹措时,没有明确责任产权,相关政策也没有具体落实,无法筹集到充足的资金。多数公立大学为国有资产,学校富余资金通常上缴国库或者用于自身发展。学校自身的发展主要是由于办学规模大,各方面支出较多,而很少将数量有限的经费用在教学质量和办学水平等内涵发展方面。教学质量下滑到何种程度都不会影响到学校管理层的利益。政府对高校的教学质量评估也往往停留在用办学规模、师生数量、基础设施情况、科研成果等指标开展,鲜有从直接利益相关者、学生就业满意度、用人单位满意度的角度出发评价教学效果。因此,高校逐渐淡化了"以学生为中心",用教学质量为主要指标的思想观念。高校内部管理体制和制度设计会对高等教育质量建设产生主导性的影响作用,而这些体制上的弊端则会严重制约高等教育的质量提升。

(三)高校利益分配制度与高等教育质量问题

高等教育的服务市场和其他市场一样,存在"市场信息不对称"的现象。这是经济学上的概念,指消费者对所交易的商品拥有的信息比卖家少。将其运用在教育方面就是指,受教育的对象对于教育服务的信息了解比高等院校少,从而产生了信息的不对称。这种不对称可以分为两种。其一,事前非对称信息。学生在选校和选择专业时,对学校和专业都不够了解,这些相关信息只有高校清楚掌握。其二,事后非对称信息。即学生在实际教学过程中,事先并不知道教师的投入情况和敬业程度,教育者也因此在教学时敷衍了事,偷工减料。事前非对称信息会引发逆向选择,而事后非对称信息也被称为道德风险。真正教学时教育者能否将自身具备的知识和技能传授给学生,很大程度上是由教育者自身的道德品德所决定的。即便在开展教学过程之前,受教育者与教育者之间签订详细的合约条款,但这些条款也必定会有未尽之处,也只能对教育者的时间、过程等表面因素进行限定,而教育者的教学水平和努力程度都无法用统一的标准进行衡量。我国公立高校的资金来源主要是国家拨款和学生的学费,教师的薪资一部分也由国家规定,另一部分主要根据自身的职称和水平来决定。这种薪资构成不利于调动教师的积极性。因此,高校应该尽可能地将薪资与教师的教学绩效和科研成果联系起来,完善的奖惩制度,确保教师在岗位上兢兢业业,尤其是在学术上成果繁多的教师都能够有较高的工资收入,最大限度地激励教师开展相关工作,稳步提升教学质量。

我国现行的教育体系是一个综合的多层次结构。从纵向的角度看,可以分为专科、本科、硕士和博士等不同的层次;从横向的角度看,又可以分为技能型、应用型、理论型和研究型几种。但不管是何种层次、何种类型的高等院校,都应该始终把提高教育质量作为教育发展的首要问题。任何教育体系、教学管理、课程及教材方面的改革,从根本上来说都是为了提升教学质量这个最终目的。要确保高等教育大众化,首先需要有符合学生心理发展阶段的课程设置,但也要保证课程的教育质量,高等教育的大众化必须要与多样化的办学层次、人才类型、培养目标、办学规模、教学内容等紧密联系起来,从多个方面提升高校教育能力。所以,想要建成高质量教育必须要时刻结合社会发展和战略决策,从宏观层面做出整体规划,制定符合人才培养类型的教学体系和规格,确定不同的人才培养方案,不断适应发展变化的社会发展多种需求。

第二节 我国高等教育质量提升的瓶颈

一、高等教育质量提升的障碍

目前,我国的高等教育正处在由原来的追求规模扩大向规模和质量协调发展的重大转型期,高等教育质量的提升面临着许多实质性问题。这一现象的出现是由多种因素造成的,但主要的原因在于缺乏科学的教育质量观;未能处理好教学中心地位与其他工作的关系问题,教育质量管理缺乏微观关注,高校精神文化缺位,独立人格缺失,高等教育质量管理主体失位,教师在教学上缺乏创新精神等。

对教育质量的检测缺乏统一标准。科学合理的教育质量观念主要包括对教育质量、受教育者发展的整体评价和认识,具有一定的系统性。此外,科学质量观也具有一定的动态性。随着时代的变化,社会也在不断进步和发展,人们对教育的认识也会随之发生变化。教育质量的管理对于高等院校来说是全方位的。许多高等院校认为,教育质量主要体现在教学方面,而其他工作与教育质量没有什么必然的联系。他们认为实际的教学过程才是真正的教育质量,不包括课余时间和寒暑假期。这种教育质量观念显然是不正确的,不符合我国高等教育的实际情况。无论是直接的教学课堂,还是间接的行政管理和后勤服务,都是教育质量的重要组成部分,都与教育质量密切相关。因此,高等院校全体教职工都应该牢固树立为教育发展服务的意识,确保高质量的教育稳步推进。

第二,教学与其他工作之间的关系问题。在实际的教学环境中,教学的中心地位容易受到各种外部因素和内部因素的影响,从而将其中心地位有所覆盖。许多高等院校重形式轻实效、重学生学习结果轻学生学习过程中的探索、重科学理论知识的教育轻对学生良好道德素质的培养。学校没有对教学质量引起足够的重视,没有投入足够的时间和精力,使得教学在整个教育中的地位不断下降。许多高校的管理人员都认为,一心专注于学术研究没有发展空间,做好行政管理才是真正的光明前途,导致行政权力和学术权力严重失衡。管理人员没有牢固树立为教学提供坚实支撑的意识。教师也逐渐偏离了教学的主体地位,忽视了教学方面的研究。许多教师将上课当作完成任务,流于形式,没有结合学校和学生的实际情况有针对性地开展教学,无法充分调动学生的积极性和参与度。

第三,投入微观管理。在我国现行的高等教育管理过程中,人们更注重宏观调控,缺乏微观层面的调整。实际情况却是,高等教育是一个极其生动、复杂的过程,由多种微观因素构成,包括教师、学生、课程、教学方法、教学过程等。如果无法将这些微观元素有机整合起来,即便有再完善的宏观调控体系和可观的数字、规范,都不能促进教育质量的协调发展。根据统计教育教学压力的报告来看,大部分教师都认为自己教学压力大,不想再从事教师职业、有更换工作想法的占 60%。因此,目前需要迫切解决的问题是要引起对高校教师幸福感的高度重视,提前对高校教师的健康状况给予关注。

第四,缺失精神文化和独立人格。高等教育质量管理的重大危机就是缺失高等院校的人格和精神文化。高等院校应该杜绝外部不利因素的影响,结合自身的办学思想和特点有针对性地进行制度文化建设。高校也要善于吸取其他的成功经验、听取各种意见建议,明确办学目标,发挥好有经验教师的"传、帮、带"作用,将教育工作落到实处,而不是只停留于表面工作,流于形式。许多高校存在"唯上是从"的现象,稳固的教育行政使得高校独立人格和精神文化严重缺失,没有体现出教师的主体地位。

第五,在教育过程中涉及的管理部门没有履行职责,在传统教育发展模式中,教育应该由社会各阶层代表共同负责。但实际情况却是官办、官管、官评,政府对高等教育质量管理进行了过多的干涉,高校和社会的主体地位无法显现。政府在教育发展过程中,应该起"引导"作用,制定相关的法律法规,提供优质的教育环境,学校按照这些法律法规开展教学活动,使教学者和受教育者更具有发言权。

第六,教学缺乏创新。在理论知识教学方面,许多高校教师缺乏自主创新,过多地依赖于教材,缺乏创新创造能力和自主探索能力,这些现象的出现在一定程度上与教师资源有关。许多高校教师队伍紧张,每个教师的教学任务和行政任务繁多,本来是有技术含量、社会地位高的一项工作,却成了疲于奔命的体力劳动,教师没有额外的时间和精力去思考和改进教学行为和教学方法,依然采用传统的"填鸭式"教学手段。在教学方法上,教师由于受到传统教学观念的影响,只是单纯地站在讲台上讲授知识,不注重对学生启发性思维的训练,用旧有的教学模式教授给新时代的学生,没有给学生提供足够的机会和平台,在一定程度上违背了教育的发展规律。

综上,教育质量观对于教育质量发展意义重大,我们应该确立科学合理的教育质量观念,创建内涵丰富的教育质量文化,牢固确立教学的中心地位,注重构建高等院校的精神文化和人文氛围,不断培养教师的创新创造精神。

二、高等教育质量提升问题原因分析

随着我国高等教育的迅速发展,我国的社会和经济发展也随之取得了巨大成效,高等教育逐渐大众化,这符合我国社会和经济发展的基本要求,也是世界高等教育发展的必然趋势。我国高等教育所取得的一系列成就显而易见,但要让人们对高等教育充分接受和认同还有很长的路要走。高等教育发展始终面临着许多挑战,人们普遍认为学历越高越好,没有用正确的眼光看待职业教育,这些都是我们需要解决的问题。

第三节 高等教育质量管理的价值取向

一、高等教育质量管理的价值冲突

在参与高校教育活动的各个利益主体中,每一主体对于高校教育结果的要求都是不一样的,在这种情况下就需要政府制定的教育政策要从多方面去衡量其标准,如果不能将教育过程中的各个主体之间的利益关系协调好,高校课堂教育过程就会受到影响。

(一)功利主义的价值标准与缺陷

从 20 世纪开始,功利主义由于其操作方便而对社会各界都产生了深远的影响,被广泛应用于政治、经济和法律等方面作为价值评判的标准。功利主义认为,政府的价值取向应该是对有限的资源进行科学合理的安排使其效益最大化,对具体个人来说,就是要尽可能保障个人的福利。为了大幅提高教育质量,提升学生的就业率,学校领导过于将优质资源偏向应用学科,忽视了基础学科的建设,造成教育质量在不同学科领域出现了发展不均衡的现象。高等院校的受教育者一度成为从教人员追名逐利的工具和手段。

由于受到高等院校内部功利主义的严重影响,教育的价值观变得狭隘扭曲,高等教育的职能也受到了限制。功利主义的消极影响引发了一系列问题。第一,人们只停留在短期的利益上,而没有用发展的眼光看待高等教育的价值。第二,高等院校将大量资源都运用于实践性强的学科,忽视了基础学科的建设发展。第三,只注重学生的"片面教育",忽视"全面发展"。[1] 第四,过于看重资源的分配,没有切实做到教育公平。功利主义认为,教育质量的提高可以使社会公益机构和企业加大高校教育资金投入,可以创造更多商业利益。但是,功利主义的价值观念就是

---

[1] 马义中,汪建均.教育部高等学校管理科学与工程类学科专业教学指导委员会推荐教材质量管理学(第 2 版)[M].北京:机械工业出版社,2019:157.

把重点学校的重点专业发展好就已足够,其他基础学科发展得如何都和学校利益没有太大的关系。这种教育观念取得的办学效果明显,但是基础学科学生的相关权益却无法得到保障。当学校的制度和学校的发展不相匹配的时候,必然会出现"教育危机"。

(二)理想主义的价值标准与缺陷

理想主义的概念在很久之前就被人们提起。两千多年前,理想主义萌芽就已出现,伟大的哲学家柏拉图认为希腊应该是一个正义而完美的城邦,并提出了"乌托邦"的理想社会,亚里士多德坚信"幸福岛"是真实存在的,他们都追求正义和自由,为了突出这种本质,构建出了多种理想型社群。理想社会是自由和平等的象征,使人们身处其中不用考虑外在的一切,充满了虚幻和不现实。

自由教育是当时的等级社会中只有上等社会阶层才存在的一种特权教育,如同人的"大脑",普通教育则是"身体"。理想主义者艾德勒提出,自由教育在对任何人、在任何时间、任何地点的最终目标都是一致的。

十年树木,百年树人。教育是一个战线长远的公益性事业。但如果没有正确认识到理想主义的价值理念,也会引发许多问题。第一,高等教育无法实现公平公正,只能成为政策制定者和相关利益集团的获利工具。第二,在践行教育目标时,受到理想主义观念的影响,没有严格落实教育目标和价值理念。第三,过于坚持理想主义,会出现"绝对平均主义"。

在理想主义的价值观念中,政策的唯一标准是公平。在开展教育活动时,理想主义认为,不管资源多少,都需要平均分配,与后来提出的人权平等的观念如出一辙。这种价值观念虽然在一定程度上适合长期的教育发展,但也有可能会引起"全面平庸",即教育的发展无法促进现实社会和经济的发展。如此一来,教育的外部环境因素不得不对高等教育的体系进行内部的深化改革,从而不断适应外部环境的变化,这种做法也会导致"教育危机"的出现。

在制定保障政策的过程中,也难免会面临价值观念的选择问题,即是追求资源分配的效率还是追求教育资源的公平。在进行价值选择时,首先要确立能够反映受众需要的政策目标。政策的实施手段即达到目标的方法,没有正确的方法,就无法实现政策目标。而价值选择的最近一个过程是政策的最终结果,即政策的评价标准空间是何种价值观念。

随着社会的利益不断多元,政策的价值标准也应该随之多元化。要确保公共政策目标公平、合理,就必须要整合各种不同的价值观念和取向。整合不同的价值观念的重要方式之一就是要确定政策有哪些优秀价值标准。优秀价值标准是指在符合绝大多数群体利益的情况下还能够兼顾到其他社会群体的利益,或者将其他群体的利益损失降到最低、被社会群体广泛认可的价值标准,也与帕累托最优相吻合。如果在制定相关保障政策时,无法根据实际情况做出正确、合理的选择,就无法实现最终目标,引发一系列现实矛盾,便会弱化价值观念。

可见,无论确保"公平"还是确保"效益"都无法摆脱"教育危机"的出现,无法促进教育保持持续发展,但公平和效益本身并无优劣之分,都是发展高质量教育的过程中需要考虑的现实问题。同时教育对于不同主体来说有不同要求,在落实教育政策的过程中,人们主要从内在尺度的层面考虑制定的保障政策的价值观念是否能够满足个人发展需要,是否能够实现个人价值,再进而决定是否要接受这种价值选择观念。结合我国高等教育的实际情况来看,要提高教育质量,需要始终坚持"效率优先、兼顾公平"的基本原则,既要以功利主义的一部分观念为指导,也要制定科学、公正的制度加以补充。精英教育和大众化教育是我国高等教育质量管理体系中的一对基本矛盾。在扩大高等招生规模的同时,重点高等院校的政策也会逐渐凸显。

为提升资源分配效率,高等院校在教育质量管理方面必须要通过各种形式提高自身的核心竞争力,如扩大办学规模,合理分配资源,促进应用学科和基础学科的协调发展,不断优化资源分配体系。要实现价值的公平,高等教育在制定教育质量管理相关政策时就必须始终以"公平"为基本原则,确保制定过程和保障活动结果的公平。但在保障活动的具体实施过程中,并非所有活动都体现出公平性。如一些历史底蕴浓厚、地理位置具有一定优势的高等院校,并未公平对待部分内陆学校和学生,便使得"公平"和"效益"失衡。

二、高等教育质量管理的利益冲突

从高等教育质量管理的相关文件政策中可见,各方面的冲突显而易见。这些冲突主要表现为保障政策的价值冲突即高等教育质量管理体系的主体之间存在的严重利益冲突。具体来说,教育基础较好的学校拥有政府较多的资金和设备投入,教育基础本就薄弱的高校则更加缺少发展空间;各高校之间相同专业方面会存在一定的竞争攀比,但都是朝着国家和政府对专业的基本要求方向发展的,没有产生恶意竞争现象。

各价值主体间的利益冲突主要有:中央政府和地方政府之间、政府和高等院校之间、普通高校与职业技术学校之间的矛盾等。我国教育目标的最高层次是要满足于国家发展的需要,但是高校教育与社会基础存在一定的联系,在具体的教育培养活动中各方参与力量难免会对教育过程,教育方案产生一定的干扰,因此当前急需相关部门清理教育培养的影响力量。我国目前针对国家政策需要建立起了国家重点培养大学,这是高校之间不断发展的结果,评选的过程都是处于大众监督下,受到人民群众的认可,应当是符合高等教育质量管理体系的秩序和最终目的的。但是对高层次院校进行排名次后,高校在发展时不能只顾如何提升学校的综合竞争力,忘记在教学的过程中最重要的主体仍然是教师和学生,不能减少对学生接受能力的关注。通过总结近几年我国发展高层次教育的经验,如果想要提升教学质量就会引发教学活动有关的各个主体之间产生利益矛盾,一旦不能将这些主体的问题解决掉,教学质量会非常受其影响。假如社会的各方力量不能将教育发展放在优先的地位,那人们就会开始轻视教育培养人才的效果,社会企业会陷入迷茫状态。

可见,我国的高等教育质量管理体系存在着诸多利益冲突,这是其价值冲突在教育中的集中体现。在高等教育的质量管理利益冲突中体现出的是资源分配和竞争之间、经济效益和正义结果之间、自由市场和秩序之间的多种价值冲突。

三、高等教育质量管理价值选择相关属性

(一)内涵及其意义

1.高等教育质量管理的价值内涵

提到发展高等教育质量则离不开探讨高等教育的价值,价值一词最早是在哲学概念中产生的,人们对于价值的普遍理解是一个物体和另一个物体之间的关系,一方能不能满足另一方需要,如果一个物品不能满足其他客体的需要,那它就没有价值,是无意义的东西。将其放在教育领域就是高等教育质量不能满足社会对于人才和技术的需求,高校的教

第四章 我国高等教育质量提升的路径选择

育活动就是无意义的。教育政策是政府教育部门针对高校教育问题结合国家教育理念制定的高校教育指导方针,教育政策是为教育质量服务的,教育政策也有它的价值体现,假如教育政策的具体条例不能增加高校教育教学的水平,不能满足高校对于领导方针的需求,教育政策就只是一条空口号。将价值概念与教育过程中的各个理念相结合是为了让人们更加深入了解政府为提升教育做的各方面的努力,能够明确看见高等教育的进步,如果社会在促进高校教育的方面也能有其衡量标准,确定帮扶方向,社会对高校教育的帮助会更加有效率。

目前对于高等教育质量管理的检验标准没有达成统一的认识,所以各个国家教育领域的学者对此展开了研究,提出了在教育活动过程中应该平衡的两点要求就是效率和公平,注重教育过程中的培养人才的效率,教育就是为了培养专业人才提高企业发展水平,只有为本国培养出高水平的人才,才能够提升自身在国际范围内的话语权和主动权。因此,"注重效益"必须包含在高等教育质量管理的价值选择的基本内涵中。

在注重"维护平等"的时候不能忘记保障高等教育质量,就其本身来说高等教育有自己的教育主体,高等教育是为教育主体发展的。在高层次教学的环境中,不能将效率与公平分开,如果只重视教学效率和培养人才效率会忽视对于教学设备和学生学习能力的关注,会使学生的学习积极性下降,沉迷于机械式学习。而且教育的效率分为很多种,有教学效率和答题效率等,但是有许多的改革者将改造专业获得的经济效率放在首位,假如学校的教育只看重通过每次的教学改革能够带来多少经济利益,学校就会变得商业化,使校内师生心理负担更重,担心自己创造不出更高的经济价值就会面临淘汰命运。但是,不看重教学过程中的效率也不可取,对教师的教学和学生的掌握情况如果不用效率来衡量,那会给双方极大的随意性,二者的行为会更加体现个人想法,缺乏前进动力,所以要通过一定方面的效益保障来提高教育过程中的平等。

2. 高等教育质量管理价值选择的意义

要探讨高层次教育的意义就必须找到意义的基本点,前文中将价值与高等教育结合,认为可以通过价值衡量高等教育本质来促进学校教育提升,目前还有个别学者提出物体存在就是有意义的,认为不论是好的坏的都是有意义的。所以,我国政府发展高等教育一定要进行合理的选择,如果高层次教育不能体现政府的领导力,不能提高学生学习的积极性,那教学课堂进度就会比较缓慢,不能体现我国是真的想要建立教育管理规则。除此之外,如果我国没有建立完整的教育水平管理方案,就不能让校园有合理的运行规则,不利于高等学校的学生融入校园之中,不能推动市场对于高校毕业生需求的增加。假如在高等教育水平把控方面不做判断,那教育政策传递到学生手中的时候就是好坏都有,学生如果也不能合理筛选,那教学过程的质量就无法保障,教学时会产生更多的师生冲突,使得学校高层管理产生一定困难从而不利于后续工作的推进。

(二)价值选择的特征

1. 价值选择具有多元性特征

如果我们在做计划时没有想到最终要达到怎样的效果,那这个活动就是没有方向的,所以国家政策在制定时如果不带有想要达成的目标,教学过程就不能顺利进行。这一要达成的目标并未说明是为了体现政策是否合理,但其目标的制定就是要顺应教育政策的理念,使教育政策的结果公布形式更能让人看懂,如果政策条例的制定没有效果规范,分析政策的合理性就不够准确。在我国发展高水平的教育过程中,如果没有设置效果条款,教育政策对教育形势的判断就无法分析其结果。在社会上人们对于教育政策是否与教育形势相匹配主要从两方面来看,一方面是教育水平的提高如果不能使教学过程中的各个主体从中取得一定的经济利益,那社会上会认为教育过程存在不公正;另一方面假如教育政策不考虑学生对于学习内容的意见,教育过程就是不民主、不合理的。想要建立起高等教育质量检测的规范体系可以通过以下几方面的措施来实现:政府在制定教育政策时不能只注重学校改进政策带来的经济利益,不能忽视学生的需求和社会对于从业者的要求,不然会不利于教育过程中的公正,导致学生毕业后无法找到本专业的适宜工作。

2. 价值选择具有顺序性特征

提升高等教育的管理水平不仅要对教育政策进行判断,还要疏通教育过程的次序,如果不依照教育的顺序去检验教学质量的结果,检查流程会出现重复的问题。因为在高等教育的活动中涉及许多主体参与,所以在判断高等教育活动是否有意义时需要排出各个部分的次序。处于不同地位的和层次的教育活动参与者对于教育产生的结果有自己的衡量标准,高等教育能够满足他们的不同需求,人们对于教育所产生的不同价值和结果,会根据自己的需要进行选择。同样在政府颁布教育条例时,如果对各种要达成的目标不做排序,所有的计划会混乱,政策执行者不能很好地规划该如何实施。对我国的高等教育做发展规划时,如果政府不制订合乎高校切身利益的计划,就不能使教育结果朝着正向发展,假如对教育的政策和目标不做顺序性安排,也无法保障高校能正常实施。根据发展高等教育的经验需要进行次序化管理,但在具体的实施过程中会面临多个价值冲突,这不能完全依据顺序对其价值进行选择,这一问题还有待一些实践的考证。

3. 价值选择具有历史性和动态性的特征

人们在研究传统的事物时,提出了事物也是不断变化的,这个理论沿用到了研究其他各方面规律之中,在我国政府对高等教育进行政策研究时,也发现这个规律在教育领域中的适用性。人民和社会企业对于教育结果的期待是相同的,国家发展教育事业的长期目标也是始终一样的,但是还能发现政府在不同的阶段对于高校的教育要求是不一样的,这就是教育理念的动态特点。如果教育政策始终不变,那随着社会形势和高校教育基础的不断变化,教育政策便无法满足学校的发展。

四、高等教育质量管理的实际价值选择

(一)酝酿期的实际价值选择

随着我国高等教育的自主权不断提升,政府对高等院校的教学质量的评估也不断加强,评估标准也不断提高。对高校的教育进行多方面监督,包括高等院校的学术研究水平、学科发展状况、学校的行政和后勤、实验室的管理等诸多方面。此外,在最高教育相关部门的集中领导下召开了一系列关于教育评估的学术研讨会议,各领域的专家学者共同对国外的先进教育经验展开学习,找出我国教育评估实践过程中存在的问题并寻求有效的解决途径。社会的发展进步离不开高水平人才,而人才来自科学合理的高等院校保障制度。因此,教育体制改革刻不容缓。

(二)探索期的实际价值选择

高等教育发展的核心问题是质量,制定高校教育质量标准的主要依据是国家的新型教育政策。

随着我国高等教育的规模不断扩大,其教育质量也受到了一定的影响。我国的高等教育也面临着前所未有的机遇和挑战。高校招生规模扩大,学生数量大幅增加,教育资源严重缺乏,学生生源质量也无法得到保证。发展高等教育如果只停留在扩大学生数量方面,而忽视了教育质量的提升,则算不上是高等教育的发展进步。

(三)创新期的实际价值选择

21世纪以来,我国高等教育的质量标准改革经历了前所未有的变化。高等院校的教育逐渐重视对学生的素质教育,其标准也更加全面和多元。随着高等教育质量标准的提升和社会发展的实际需要、高校的课程设置更趋于职业化,满足市场企业对于吸纳高校人才的需要,高等教育质量观念也逐渐转变为符合自身发展要求的多元教育质量体系,最终实现高等教育质量管理多元。

综上,在创新发展阶段,我国高等教育质量管理的价值选择主要以激励为主。

(四)完善期的实际价值选择

对高等教育进行价值评估是对其是否教育合格并满足市场预期的检验。在高等教育的发展过程中,高等教育评估在价值观念的认识上也出现过问题,将高等教育评估作为政府评判高等教育的社会性价值的工具,磨灭了人们对于教育真正价值的认识。等到我国高等教育发展到一定规模,我们对教育评估逐渐有了科学正确的认识,高等教育评估的主体对象也逐渐多元化。高等院校中的师生、社会组织、中介机构等都是评估主体当中的一部分。

高等教育是为培养人才而开展的教育活动的总体性概括。随着人文主体地位逐渐受到重视,学生在决定享受教育时也越来越注重自身的全面发展,满足个人的成长需要。为了适应社会和经济的不断发展,我国也在不断进行教育改革,以期能提升全社会对高等教育的关注度,在培养人才时更加注重"以人为本",即培养全面发展的人。"以人为本"

第四章 我国高等教育质量提升的路径选择

的教育观念认为,开办高等教育就是为了让每个个体都能得到全面、和谐的发展,突出个体中心的价值观念。高等教育质量管理则是通过完善质量的标准进而实现受教育者的全面发展。因此,高等教育质量管理行为的落实不能只考虑到社会发展的现实需要,更应该将人的全面发展放在首要地位,并始终以此为目标促进高等教育人才培养的体系完善和发展。

在完善期间,我国高等教育质量管理必须要从人的实际需要出发,这是社会发展和人类发展的必然结果。高等教育质量管理必须以"培养人才为中心",开展"素质教育",兼顾资源分配效益和教育质量,实现多元价值目标。

因此,我国高等教育质量管理经历了以上几个阶段。酝酿时期,高等教育质量管理是政府提高对高校控制力的主要手段,是政府行政职能的体现;发展时期,教育发展状况成了各国攀比的工具,满足各国对于国际地位的需要;革新期,高等教育是对于全社会都有益处的教育模式,最终发展到完善期,产生了多元价值取向。

五、高等教育质量管理价值选择的调适

在制定教育政策时由于涉及的利益体过多,难免发生不能充分顾及的现象,针对这个情况只能选择相比较来说最优的规划安排。如果不能很好地处理各方之间的利益,不能认清我国高等教育质量管理追求的价值目标与现实实施中的差距,所做出的价值判断不会取得满意的效果。世界各国都在思考如何有效地评估教育价值,假如我国政府在制订教育规划时没有结合世界教育发展大势中价值判断的主要方向,不能调节主体之间的矛盾,那教育的规划方案便无法落实下去,价值便无法判断和估量。

(一)价值目标存在的不足

教育政策能够在一定程度上调节教育的利益,按照其顺序,高等教育质量管理的目的主要表现为,实现保障机构、组织和个人的一致需要。因此,高等教育质量管理需要做到自上而下政策及时传达、高校随时改进的高等教育模式。

1. 无法完全实现提升质量的价值目标

（1）考虑社会的真正需求，满足国家和地区的发展需求

世界各国对高等教育的最终管理权都控制在政府手里的重要原因在于高等教育是各国进行综合国力的比拼中不可缺少的一环，同时它也影响着各国其他方面的发展，只有高等教育水平不断提高，才能更好地为国家和社会的发展服务。

目前我国的高等教育资源分配原则是：效率优先、兼顾公平，在确保教育行业平稳运行的前提下提高高等教育质量。在发展高水平教育时不能盲目提出建设政策，要建立好评价方案和管理策略，三者结合保障各项实践活动有序开展，科学合理地评估办学质量，根据评估的结果，对办学水平较高的学校给予相应支持，促进其继续发展，对于办学水平相对较落后的学校，要及时给予指导，督促其自身不断完善和发展，为社会主义现代化建设提供坚实的人才保障。不断完善评估体系主要通过提高行政管理的效率来实现。

（2）以人为本，满足人民的多元需求

国人的进步程度和综合素质都是影响社会发展进步的重要因素。中共中央提出"提高民族素质，多出人才、出好人才"，即高水平的人才离不开高等院校精密完善的人才培养制度体系。

教育系统最终是为社会发展服务的，需要不断为社会提供优秀的人才，也要为社会不断创造相应的文化价值。

教育是一种促进人的全面发展的活动，需要按照正确的价值取向不断促进个体实现适应社会需要。马克思主义唯物史观认为，人始终是一切实体性东西的本质。因此，教育活动是对这种观念的创新和升华，也在一定程度上否定了旧有的"对物不对人、注重速度不重质量"的教育发展观念。要促进教育的和谐发展，深入贯彻落实科学发展的观念，就必须始终坚持"以人为本"的教育观念，实现人的全面发展。为将这种观念落到实处，我国提出一系列新政策，指出将高校教育管理的自主权归还给高校本身，在教育过程中，加大社会参与教育的比例，从而更加满足群众实际需要，实现教育公平公正。

高等教育始终要以如何培育好下一代为根本，因此需要结合国家颁布的科学教育理念来改进高等教育发展模式。另外，要想真正做到高等教育高质量发展，不能离开学生的全面发展，充分考虑到个体的全面发

第四章　我国高等教育质量提升的路径选择

展需要,引导其实现个人价值,创造公平、公正的教育机遇,努力提升高等院校的办学资源和教育水平,进而实现高等教育质量的整体提升,促进高等教育发展进步。

2. 监管体系不完善引起不公平现象

（1）改善政府与高校的关系

教育政策是公共政策的一部分,由于公共政策的公益性质,教育政策在一定程度上也是公益性质的。政府作为国民委托相关的组织机构行使管理权利,就必须首先展现出其是维护社会公平正义和主体的基本权益。政府应该时刻以"公平、正义"为其工作开展的核心价值理念,成为实现个体教育公平、公正的坚强领导核心。

随着社会的不断发展,关于政府的理论也越来越多元化,都是为了满足社会各层人民对于政府职能的现实需要。为了促进教育改革,政府会通过召开专家大会等方式丰富自身教育部门,吸纳教育型人才,在采取新政策之前也会听取群众意见。争取让教育活动成为全民管理的项目,政府也是合作主体之一,以此不断提高公民服务质量,维护社会的公平正义。目前,国家政府的主要职能是通过管理国家公共项目,保证公民社会生活平稳运行。公共服务的核心是"公平、正义"。在目前的时代背景下,政府与市场之间的关系逐渐明晰,市场主要承担优化经济资源配置的责任,而政府主要进行公平资源的分配。因此,要实现高等教育质量的发展,其关键也在于政府的有力引导。政府要始终秉承"为人民服务"的宗旨,开办让人民满意的高等教育,以实事求是、贯彻落实的原则,推动高等教育有序发展。

在现行的市场经济体制下,政府和教育部门要努力为社会和公众创建公平、公正的教育平台。政府作为资源分配的主体,也是社会正常运行的"神经中枢",根据实际情况对教育资源进行高效分配,能够保障受教育者的正当权益,这也是高质量教育的实质体现。

（2）改善教育系统,增进教育民主

目前我国教育缺乏法律规范要求,主要依靠社会道德限制教育过程中的教育双方主体,教育对象所面临的一系列问题都是通过道德标准体现出来的。在接受高等教育的过程中,受教育者的个性也得到了相应的发展。传统意义上的高等院校如同一个生产加工流水线,对受教育者进行层层加工,最终输出到社会,难以实现受教育者的个性和全面发展。

地方院校的高等教育政策是否合法、科学、合理,都在一定程度上影响着高等教育的质量和发展。但多数地方高校都始于教育尚未完善的时期,各方面都还没有形成成熟的发展体系和方法,在实际过程中也面临着诸多机遇和挑战,受到历史和现实的双重影响。如果学生并未按照教师的期待做出相应的反应和行为,他们将被家长、教师乃至整个学校否定,但学生需要也渴望得到别人的肯定以及人文关怀。在关于"制度"教育的相关评论中,正是由于教育的"整齐划一",教育变得墨守成规,封闭死板,用自身独有的规则、规范和标准,"防范"着外界一切系统、实体和过程的影响。如此一来,高等教育只是一味地将知识灌输到受教育者头脑之中,不考虑学生自身对知识的接受程度。

高等教育质量保障的核心在于实现优质教育,它是广大人民群众的根本利益所在。在大力发展优质教育的过程中,高等院校需要给师生提供充足的师资、设备及环境,这是受教育者接受高标准的教育模式的要求,也是政府教育部门对于公立院校发展的最高要求。

(二)应有的价值追求

经过我国学者多年对高等教育政策的研究,可以发现政府政策中所要达到的教育目标与现实社会情况对于教育结果的需求不相同,如果我们没有发现二者之间存在不同,就不能针对社会的需要做出相应调整,学校教育也不能了解学生的思想,因此要将不同人群对教育质量的要求调配好。

1. 明确和丰富多元价值追求的内容

在当代社会,任何一个领域的政策所追求的价值目标都不可能是唯一的,都是多元化的,高等教育质量管理同样如此。

现阶段,我国高等教育质量管理的实施应当符合现代政策发展的趋势与特征,设立多元化的价值目标追求,这同样也是我国社会经济发展阶段的现实需求。因为,我国目前正处于社会改革和经济转型的关键阶段,在这个阶段,各种社会矛盾和经济冲突同时存在于高等教育发展之中,要想统一协调好这些矛盾,政策的制定就应当同时具有多个价值目标追求,这样才能更好地解决错综复杂的矛盾。因此,我国高等教育质量管理在现阶段的价值追求中应当继续坚持多元化的价值追求,并对多元化价值目标的内容进行巩固和丰富。我国高等教育质量管理原有的

第四章 我国高等教育质量提升的路径选择

价值追求已经囊括了多个方面的目标,包括满足社会发展的需要,满足人的全面发展的需要,不断促进教育民主化等。在我国社会不断发展的过程中,高等教育质量管理的目标也应该将保障高等院校的利益、引导地方大学向善向好发展等目标包括在内。

2. 确立不同价值追求的优先级

在其他学者关于教育质量的研究中也提到,教育活动中有不同群体参与教育过程,政府对于教育产生的最终结果不能要求完全达到统一,在教育课堂中也不能不关注学生学习情况和教育资源是否均等的问题。在传统的学校教育方式改革的情况中就会有利益纠纷,现在要进行新的教育模式的探索更不能无秩序地改进,参与学校教育投入的各方面力量不能采取不同的政策,管理时条理清晰才能便于评价是否有效。或可以在各个目标和群体中选择出必须要首先满足的目标,再根据社会群体思想和经济发展情况的变化,排出教育质量目标实现的次序。我国在经济水平得到了一定的提升之后,认识到了教育的作用,对教育发展模式进行了许多不同的规划,我国的受教育水平有了大幅度提升,但是在这一过程中,如果我国政府能够将教育产生的效益均衡地落实于其他行业,我国基层社会的贫富差距等问题就会得到显著解决。因此,我国在注重提升教育质量的同时,不能忘记将教育的结果分配于社会各行业之中,要遵从固定的教育顺序和首要发展的教育目标。

3. 保证价值追求的前瞻性和动态性

我国高等教育质量管理现阶段应有的价值追求就是保证其价值追求的前瞻性与动态性。前瞻性是指对于事物的超前认识和能够对未来发展情况做出预测性的准备,这就要求我国高等教育质量管理的价值追求不能仅限于当下社会发展的需求,而要同时关注社会未来发展的需求,提前做出预测性的判断;动态性则要求高等教育质量管理在价值追求当中要根据社会发展的变化而变化,重点关注当前阶段的社会需求。由此可见,前瞻性与动态性是存在一定冲突的,但是二者之间虽然存在着一定的冲突,却并不限制高等教育质量管理对于前瞻性与动态性的共同追求,因为两者既是对立,又是统一的。前瞻性建立在动态性的基础之上,是对动态性继续发展的一种预测和提前估计。动态性寄托在社会的发展上。在我国目前社会新常态下,社会的发展已经由主要依靠市场驱动开始过渡到要素驱动阶段,为了实现"弯道超车"效应需要同时以创新和效率引领发展。因此,为了确保我国高等教育管理的动态价值追求,就必须要在其价值追求中体现对于社会经济发展驱动因素的追求,在当前我国社会的新常态下,社会发展的主要驱动因素应该是要素驱动,兼顾创新与效率,因此保持高等教育质量管理价值追求的前瞻性就应当注重对于要素驱动及创新与效率的鼓励与支持。

马克思主义哲学认为,任何事物都是发展变化的。随着社会发展的变化,对高等教育质量管理的需求也是不断变化的,所以高等教育质量管理在价值追求的选择上不能是固定不变的,应当树立具有动态性和历史性的价值追求。因为现代社会的发展变化是日新月异的,变化速度之快,令人十分惊叹,在这种社会发展变化的前提下,如果高等教育质量管理的价值目标没有及时调整和变化,高等教育的质量管理相关具体规定和条文就不能够适用于社会的实际情况,从而使得高等教育质量管理不仅不能实现其价值追求,还会在具体实践中产生许多的矛盾和冲突,严重不利于高等教育质量管理的实施和我国法制社会的建设。因此,现阶段我国高等教育质量管理的价值追求中,应保证价值追求的动态性,适时地进行调整与补充,使其符合我国的具体国情和社会的发展。

第四节 高等教育质量管理的新趋势

习近平总书记在视察北京大学时指出,目前我们党和国家都迫切需要发展高等教育,迫切需要具备扎实的知识基础和优秀能力的人才,这种迫切是前所未有的。教育兴则国家兴,教育强则国家强。面对世界各国都大力发展高等教育的情况,我国也应该采取新的策略改进办学模式,高等教育必须积极解决"培养什么样的人、如何培养人、为谁培养人"的根本性问题,以"立德树人"为根本任务,牢固树立科学正确的价值观念,做到与新时代和谐发展。因此,高等教育更要提高质量管理,在以下几个方面实现时代发展和社会进步的需求。

第一,教育要去行政化。可以说这是解决目前高等教育质量提升的最有效的途径。通过去除教育的行政化,高等院校能够将重心放在教书

第四章 我国高等教育质量提升的路径选择

育人上,强化质量意识,真正提升教育质量。目前我国的教育行政风气严重,官僚主义也逐渐蔓延。因此我们要向西方国家学习其教育体制的经验,在实践中不断探索和完善教育体系,在学校内部建立教育质量保障体制,不断完善管理结构。要做到教授掌握学术研究权力,将学术自由还给教授,加强教育质量管理。在实际的教学课堂上,教学进度要考虑学生的实际接受水平,管理也要体现出人性化的一面。

第二,高等院校要以"培养人"为最终目标,以真正的"大学精神"教化学生。高校并非生产"就业机器"的工厂,不能只注重培养学生的应试能力,也要教会学生为人处世的道理。耶鲁大学老校长施密德特曾提出,大学是用来培养有着独立的思维能力、表现自己的思想的人才的地方,这是其糟糕之处也是最理想之处。大学所培育出的人才应该具有独立的思想、解决问题的能力、直面困难的勇气等品质,这是教育质量的真正体现。

第三,学校在制订相关政策和规则时,要充分听取师生的意见与建议,其中教师的意见尤为重要,是决策实施的重要保障,能够充分调动师生的积极性,为学生的成长和学习创造更加适宜的环境,也能够促进教师不断进取,提升自身综合能力。

第四,教师的综合能力在很大程度上决定了教育的质量。教师的言语和行为都会对学生造成潜移默化的影响,在教学过程中需要形成这样的良性循环,促进教师和学生的和谐发展。但也存在着一个现实问题,即高校内部许多人都渴望成为领导者,而忽视了课堂教学,无法真正提高教育质量,所实施的一系列政策和制度都无济于事。这也会在一定程度上导致人们形成"功利主义",为了追名逐利而开展无谓的竞争,无法从根本上解决教育质量下滑的问题。因此,高等院校必须充分考虑办学的终极目标,从源头上系统地解决问题,提升教育质量。

第五,高校是为学生服务的。高校的核心任务是"培养人",所开展的一系列工作都需要紧紧围绕这个目标进行。高等教育质量管理的原则是要让学生通过教育实现个人的全面发展,成为社会需要的人才。

第六,实行"管办评分离"。"管"即政府对高等院校的宏观调控,"办"即学校的自主办学权利,"评"即社会相关组织的评估,政府在对高等院校教育质量管控的过程中应该扎实推进"管办评分离"的原则,引导高校结合自身的特点和学生的需求不断改进现有的办学措施,促进教育质量的提升。

第七，完善高校内部的质量保障机制。各大高等院校应该充分结合自身的办学理念和特点，成立相应的内部质量保障组织，聘请相关领域的专家学者开展质量监督和评估，科学地制定相关制度和规则。

第五章　我国高等教育质量评估体系改革与创新

在我国开始重视高等教育对社会生产的作用之后,许多教育领域的专家学者开始对高等教育领域展开探索,高等教育的系统也逐渐发展完善,结合教育目标制度的完善,对高等教育的评价机构也开始不断建立。近几年,政府出台了许多关于教育评价工作的政策,主要针对的是高等教育的本科发展方向。如果评估流程和评估行为不够专业化,评价结果就不具备较高的可信度,国家在制定高校的管理政策时无法将其作为改进依据。因此要从整体上改进大学教育的方式,不仅需要外部的条例规定,还需要思想层面的提升,如果不在高校校园内进行思想文化的宣传,就无法提高人们对教育改革优点的认识,所以要提高人们对于大学教育质量的认识,自上开始的整个评估活动中,将对质量的重视贯穿始终。在建设质量检验体系中,尊重学生的想法,结合社会对于职业化人才的需求,在政府教育部门的领导下,多方共同建立流畅的教育评估体系。

第一节　我国高等教育质量评估现状

一、教学质量评估的意义

(一)教学质量评估是国家教育行政部门转变职能的需要

教学质量评估是加强高校管理的有效手段之一。随着我国教育的不断发展,教育体系也不断完善,教育领导部门的职责也由原来的主导各大高校逐渐转变为对高校进行宏观调控和监督。通过对教学的评估和调控,能够让各高等院校更加明确自身的办学理念和未来的发展道路,让各项工作井然有序。同时,高校也要从评估中不断积累经验,改变原有教学的思维定式和不足之处,在确保自主权得到充分发挥的情况下,开办符合法律和社会要求的教学。

(二)高校教学质量评估是提高高校整体办学水平,保证高校教学质量的需要

随着社会的不断发展,我国高校教育也逐渐普及。各大高校纷纷扩招,在校人数逐年增加。但在人数激增的背后,高校的教学质量和人才培养都出现了一系列问题。要整体提高高等院校的办学水平和教学质量,必须要充分发挥出高校自身的优势和特长,规范教育管理,不断改善现有的教学环境和条件,解决存在的一系列问题。教育部也在不断鼓励各高等院校能够通过教学质量评估,找出自身存在的问题和不足,通过教学改革促进教学发展,找到一条能够协调发展的有效途径,开办规模、结构和教学质量都符合社会发展的满意教育。此外,开展正确的教学质量评估,增加高校对于教育特色化的重视程度,在处理各种问题时重视教育教学问题,以发展促改革,稳步提升学校教育水平,将学校的教育程序不断完善。

(三)高校教学质量评估是深化改革,促进教师成长,加强高校与社会联系的需要

要确保教学质量得到提升,必须进行教育体制改革。开展质量评估有利于高等院校通过评估发现问题,从而进一步审视自身存在的不足,并进行相应修正和调整。不断深入教学体系的改革,促进教学工作的发展,能够在一定程度上发展高等院校教育,这是不断深化教育改革的动力所在。此外,通过开展教学质量评估,高校也能够更深层次地认识自身的存在价值和意义,不断提高工作开展的积极性。因此,教学质量评估是一种宏观调控的有效手段。在教师发展方面,教学质量评估也可以激励教师不断提升自我,成长成才,为高校培养出一大批经验丰富、素质过硬的优秀教师。高等教育的结果必须满足社会企业和人民,以及学生对于技术发展的需要,才能为教育的发展提供源源不断的动力和源泉。教学质量评估也需要相关部门搜集信息并进行及时反馈,通过反馈进一步完善自身的教学管理体系,为社会发展培养优秀人才。因此,教

第五章　我国高等教育质量评估体系改革与创新

学质量评估也能起到保持社会和高校密切联系的作用。随着中国的国际地位不断提升，与世界各国的联系也不断深入。我国高等教学不断发展，也会促进中国教育和其他国家的教育不断发展进步，推动世界教育整体向前发展进步。

二、教学质量评估的功能

（一）导向功能

导向功能是指进行教学质量评价时要有明确的方向，使高校教师能够朝着理想的教育方向做出努力，以教育评估的方式改进课堂教育模式，根据评估结果，教师和学生能够发现教学过程所存在的问题，进一步做出调整和完善，明确教学发展的方向。教学质量评估的标准、内容和结果都会对教师、学生和学校起到导向的作用。高校也能够参与评估过程，结合自身的实际情况和特点，进一步制定科学合理的评估体系和教学管理体系，有效促进教学质量的提升和高校的发展。

（二）鉴定功能

鉴定功能是指开展教学质量评估能够科学了解到教师是否具备专业教学能力，同时学校教师的任用也要检验其教学水平，以此来考核晋升、升职降级等一系列工作。在结合教学质量评估结果后，高校可以及时调整和补充教学师资队伍，为人才培养提供坚实保障。

（三）调控功能

调控主要是对课堂实际教学来说的，通过评估的结果，教师可以反思自己的教学过程，进一步对后续的教学工作做出调整和完善，不断优化教学行为。开展常态化的教学质量评估，教学质量会得到稳步的提升。

（四）监督功能

监督功能主要是指教学质量能够对教师的教学起到一定的监督作用，督促教师不断作为、创新自己的教育方法，如果高校和政府不能够建立正确的教育评价监督标准，教育质量保障的问题得不到有效解决，不能够让高校认清自身与其他高校之间的差距，发现教学当中存在的问题并找出合理的解决途径，这便不是开展教育评估的目的所在。

三、教学质量评估的原则

教学质量评估的过程涉及诸多方面内容,是一系列复杂、烦琐的系统过程,需要遵守以下几点原则。

(一)规范化原则

制定教育评估标准时,不仅要结合学生的身心发展情况,还要充分考虑到高等院校自身的教学规律和实际情况。此外,在进行评估工作时,需要对被评估的对象使用科学正确的方法和步骤对其进行合理的评估,秉承实事求是的理念,确保评估结果真实可靠。

(二)民主化原则

民主化原则是指在开展教学质量评估工作时的全部过程和步骤都要做到公开、公正、透明,充分考虑到评估参与者的意见和建议,体现出高等院校的自主性和主体地位,同时尊重高等院校内部参与者如学生群体的意见,不能将受教育者独立于教育评价活动之外。

(三)多元化原则

教学质量评估是一个纷繁复杂的过程,需要做到科学民主。因此,在开展教学质量评估时必须要做到多元化。多元的评估主体、内容和评估方法,能够确保评估结果公平、公正、公开。

(四)发展性原则

著名教育评价专家斯塔弗尔比姆认为:开展教学质量评估不是为了给高校排名,将高校教育能力分成不同等级,而是为了寻找教育发展的最好模式。教学质量评估不仅要对被评估者的过去进行考察,也要充分考虑到其现在的发展,发现现存的问题,为后续的教学工作提供参考和努力的方向。

四、教学质量评估的作用

如果不能正确进行教育评价活动,就不能确定学校教育课堂的核心

第五章 我国高等教育质量评估体系改革与创新

知识是否真正有用,不能够合理使用教育经费,无法保障高校每学期所培养出的人才都能符合企业发展需要。

(一)加强了教学档案的管理收集工作

因为对高等教育进行评价工作时,第三方评价机构的专业人员需要深入高校内部,阅读高校准备的教育评价材料,针对高校的这些内部专业资料需要建立便于查找的管理方式。如果高校对于档案管理混乱,那在某一方面也能体现出高校对于教育课堂和专业设置条理不清晰,因为高校内部的各项管理活动都是有一定联系的,一个方面的管理不规范会带动人们联想到高校其他管理方面的不健全。如果政府和高校能够及时对档案的管理方式给予较多关注,档案管理的工作人员在日常工作中就能及时对档案进行归纳标注,就能够减轻教育评价机构查阅资料时的时间成本,能够提高社会民众对于高校管理的信任度。同时,档案管理不仅包括对学校职工信息和教育政策文件的管理,还包括教师教学材料、课本和教案的归纳管理,学校需要提高对教师管理意识的培养,聘请专业技术人员对教师上课所用的自制材料编成电子版教程,学校要制定相关规定让教师将电子版教程进行存档后方可使用,减少自制教学材料在人工传递过程中丢失的可能性。

(二)推动了教学改革

在教学活动的过程中有许多教育主体,如果这些主体能够完成自己职责范围内的工作,推进教学改革的计划就能快速进行。如果教师不能够根据社会形式和教学技术的变化更新自己的教学方式、教学理念,会对学生传授一定的落后教育想法,影响学生接受新事物的速度。所以,教育评价工作不能只针对高校教育专业本身,还要对教师的教学活动进行评价,评价结果就是教师教学需要改进的地方。

(三)提高了教学质量

将第三方教育评估机构的评价范围扩展到教师的目的是提高教师在教育评价活动过程中的参与感,限制教师凭自身经验对教育过程活动具有的随意性。如果不将教师的教学活动加入教育评价的目标内,教师对于旧有课程内容的创新性不能得到显著增强,教师工作就没有具体的衡量指标,使具体工作过程中教师的专注力不能集中。评价教师教学活动的主要方式是评价机构派遣教育学者进入各高校具体课堂之中听教师讲课内容,如果有学校外的人员进入课堂内听课,教师在课堂全程中都会集中专注,这种不定期的检查听课行为能够有效促进教师提高教学能力。对教师的教育评价标准是由评价机构、学校、教师三方共同制定的,是能够真正体现教师教学的真实水平的。

（四）促进了师资队伍建设

政府对高等教育进行改革的本质是为了培养职业化的人才,从而为企业的创新发展做出贡献,提升教育水平不仅要依靠政府的助力,还可以从教师的培养方面入手。如果教师的授课能力和基础知识掌握不行,那学生会对教师和学校产生不信任的情绪,产生一定厌学感。所以要对我国现有的教师进行提升能力的培训,招聘新教师时要进行多方面的知识考察,对教师的工作内容也可以采取定期检查评价的制度。如果教师的教学行为得不到有效规范,便会压制学生的创新意识,影响学生学习氛围的培养。

（五）改善了硬件设施和环境

如果政府不能增加在学校教育方面的资金投入,那么学校内部的教学设备就无法及时更换,聘请不到专业的教师对学生进行授课,所以我国政府想要提升学校的教学质量,便需要保障学校资金来源稳定。同时要定期对学校教室的安全保障设备进行检修,学生只有在安全的前提下才能完成学习任务。

（六）借助评估进行实验室教学改革

对于课本上需要实践才能印证的理论,学校要多建立相关实验操作室,让教师带领学生去实验室亲自实践,加强学生对问题的理解。学生日常都是在课堂内接受教育,教育内容多是理论性强的知识点的传授,极少接触需要操作的教育内容,如果学生在校内不对实践性操作多加练习,日后就业可能面临困难。

（七）教学质量评估的类型

现有的教学质量评估类型繁多,具有代表性的是以下几种:斯塔弗尔比姆模式、费用—效果模式、目标游离模式和反对者模式。斯塔弗尔

第五章 我国高等教育质量评估体系改革与创新

比姆决策模式由美国著名教育评论专家斯塔弗尔比姆提出,他认为教学质量评估的评估过程和判断效果等内容都需要按照决定的结果来进行。费用—效果模式以莱文为代表,他认为,在开展教学质量评估时,需要认真考虑评估的效果如何,也要充分考虑到开展评估需要的费用,力求用最少的费用取得最优的评估效果。目标游离模式的主要代表人物是美国教育学家斯克里文,该模式认为在评估过程中会出现许多突发情况,因此不需要设定具体的评估目标,而是要根据具体的情况及时调整评估目标。反对者模式的典型代表人物是美国学者沃尔夫,他认为,评估价值是由评估的结果体现出来的,被评估的对象可能根据自身的特点呈现出不同的教学效果。我国现有的教学评估体系充分结合了国外先进的评估理论,形成了符合我国教育特点的教学评估结构,现有评估主要有以下几种。

1. 高校自评

高校自评主要是指高等院校自行组织的教学评估,也叫自我评估,如高等院校按照教育部下发的文件要求对自身教学工作开展的教学质量评估。高校自评对提升教学质量有着深远的意义。

其一,自评主要针对高校内部,符合高校的实际情况,有很强的针对性,方式新颖灵活,搜集信息全面准确,结果真实可靠,评估对象也能够按照自身情况,及时将评估所需标准提供给评估者,前提是被评估者需要实事求是,诚实守信。高校自评能够激励被评对象不断自省反思,主动发现问题和解决问题,能有效促进高校发展。

其二,在教学质量评估工作开展的过程中,被评对象如果认为自身实际情况离评估标准较远,可以及时申请暂缓或退出此次评估,能够避免不必要的人力物力浪费,有效提高评估工作的效率。

其三,高校自评的结果可以为高校日后的工作开展提供重要的参考依据,为其他组织开展教学评估提供基础和经验。

目前社会各界对高校教育发展关注度逐渐提升,推动形成高校自我发展的教育模式更有利于学校的发展。在不断深入我国高等教育体制改革的背景下,开展科学的高校自评对于提高教学质量和教育发展有着深远影响。在这种新形势下,高校自评是高等学校的自我管理、自我约束、自我监督、自我发展的有效机制,能够让高等院校不断完善自身教学体系,自觉接受社会监督,是为国家培养优秀人才的有效途径。高等院校要不断密切与社会用人单位之间的联系,时刻掌握社会人才需求动态,及时搜集毕业生就业信息,并将其作为高校自评的重要参考标准,不断提升教学评估的成效。

在哲学的世界中,事物的发展不仅要靠自身的努力还要有外部的推动力,但这二者之中自身是最重要的因素,马克思主义哲学认为,内因是事物不断变化和发展的根本原因,外因是事物变化和发展的前提条件,外因通过内因发挥作用。就高等教育质量的提高而言,高校自身是内因,外部质量评估是外因。在关于教学质量的调查报告中发现社会生活中有许多条件影响着教育的发展,如果只凭借表面上的监督和把控,教学质量难以得到实质上的提升。因此,需要全校的师生和职工共同努力,不断完善自身的评估体系,把其作为提升教学质量和完善教学体系的重要手段。

(1)高校要强化主体意识,加强内部质量控制

随着社会不断发展,传统的由政府部门主管一切事物的模式已经不能适用于当今社会形势。在高等教育越来越普及的环境下,高等院校的地位也应该受到重视,高等教育体制改革中的教学质量评估过程起到的作用也越来越突出。当前,政府鼓励各大高等院校结合自身情况开办符合社会发展的教育,但是这并不代表教育可以被随意发挥,教学质量的评估仍然是高校发展过程中不可缺少的环节,确保教学质量处于教育改革发展的首要位置。在完善自身的教育机制时,吸收其他国家的教育优势,不断建立健全自身的教育质量体系;根据自身情况制订教学规划时,也要制订相应的教学质量方针、政策和标准,不断完善教学质量的监督、决策、指挥、管理、评价,提高对政府教育政策的执行力。

不断完善高等院校质量评估体系的主要目的是要让高校在没有其他方力量的多重监督下,能够对自己的教育活动有所要求,教育工作不可能靠政府和社会专业机构的提醒来不断创新,外部力量的推动作用永远没有高校自身认识到这一问题的重要性来的重要,所以最终要形成高校自己发现问题自己提高教育水平的模式。

外部评估是压力,也是动力。高等院校应自觉将教学质量作为发展目标,不断通过高校自我评估,及时发现和解决教学过程中存在的问题,做出及时修正和调整,调动教职工完善教学的积极性。外部的教育质量评价只是对高校自身改革教育专业起一定的推动作用,只有高校从内部认识到自己哪方面存在不足,评价工作的真正价值才是实现了,并

第五章 我国高等教育质量评估体系改革与创新

且高校内部的自我评估传达修正时间更短,对于高校内部各个主体之间的管理也更为便利。

(2)做好校内自评工作

要充分完善高等院校的自评体系。提高高校自查教学问题,减少评估时机构之间反复推脱的时间成本,保障教学质量的全面管理。高校自评可以实时监控教学质量,逐渐形成办学理念、教学质量和其相关的下属组织的"学习型系统"。

目前在世界各国统计本国对于高校内部评价方式的数据中,主要归纳了两种评价方式,在这两种评价方式中高校比较认可的是第二种,就是其自身为了加强教师教学水平和学校专业设置而进行的内部检测,这种检测的过程中会聘请外校的相关教育专家来进行,而且本身的目的是出于高校对自身发展的需要,高校对于这类评价比较重视。

在西方发达国家对于自身教育评价数据的统计中,外部评价机构对于高校教育质量的评估是根据高校内部对于自己专业评价的情况为基本条件,再另外制定几条其他方面的评价要求,主要是针对政府和市场的需求制定的。一开始高校内部对于自己进行评估的这种方式不是在所有高校中都流行,直到一些高校因为这种内评方式得到了一些专业进步,这种方式才在其他国家中普遍流行。内部评价的对象主要针对授课过程中的活动主体,也就是教师和学生,这样的经常性检查能够促进二者不断检验自身教育行为。当高校内部能够认识到自己需要推动高校内部的专业和课程进行检测时,就能够针对自身特色专业和民族课程有自己的评价方案,其评价结果更能够促进教育活动本身的改善,因为是内部评价,所以高校管理者更为关注评价过程中是否按照预定的要求进行,对评价标准的把控是更为严格的。

在我国目前采取的教育评价方式中,建立第三方评价机构是最为实用且有效的评价方式,既可以减少政府对于高校教育活动的控制,也能有效提升高校教育活动的质量。但我国高校的外部评估体系也存在着不科学和不完善的问题,无法充分发挥其对提升教学质量和教学评估的积极作用。有的高等院校还停留在"为评估而评估"的阶段,将教学评估视为一种形式,走过场,阻碍了教学活动的正常开展,无法促进教学质量的提升。目前,高校内部进行的教育质量评价也处于初期发展阶段,只有个别高校在内部会对自身的教育行为进行评价,因此内部评价范围有待扩大。

近年来,我国不断创新教育技术应用于教学过程,对于教学结果的检验方式逐渐形成完整的体系,在教育领域形成了重要成果。如果不对教学质量进行检验,教师和学校所做的努力没有明确的证明,会导致教学活动缺乏方向。在建立关于它的评价体系的过程中,有社会教育人员参与,可以反映就业单位的招聘需求,从社会基础方面对学校教育内容提出改进意见。

通过每年对高校教育数据的统计,高校内部各专业之间采用不同的教学课本,对学生掌握知识的效果进行评价,个别学校的教学课本能够有效提升学生的知识水平,这类课本也成为学校的教育特色。各学校之间教学课本不同主要是政府采取新型教育政策之后,学校采用更低的教育成本获得更多教育利益,开始招收专业人员参与编制新教材,提高学校在整个行业的竞争力。如果学校内部不找出自身的特色,该学校对于学生来说在报考时便会丧失吸引力,导致学校招生人数会减少。所以,学校自编有地方特色的教学课本可以形成优势,对课本进行有效评估也可以提高高校发展教育的积极性和主动性。

2. 专家评估

专家评估是指教育相关部门选派的专家组成指导组对某校的教学质量进行的评估,也称为政府评估,是由政府教育部门直接领导,主要针对高校的课堂教育进行检测,主要目的是促进高校在政府的有力监督和管理下能够更好地发展自身办学水平,不断提升教学质量和人才培养质量。因此,专家评估是一种由政府直接领导和实施的评估模式。专家评估的相关内容、步骤和方法等都需要教育部门按照国家相关要求和规定进行制订,体现了国家对高等院校的宏观评估的重视,其过程可谓全面且严格。教育部门可以进一步以专家评估的结果对高等院校的教学工作进行有针对性的指导和调控。教育部门对高等院校实施评估,是国家监督高等院校教学的有力手段之一。教学部门应该不断建立健全评估制度和体系,确立各单位的基本职责和评估方法、步骤,让高等院校的评估方案有组织、有计划地进行。

对教育进行改革首先要了解高等教育发展的历史,《中华人民共和国高等教育法》中明确规定"高等学校的办学水平、教育质量,接受教育行政部门的监督和由其组织的评估",这也是政府对高等院校实施宏观调控和评估的法理依据。

第五章　我国高等教育质量评估体系改革与创新

选优评估是指在各大高等院校中开展的选拔评比活动。选优评估的主要内容是：在教学质量评估的基础上，选出相对优秀的高校进行进一步竞争，根据评估的结果确定获奖名单并及时公布结果，给予奖励，有国家级和省级两种。在高等院校内部也可以开展相关评估，即学校自行组织的评估模式。此类评估能够有效提高学校管理的效率，为各级部门对高校开展外部评估打下坚实的基础，不断提高教学质量，以适应社会发展的需要和人才需求。

在不断深化高等教育体制改革的情况下，许多高校为了有更好的发展会选择采取与其他高校合并的措施，也有诸多单一型院校不断向综合化的趋势发展，在原有的合格评估、优秀评估、随机性评估、其他专业能力评估的情况下，保留原有方案的可取之处，再继续创造新的评估方法，如评估时将评估结果进行等级划分等。

高等教育评估是一种专业性极强的技术活动，其关键是参与评估过程的专家。评估专家队伍的建设可以从下列几个方面进行。

（1）重视遴选

高等教育评估的专业人士的选择一定要面向社会各层，可以是高层次的人才学者，也可以是有丰富实践能力的基层操作者。其成员可以是教育系统内部的从业人员，也可以是其他领域的专家、商人以及其他行业的优秀代表，具有相对丰富的评估理论和知识。此外，还要确保专家库的流动性，适时地进行专家的更换，以确保不同类型的评估都能在专家库中找到对应的评估专家。

（2）重视培训

专家的培训工作极具专业性。要定时、定期对专家库成员进行培训，及时了解和掌握新的教育方针、理论、政策和技术。

（3）重视交流

专家库应该重视专家之间的交流工作，组织形式多样、内容丰富的交流活动，学习国内外的先进经验和技术，不断提升专家的综合素质和水平。可以根据被评对象的等级，聘请一定数量的外籍评估专家，以国际的视野对高等院校展开科学评估，确保教学评估工作科学合理，与国际接轨。

①评估的范围

对高校教育进行评估主要是对师生的教学过程进行评估，我国目前的教育模式如果不将课堂作为主要教学场所，对于学生管理会缺乏一定的规则性,知识的讲解也会产生不连贯等问题,导致学生注意力不集中,教学效果不好,所以要将教学活动确定在课堂中。

②评估的对象

教学课堂中涉及教育活动的只有教师和学生,所以评估主要针对的是教师群体,如果对教师群体不进行教学质量的评价,学校无法掌握教学课堂的具体情况,不能弄清楚教授实践课程的教师和教授理论知识的教师在课堂中的具体作用。另外,对于教师评价的范围不能局限于授课情况较好的教师,如果教师普遍授课能力已经较强,那么对其课堂进行评估产生的效果不大,所以应将评估的教师范围扩大。

③评估指标体系的多元化

进行规范化的教学质量的评价是指对教学质量过程中涉及的几个部分进行分别的评价,对于这几个部分不能采用相同的评价标准,因为各个学校内的具体设置不相同,同一个学校内部的课程设置、教师种类、学历也不相同,如果对于教学过程的各组成部分不作个性化要求,会导致学校指标混乱,教师教学方向无从把握。

3. 社会评估

社会评估主要指通过社会成立的中介机构组织起来并实施的高等院校教育质量的评估模式。与上述几种模式不同的是,社会评估主要是从社会的角度对高等院校的教学工作进行评估,更多地考虑社会发展的需要,全方位、多角度地考察高等院校的教育工作,及时将评估结果反馈给高校,为高校进一步调整和完善教学体系提供真实可靠的信息,不断促进高校教育的发展进步。社会评估能够客观、直接地反映高等院校的办学水平和教学质量。社会评估主要是从外部对高等院校进行评估,其评估者主要由社会相关领域人员组成,包括大量的各界人才和专家,由他们共同做出评判。社会评估的结果能够很好地指导高等院校进行后续的教学工作。通过有目的、有组织、有计划地对高等院校开展社会评估,可能在一定程度上激励高校不断完善自身的教学水平,提高教学质量。

我国的社会评估尚处在起步阶段。高等院校与社会各领域之间尚未密切联系,社会对高等院校各方面的了解也不够深入彻底,因此开展的社会评估工作缺乏一定的准确性,评估结果也难以保证其可信度。但社会评估的积极作用也是显而易见的,它能够密切社会和高等院校之间的合作和联系,激励社会各界积极参与高等院校的教育发展,共同促进高等院校教育进步。

第二节 我国高等教育质量评估存在的问题及原因

一、高等教育评估存在的问题

(一)高等教育评估中行政干预偏重

现阶段我国高等教育评价体系政府参与明显,这一现象在具体的评价过程中既有优点也有不足。如果政府能够利用自身权威性的身份,将各方力量对高校教育的期待与需求及时传递给教育评价机构,便能够有效推动评价标准的制定和评估工作的快速进行。但是我国经济形式的不断变化也影响着教育评价工作的进行,经济发展越来越要求有更多的专业技术型人才,因此企业将发展的目标指向了高校教育领域,所以要建立新的教育评价主体,这一主体要体现社会就业对于教育的需要而不只是体现政府力量作用于教育的影响。如果能够丰富教育评价过程中的主体参与,教育评价过程将更有针对性,学校也能更信任其评价结果,以此来改进学校专业领域的设置和课程结构,同时不同主体之间的协调能建立符合大多数人利益的评价标准。

最初我国教育评价活动是由政府带头进行的,这一决定对于改进高校教育状态来说是正确的。但是,我国教育评价活动的开始时间落后于西方国家,来不及进行系统的知识理论研究就将评价体系应用于高校,在实践操作的过程中存在评价技术无法解决的问题,因此需要我国专业学者进行深入的研究和学习才能解决。目前我国处于政府领导下的教育评价状态,对于高校改进教育是有一定进步作用的。由于传统观念和现实需要,国家对高等教育的行政干预被普遍接受,高校高度服从国家管理。但质量评估缺乏科学可靠的理论指导,评估工作停留在表面,无法深入到教学内部,无法真正检测教学质量,会减少人们对于第三方教育评价机构评估结果的信任度。

由于政府教育部门直接主导高校的教育发展方向,所以对于高校教育进行质量评价离不开政府。如果政府能够减少参与教育评价过程,社会和群众力量就有机会对评估机构提出自己的建议和需求,使教育评价工作真正走向专业化发展。另外,如果能为高校寻找到新的教育资金投入者,高校就能走出政府的附属部门的范畴,有效减少高校模式化发展的现象。同时对教育评价过程应该建立相应的独立监督机构,不能让同一主体反复干预正常的教育评价工作,教育评价工作本身应该是客观的,不应成为某一部门的主观性的思想反映,应该加强社会力量参与到教育评估工作过程中,反映民众的意见和需求。

接着应该改变教育评价工作的主体,教育评价过程中的各个主体其地位应该是大致相同的,不能出现一方领导另一方的情况,虽然高校是被评价的一方,但是高校也应该有成员参与到教育评价小组成员中,可以及时跟进评价过程,了解高校的不足,不能只被动接受同一标准的评估,被动的接收政府自上而下的评估结果,院校的主体地位没有得到体现。为了迎合政府的标准来查漏补缺,在短时间内做好表面工作,评估工作结束后,一切恢复原貌,这违背了国家对高等教育评估的本质意愿,由此看出整齐划一的评估背后是对教育资源的巨大浪费,是高等教育释放活力和个性的瓶颈,对改进高校的教学质量和教学水平起不到真正作用,这客观上妨碍了高教评估工作的健康发展,降低了评估的科学民主性和客观公正性。高校教育的培养目标是为社会培养各种类型的专业人才,这就需要有多种力量来参与评估工作,单一的评估主体是不可取的。

我国目前对于高等教育的评价仍处于初期发展阶段,在不断变换政策的过程中难免存在一定问题,如果政府能将教育评价所用的高校专业统计数据和具体的评价计划、评价流程公布于众,会大大增加人们对教育评价结果的信服力,要改变目前教育评价工作的死循环模式,应该将评价机构对于高校的检测结果定期向社会公示,给予学生和社会一定的参考性。如果能够根据社会意见形成新的教育评价模式,会加强高校与社会和企业之间的交流,增加高校发展特色化专业的可能性。

(二)社会中介机构发展空间小

我国为提高教育评估结果的专业性,专门建立了针对学校专业和课程设置等方面进行评价的教育评估机构,机构内部是学习各专业时间较长并取得一定研究成果的相关领域的学者,将这些人聚集在一起共同对高校进行评价具有较强的专业性。

第五章 我国高等教育质量评估体系改革与创新

在世界其他国家中也采用第三方机构对高校教育进行评价的制度，但是经过各国实际评价操作经验的总结，如果不能控制政府教育部门的权力使用，第三方评价机构无法发挥其真实的评价作用，同时社会力量和企业对于高校教育的需求也无人关注。原来对高校进行质量评价的部门是政府教育机构，属于国家性质的评价机构，现在进行质量评价的是第三方社会性的教育评价机构，二者在高校心中的威信力是不一样的，高校对于政府和社会机构评价的重视程度是不一样的。如果我们能够增加第三方评价机构评估的专业性，使其对社会评估部门的信任超过政府评价部门，高校就会开始重视社会评价结果对学校教育专业的进步启示，在第三方评价机构的评价过程中能够认真准备评价材料。我国目前教育评价机构还是从属于政府门下，如果不能改变这一现状，第三方评价机构的评价结果还是不会被人们信任，在不同程度上还会带有政府意志和个人色彩，需要尽快找到教育评价机构能够负担自身费用的评价方式，促进其内部改革让其尽快独立于政府部门之外。

在我国，第三方教育中介机构是针对高校教育专业的评价机构，虽然其有政府资金投入作为保障，但还是需要自己开拓业务，政府部门是不对评价机构提供业务信息的。所以，我国目前评价机构如果不能有充足的运行资金和运营业务，就会走向倒闭。针对这一现状，评价机构自身应该不断进行改进，在减少资金消耗、提高资金利用率的同时，应该不断向外拓展业务，和其他机构、社会群体展开合作，教育评价机构不能因为资金的短缺而成为某一部门的附属品，使人们不信任其教育评价结果。我国政府会接受高等院校的评价任务，政府对于这些评价任务主要采取给予评价机构进行评价，但是有相当一部分的教育评价机构规模小、长期服务过程中与政府部门接触少，就像小型的私立评价机构是接触不到政府提供的评价项目的。能接受政府提供的评价项目的教育评估部门都是本身与政府有一定关系的，这一类机构服务于政府教育部门，其自身发展有政府资金作为支持，运行稳定，但其与社会的教育力量接触较少，只有其能改变发展思路，才能够承担起社会和学校赋予其的责任使命。在这种状况下私立的教育评价机构只能依靠自身去发展，如果政府能改善私立教育评价机构的发展现状，这些私立教育评价机构在提高自身的评价水平和技术的同时，还能够解决政府和学校之间教育政策传达时效性的问题。

总的来看，我国目前教育评价体系发展的现状是大型教育评价机构没有专业评价实力,已经成为政府的下属部门,专业的私立教育评价机构没有发挥空间,各个社会群体无法了解高等教育发展的真实水平。如果我国目前的教育评价机构不能摆脱政府的控制,那么距离我国形成完善的教育评价体系还有一段时间。

（三）评估标准单一化

我国针对高等教育评价体系的不同发展阶段会出台相应的评价方案和评价文件,现阶段的教育评价方案是对各种类型的高校进行统一的成绩性评价,不针对高校开展的个性化民族性的专业展开其他的评价,也不在乎所评价的高校教育基础处于同行业中的何种水平,这种方式在一段时间内保证了我国教育评价体系的平稳运行。但是也导致了一定的问题,高校的特色化专业得不到有效的评估,高校培养人才的方向只能根据评价机构得出评估结果,导致目前各高校所培养出的人才学习内容一致且发展方向一致,学生缺乏个性化的职业发展特性。目前,针对教育评价的标准应该进行改进,政府和社会相关机构如果不能将教育评价的标准立足于高校本身,那教育评价标准还是缺乏针对性,要在充分了解各高校历史文化底蕴和相关专业变动的基础上,将各高校进行基本分类,这一步骤是必须进行的,因为分类之后不同类型之间才会有参照比较,同一类型的可以采用相同的评价标准。在我国后来颁布的教育文件中有相关理念符合我们将要建立的教育评价标准的概念,里面提出要建立起适合的评价标准就要先从评价的目的考虑起,对高校教育进行评价本身就是为了帮助高校找到自身教育的不足之处,帮助社会和企业找到符合自身要求的技术和知识人员,共同促进国家经济利益的整体提升。

在世界各国之中教育评价体系较为发达的是美国,之所以美国的教育事业如此发达,是因为美国的经济基础较好且有足够的资金投入教育领域,并且在不同的发展时期采取了合适的政策,以美国不同种族自治为基础,各地区教育政策和教育评价制度都根据地区经济状况、受教育情况和民族文化的不同采取不同标准,各地区的教育评价政策都能有效促进高等教育的发展。我们可以从美国成功的教育评价体系中学习经验,如果我国政府能够减少对教育评价过程的干预,评价机构能够根据高校历史文化渊源和专业设置的不同采取不同的评价政策,就能改变我国目前高校专业向同一方向发展的现状。

第五章　我国高等教育质量评估体系改革与创新

我国目前发展高等教育评价体系不能再将评价标准固定化,应该根据各个学校的特点发扬优势和地域文化,结合世界各国经过实践检验的先进教育理念,不断完善我国的评价体系和教育体系。如果我国政府不能够建立不同层次、不同类型的学校评价标准,那高校培养人才还是固定的模式化,不能体现人的个性特点,我国教育评价体系仍旧会停滞不前。

(四)评估经费分配不公平与不足

世界各国的第三方教育评价机构都是以政府的项目性投资为主要的资金来源,同时政府还要参与高等教育评价目标的制定,教育评价机构便会自然而然成为政府的下属部门。在这一过程中,第三方评价机构会出现由于政府资金没有及时注入其内部而产生的问题。如果政府对给予评价机构的资金合理使用,就能减轻评价机构之间对于评价项目的竞争,有利于将教育评价资源平均分配给各个评价机构。目前政府需要改变资金投放政策,不能因为大学等级高低不同就投放不同的资金,会给各个大学造成一定的发展负担,也不利于地区教育资源均衡分配。

从我国发展高等教育评价体系至今,存在以下特点:政府承担评价机构的所有支出,在让评价机构没有后顾之忧的同时也对评价行为产生干扰,使第三方评价机构的评价行为不能起到真正的作用。目前我国针对高等教育评价体系最应该做出的改变是:减少政府对于第三方评价机构的控制,对于评价机构,应该丰富其资金来源。因为目前给予第三方评价机构的资金都是由固定部门的官员进行下放,在这一过程中由于人是具有随意性的,并且人的思想可能会受到其他因素的干扰随时发生变化,使其不能坚持原本的正道思想,会导致将国家教育评价资金占为己有的现象。在官员内部建立合理的评价资金监督机制和立法规定,能够减少人员的不正当行为,保障评价机构的鉴定结果,对高校改进教育有促进作用。

如果政府对于我国教育评价机构投入的资金充足,那公益性的评价机构和商业性的评价机构就没有本质上的区别了,二者都是对高校教育和专业进行技术评估的组织,不会使教育评价活动由于资金不足而被迫在本质上产生变化。由于第三方教育评价机构评价过程中资金支出较多,所以如果没有政府部门的支持评价机构大多运行不动。我国对教育评价过程中的资金支出进行了改动,对于被评价一方大多数对象是高校,对其收取一定的服务费用来减轻评价机构的资金压力。如果将第三方评价机构的评估人员工资不由评价机构给予而转由政府为其开工资,能够大大减轻评价机构运行的负担,这样评价机构就只需要负责每次评价出行的费用和中间产生的成本,教育评价机构就不需要依附于任何资金方,成为真正独立于任何势力之外的检验评价机构。解决了第三方评价机构的资金问题,就会减少许多公益性的评价机构经营失败的现象,成为真正对高校、对社会有用的教育评价机构。

(五)评估结果存在主观性

如果不能对学校提供的评价材料的真实性做出有效的判断,下一步工作就无法进行,再加上教育评价机构的专业人员并不认真检查相关文献,那教育评价检查的文件内容可能并不符合高校专业本身,阻碍社会对于高校教育专业性的认识。如果政府能够将高校具体的教育信息公开给第三方评价机构,就能够有效减少评价过程中信息传递的麻烦,能够保证学校提供的评价材料的真实性,同时确保评估结果的有效性。在我国教育评价过程的进行中应该将各主体之间消息传递的时间缩短,同时应该禁止各方面专业人员的随意发挥,尽量将所有评价条款落实于书面,增加教育评价结果的可信度。但是,如果能将评价过程控制得松紧适度,评估人员既能在一定限度内发挥自己的主观意识,评价标准又有相关规范。

社会上普遍认为学校将第三方评价机构需要的学校内部的相关材料准备好后,评价机构的评估人员不能在规定的评价时间内阅读完学校提供的专业材料,这样对于学校专业的评价就是片面的,但是目前的高等教育评价现状就是如此。如果学校不提供详细的专业记录资料,就视为学校不配合教育评价工作,但是学校将多年的专业历史资料拿出来后,也为教育评价工作增加了一定难度。如果对高校专业的评价检查工作不能够更加高效地完成,是变相地对评价人员增加更多工作压力,也是增加评价过程中的难度。对高校进行某一方面的评价是有具体的时间限制的,所以不可能详细地去看学校提供的所有材料,评价机构只能根据学校提供资料的详细程度来评价学校是否具有专业性。但是在这一过程中也产生了一个弊端,即高校有可能在教育评价的过程中提供虚假的信息材料,从而在评价结果中得到一个较高的满意度。

在我国评价机构评估学校的过程中发现了一些问题,评价机构针对

第五章 我国高等教育质量评估体系改革与创新

学校的不同专业会聘用不同的评价人员,这些人员多是临时组成的评价小组,评价人员之间缺乏配合,评估过程会出现一定重复的现象,评估工作效率被降低。如果评价机构事先不与学校沟通评价标准,其评价结果可能不满足于学校对于其本身专业的要求,所以应该和学校预先进行沟通制定出评价标准。同时,一种教育评价标准不应该适用于所有被评价的学校,学校内部会有特色化的民族课程等特殊的地方,针对这些部分不应该采用模式化的规定标准,如果不能及时改正评价结果,则会出现不贴合真实情况的现象。

二、高等教育评估出现问题的原因分析

(一)高等教育评估理论落后

目前,我国教育领域相关学者对我国的高等教育评价现状研究发现,我国高等教育评价模式发展主要靠政府推动,政府颁布什么样的评价政策下面就依次执行,极少有专业人士对相关政策寻找理论依据。如果我国不能增加目前对高等教育评价制度的理论支撑点,教育评价工作就会浮于表面。

如果高等教育评价缺乏知识性的理论基础,评价活动不能对未来教育发展的形势做出预测,评价方法也不具备科学性。我国从改革开放开始就加大对高等教育领域的研究力度,但实践性的政策颁布较多,专业知识性的教育评价书籍出版得较少。如果我国政府能够将财政收入的资金为高等教育领域追加投入,学校内的教学设备器械就能跟上国际最新的版本,学生学习能够有较大兴趣,教育学者也能够有时间进行教育评价的理论性研究。因为高等教育评价本身涉及多个利益主体,所以将教育评价规律把握清楚能够有效促进我国高等教育水平的提升。

我国目前针对高等教育评价体系的知识理论都是来自外国人出版的理论书籍中的研究成果,我国没有相关学者对此领域展开研究。我国已出版的教育评价书籍中是外国评价理论知识的翻译版,在二者转换的过程中存在一定的语言误差,人们理解起来困难。因为我国的教育评价体系尚处于发展初期,不仅评价的理论基础不足而且教育评价技术也处于初级水平,我国未来如果能够将教育评价与社会主义理念相结合,则可以有效弥补目前教育评价技术发展不够的现状。假如经过我国社会上下的共同努力,我们能够将教育评价理论知识不足这一方面补上,我

国教育评价的社会公信力会大大增强,教育过程中的评价方法也会更加的专业化,能够实现我国阶段性教育评价的目标,所以我们目前要完成好这一评价工作。

(二)社会中介力量转弱

我国目前的经济体制是计划经济和市场经济共同控制市场秩序,这对教育评价活动的影响是教育评价机构从政府教育部门处获得运营资金,在教育评价机构本身有其他的评价主管部门,所以从实际来说教育评价机构有两个管理主体,在对评价机构实行具体政策时会存在一定的秩序混乱问题。所以,针对目前教育评估工作中的主要问题应该采取以下措施:减少政府部门的教育政策对于评价机构评估工作的干预,如果能够将评价权力真正放权于评估机构,评估机构运行体制会更加灵活,评价方案的制定也更能跟得上实际发展的需求,我国的教育评价体系能够更快地发展。因为目前政府教育评价权力过于集中,所以评价中介机构离开政府之后缺乏运营资金且发展受到一定限制。虽然现在对外已经承认了第三方评价机构的地位,但是在具体评估过程中对高校专业和课程的检测作用发挥得极少。

由于教育评价机构尝试建立属于政府教育部门,在人们心中都默认其管理机构是政府,所以在制定教育评价法律时极少对教育评价的中介机构进行规范。只是在几部寻求教育改革的文件中提到了建立评价机构的重要性,这几部文件的中心思想是提高社会力量参与教育评价工作的占比,将高校教育工作与社会思想基础之间的关系拉得更近,将教育评价的权利交给中介机构,减轻政府部门的工作压力。我国目前进行教育评价改革的方向也是依据这几部文件的思想进行,同时还提倡鼓励私立教育评价机构发展,开展对高校专业教育的评价工作,提高社会民众和政府对于教育评价工作重要性的认识,将教育评价组织的领导人的社会地位提高,不再将其隶属于政府部门下,将教育评价工作真正独立出来,评价过程不受任何力量的干扰,同时结合我国新型教育特色和教育理念,建设带有中国特点的教育评价体系。

(三)各方利益博弈的弊端

在教育评价活动中存在各方利益主体,他们都是对高校教育活动进行了一定资金投入,期待高校教育的结果能够满足他们的发展需求。但

第五章　我国高等教育质量评估体系改革与创新

是在这些社会各方力量之中,每一方对于教育结果的要求都是不一样的,都有自己的衡量标准,在各方追求自己利益的过程中必然会损害其他主体的既得利益,各方力量中会产生一定的矛盾纠纷。某一方利益主体如果想要从高校教育方面得到更多的利益,通过不良手段干扰第三方教育评价机构的评估过程,这样会对教育行业产生极大的不良影响。如果不能及时对各方利益主体进行一定制度和法律的规范,这样的不良竞争情况会愈演愈烈,不利于我国新型教育评价体系目标的建成。

如果将博弈论的相关知识带入教育评价过程,可以这样理解各方利益主体之间的竞争,因为社会各方力量都对高校教育进行了一定的资本投入,所以对于高校具体的内部事物都有一定的管理权,同时社会这些不同群体之间又存在一定的联系与合作,所以他们的管理权之间存在一定的交叉,导致教育评价过程因为各方势力参与而变得混乱。不仅政府和评价机构是高校教育的利益获得者,同时高校的管理者、学校内的教师和学生都是通过高校教育满足自己的需求,因为这些主体都对高校教育活动过程有所投入,所以自然会自动追求自己利益的最大化。参与高校教育活动中的各主体既有一定的合作也存在一定的从属关系,如政府是管理教育评价机构的部门,那第三方教育评价机构就会由于本身地位的限制在一定方面听从政府的领导,各个社会主体之间权利地位不同、对高校教育投入的额度不同,所以如果不能想出合适的解决方案将教育结果产生的利益合理分配,各群体之间必然会产生矛盾。

在这里我们阐释各群体之间教育利益博弈过程主要通过两个方式来展现:一是政府教育管理权力过大。在我国发展高等教育的长期历史中,对高校进行教育评价的工作一直是由政府教育部门进行开展,同时对高校进行政策管理的也是政府部门,在整个教育活动过程中,没有第三个机构对政府的评价行为进行检验和监督,高校教育评价过程难免会存在一定疏漏。如果对政府部门的教育权力管理不严,政府的一些懒散无作为人员可能会将教育评价权力变成自己谋取额外利益的工具,这也会影响社会民众对于政府部门工作的信任度。并且政府的教育评价活动中本身也存在一定的问题,在进行教育评价过程中对于高校的具体评估结果和评价标准是不对外进行公布的,高校内部专业和课程的统计信息都掌握在政府手里,一旦评价人员在这一过程中使用一些私人手段,高校的教育信息就会丢失或被其他机构所利用。同时,如果不对评价人员的评估过程进行一定规则约束,评价人员就容易发挥其主观随意性,这样对于参与评估的高校群体来说是不公平的。但是,这些评价人员在评估活动过程中,一旦跟随自己的主观思想对高校进行评价,评估结果自然是顺着评价人员的主观想法方向发展,评估人员就可以通过控制高校教育的评价结果来获得额外的巨额利润,这种情况不利于形成公平的教育评价管理体系。

二是被评价的教育主体高校在教育评价的过程中也会有一些不正当行为。外国教育评价领域的专家认为,可以将进行政治利益分配的方法运用于高校教育评价过程中的利益分配。认为政府教育评价机构的评估结果直接影响对其投入的教育资金数额,所以高校为了得到更多的教育发展资金,会提前采用不良手段对政府部门的评价标准进行一定的了解,对教育评估人员采取一定的资金贿赂等手段,而且更乐意不分具体情况地满足政府的一切需求。并且,还有部分高校在教育评价活动开始之前,对自身院校建设和专业课程设置不足的地方进行虚假建设,就是并不真的是发展弥补这个部分的不足,而是想办法掩盖撑过教育评价的时间,提高自己教育评价结果的等级,等到评估活动结束后,高校中本来发展不好、存在不足的专业和课程依旧和原来一样。各方主体都是为了自己的利益使尽不同的手段,无论怎样制定新的检验标准,被检测部门都有相关的解决方案,像这种变化就属于无效的教育评价方式的改进,不利于真正提高高校的教育教学能力。

(四)高等教育评估法规体系不完备

目前,世界各国发展高等教育已经不能仅仅满足于对高等教育体制本身做出改动,逐步开始向将其评价过程以立法形式做出规定,通过法律的形式来增强人们评价过程中的约束力的方向发展。经过许多国家的实践评价检验,证明将第三方评价机构的评价过程规定于法律之中,能够明显增加评价人员对自身专业能力的提高。在这种状况下,我们能够发现我国关于规定评价过程、评价方式的立法存在明显的缺失,我国应该跟上国际教育评价机构形势的发展,弥补我国关于此方面规定的不足。

一是关于教育评价过程性的法规条文较少。我国在早期发展高等教育时领先于其他国家提出对教育质量采取检验评价制度,但是我国还没形成将评价制度确立于法律之中的概念,如果我国还不能针对这一情况加强对教育评价制度的立法规定,会使第三方评价机构评估过程过于松散,人民对于评价机构的评估结果缺乏一定信任度,使我国目前对于高等教育评价体系的建设停滞不前。一开始我国有过一部与教育评价相关的法律规定,但是此规定颁布时间久远,而且制定法规时教育政策的发展远不及现在教育形势的变化大,所以在此规定之中有许多相关条文不适用于现在的第三方评价机构评估过程,需要新的教育评价法律来规范评价过程中各主体的行为。目前人们对于评价法规的了解主要是通过法规中对评价人员、政府教育部门、高校相关专业进行具体内容的规定,将这几方力量责任边界确定清楚。

二是目前现有的评价过程的法规具体语句指向不清楚,在实践过程中由于主体对法规的解释不同,导致无法达到同一评价标准。在各国关于教育评价法规制定的过程中,都会制定一份纲领性的法律和细则性法律,会重点注意教育评价法规实际操作可行性,纲领性法律用词具有专业化的特点,在总体上对各项教育评价过程进行一定约束,细则性法律对评价过程中涉及的具体问题进行较通俗性的解释。在制定教育评价法律时要重点对评价过程中的评价机构人员职责进行明确规定,同时也要将评价标准落实于评价法律之中,保证评估工作进行时的流程和方法固定,结果具有可信度。而且,这些教育评价法律规定一旦确定下来就需要有关部门监督其执行力度,不能只是制定法律,要将其实际应用于教育评价过程中。

第三节 我国高等教育质量评估体系改革与创新

一、转变政府职能,加强宏观调控

我国从发展高等教育改革以来,将高等教育的一切工作都视为与行政工作同等地位,对为高校教育进行教育评价的工作也是非常重视。对于教育评价工作和高等教育发展如此重视还有另一个原因,就是高等教育发展的主管部门和教育评价标准制定的部门都是政府,一旦有政府参与的活动就必须严谨对待。让政府参与高校教育活动的各个方面,既有好处也存在不足,因为我国目前的经济政策是希望加大社会市场对于经济的自主调控力,这种经济发展理念也影响着我国教育发展的过程,提倡政府减少对于高校教育活动的干预。政府可以参与教育活动,但只是合作总体政策流程的把控者,不能深入教育评价过程的具体环节,政府如果想要有效地发挥自己的教育权力,制定真正对于高校有作用的教育政策和教育评价标准即可,增加社会其他力量对于高校教育活动的参与,提高民众对于教育结果的信任度。

所以,针对目前各方主体都认识到了政府应该减少教育评价活动中参与性的问题,政府应该采取一些措施进行改进。能够采取的具体措施主要在以下几个方面:一是政府减少具体过程中的行为干预。政府属于高层领导机构,每天日常工作事务繁多,不应纠结于某一问题的细小方面,政府管理的主要对象应该是运行规则,而不是监管教育评价机构和高校本身。政府应该进行的是做好大框架的运行规则的制定,具体的教育评价权力应该给予专业的部门,自己进行间接的监督即可。这样政府的工作精力就能放在更多重要的项目上面,不参与复杂的评价工作也能够避免评价过程中人员的一些不正当行为,提高公民对于政府权威性的信任。另外,如果政府部门担心自己将权力外放之后,会完全失去对高等教育的管理权,可以提前采取对教育评估流程进行法律规范的方式,也可以对教育评价的结果留有自己解释的权利。

二是为避免第三方评价机构产生不正当的评价行为,扩大对高校进行评价工作的主体。政府部门不仅要对我国高等教育领域进行管理,我们生活中的方方面面都有政府管理的痕迹,所以,政府对高校教育进行评价这一行为是符合其权利规定的,政府肯定是众多高校教育评价主体中最重要的一方。随着我国经济形势中社会力量的影响越来越大,教育评价活动中如果没有社会力量的参与也会减少一定信服度。所以,社会力量和公益机构开始对教育领域追加资金投入,也希望能够享受通过高校教育带来一定的利益需要,因此想要保持政府是唯一的教育评价主体的现状是不可能的,只有越来越多的利益主体参与高校教育活动的过程中,高校教育的效果才能得到普遍提高。既然各方社会力量都已经对高校教育进行了一定的前期投入,在教育管理和教育评价的过程中各主体都应该有一定的决策权力,高校教育所得的结果也应均衡地满足各利益主体的不同需要。所以,政府将教育评价的权力分配给其他机构,给予了社会和企业不断发展的自信心,同时对于自身和其他主体的权力可以给予立法保障,政府既能减轻工作压力又能使评价工作更有效率。

第三个转变:控制型政府向服务型政府转变。建立在法律基础上

第五章　我国高等教育质量评估体系改革与创新

的政府行政权力使得学校的自主权很有限。可以说,"政府试图控制高等教育系统的一切方面：入学机会、课程学位要求、考试制度、教学人员的聘任和报酬等"。在高等教育管理中,政府总是制定出各种规则来管制高校,在管理方式上也习惯于发布命令。政府与高校之间就是命令与服从、控制与被控制的关系,而没有服务高校的意识。政府的控制性职能如果不转变,就很难调动高校的积极性。大多数高校对教育评估工作存在着防卫心理,一方面期望评估带来的服务提升,另一方面也因评估带来华而不实的结果,排斥评估的到来。在迎合上级检查时只能疲于应付,不仅浪费了大量的资金、时间和精力,也达不到应有的结果,还影响了政府评估的声誉。可见,政府职能必须向服务型政府转变。评估只是一种工具而不是目的,政府应从国家利益、高校利益出发,利用评估这种方式来诊断出高校高等教育质量中存在的问题,及时向学校反馈,从而达到改进和提升高等教育质量的目的。

二、加快高等教育评估法制化进程

如果不将高等教育评价的具体过程以法律条文的方式进行明确规定,机构之间的评价行为就会过于随意化,第三方评价机构的独立地位和权利也得不到合法保护。如果高校的评价标准仅由评估机构制定对于高校不公平,所以政府需要派遣专业学者帮助第三方评价机构制定评价标准,同时将评价标准用法律条文的形式固定下来,减少评价过程中主观性的想法发挥。第三方评价机构身上还有代替政府对高校教育过程进行监督的作用,如果不将这一权利在法律上给予规定,在执行过程中就会缺乏说服力和威信力。如果法律无法保障评价机构评价过程的公正、公开和透明,那么评价活动便会被其他不可预见的势力所影响,只有一切评估行为依靠法律规定进行,社会群众对于评价机构的评估结果才会更加信任。将评价过程法律化可以从以下几方面入手：一是用评价章程规定好评估人员每日的工作内容、工作检查标准、工作范围；二是将评估过程的具体流程以条文形式固定下来,评估人员在进行检测时可以明确照此执行；三是增加对评价过程中边界性行为的界定,减少评价过程中各方力量的摩擦。同时,不能只制定法律评价政策而不去照做执行,加强对评价法规执行过程中的监督,使评价的法律法规真正有效落实。

根据我国现在的关于高等教育评估的法律数量少和配套法律不足的情况来分析,加快高等教育评估法律建设应从两方面入手。一方面是:要从我国现实情况出发,执行我国现行的高等教育评估政策,提升我国基本法(《暂行规定》)的法律位阶,使其充分发挥基本法的规范作用;同时遵循高等教育评估的客观规律,从大局着手,逐步增加质量评估单项政策的数量,不断调整和完善政策,扩大质量评估政策体系中基本政策的涵盖范围,实现高教评估政策和其他教育政策之间相互配合、相互补充、相互协调。具体的政策包括:高等教育评估目的方面的政策、高等教育评估依据方面的政策、高等教育评估主体方面的政策、评估标准方面的政策、评估程序方面的政策、评估结果利用方式方面的政策以及在评估中所涉及的政府人员的职责、高校部门的责任、奖惩制度等各方面具体的政策。教育政策担负着最大限度地合理配置和优化使用教育资源的重要任务。实现高等教育评估的法制化,赋予高等教育评估主体法律的权利和义务,实现高等教育评估的有法可依、有章可循,将高等教育评估工作纳入法制化的轨道。

另一方面是丰富教育评价过程中不同流程的法律规定。制定教育评价法规与制定教育评价标准一样,都需要先根据高校的教育专业和课程对高校进行一定的分类,在分类指标的基础上,根据教育层次的不同对高校评价工作进行不同的法律规定,同时要考虑到地方学校的特色化专业和民族课程,对此要进行一部分特殊规定。在制定相关教育评价法规时要考虑到,有从属关系的部门应该有更针对性的法律去规定,同时不同部门之间应该协作共同完成教育评价过程。制定教育评价法规的部门也需要制定一些补充条例解释具体的法规政策,因为教育法规里面全部都是专业名词,社会民众和工作人员理解起来有一些困难。建立细则化的解释规章后能够减轻评价人员的工作任务,使教育评价工作更具严格性和信任感,也有利于我国教育评价工作取得阶段性的进步。

三、不断改进高等教育评估方法和评估技术

加强对一个技术种类进行深入的研究,需要从两方面入手:

首先,是基础知识的学习,而后才是实践手段的练习,如果改进教育第三方评估技术不经过系统的理论知识的学习,技术就是架空的,评价方法在应用过程中会不符合高校的专业要求,评价结果不能反映高校教

第五章 我国高等教育质量评估体系改革与创新

育的真实水平。我国开始认识到教育的重要性是在西方国家已经在教育领域取得一定进步以后,所以我国对高等教育的评价标准的理解还存在一些不足。但是我国教育历史丰富,与高等教育评估方法相关的其他学科在我国已经有较长的发展历史,我们可以通过阅读教育史料并结合当代各方面力量对教育需求的新趋势建立完备的教育评估方法。

目前我国已经实施的高等教育评价的方法还存在以下几方面不足:一是评价一门专业学科仍然只依据此门学科的相关检验标准。评价一门学科时如果不能结合相关其他专业的质量标准,其评价结果是不全面不专业的,评价应该从多角度和不同主体的需求入手,这样才能检验出该专业的真正教育质量;二是第三方评价机构在招收人员进行评价时,没有严格的人员收录标准,有的新招入的专业检验人员根本不具备此专业的理论知识,已有的检验人员跟不上时代形势改变自己的理念,一直采用最原始的传统检验方案,这对于一些新兴的专业来说是不公平的;三是弄清楚教育过程中的几个利益主体,根据不同主体对于教育结果的需要建立教育评价的标准,因为高校教育本身就是要满足不同群体对于其结果的需要,如果评价标准没有实际意义,那么评估结果也不具备参考性;四是身处于大城市和县城地区的高校同一专业的检验标准也应该不同,因为二者之间本来就存在较大的基础性差距,所以在建立评价标准时,应该对学校所处地域进行一定调查。

其次,要充分利用现代科学信息技术进行评估。教育评估最基本、最烦琐的工作是信息的收集和分析。大型数据库、网络和通信等现代信息技术的应用,使信息来源渠道越来越广泛,获得的信息量越来越大,而信息的分析却更加容易,使以往在评估中几乎无法做到的事成为可能。高等教育评估建立在大量收集材料和信息的基础上,大量的评估实践表明,教育评估的科学性和有效性与评估信息的搜集和整合有着密切的联系。评估资料准备得越充分,处理信息的技术越科学,得出的教育评估结果就越科学可信。加强现代化信息技术在高等教育评估中的作用,利用各种分析软件、统计软件如 SPSS 等,自动形成评估报告,这种方法方便快捷,节约了大量的时间和精力。现代化信息技术充分体现评估机构对学校的动态监控、扩大了社会评估的参与程度、缩短了专家评估的时间、信息的分析和文件资料的保存变得简单易行。高等教育评估的信息化,有利于建立高等教育评估信息化管理系统,从最初的评估信息统计到分析、处理、汇总、发布再到复评,整个过程都呈现透明化,是行之有效的现代化评估方法与技术。

最后,要针对具体的评价方向和内容进行规定的详细评价。我国在一开始进行教育评价工作时就提出评价针对的方向和对象要具体,不能对高校教育的一整块进行评价,评价工作不细致评价结果就不具备参考性。同时,我国在进行教育评价工作之前还会派专业的技术人员对高校的教育专业数据进行一定统计,以数据为基础制定相应的详细评价方案,在初期采取这样的方式取得了较为可信的评价结果。但是,在教育评价活动进行的过程中,评价人员逐渐发现影响教育过程的因素有很多,许多影响因素带有很大的主观特点,是不能通过数据分析进行控制的,因此,针对初期的教育评价发展来说单纯某一方面的详细教育数据无法真正对评价工作有参考作用。所以,针对无法进行简单量化的教育影响因素采取衡量化的指标,如果这些影响因素是人的主观精神和能力,就可以具体对这一部分人进行分析研究,先确定人的影响能力的最大限度和最小范围,再来进行教育评价数据的统计,这种属于定量性的评估方式,将二者针对的不同方面协调起来能够对教育活动中的因素进行可信任的数据建模。

四、积极培育独立的中介评估机构

世界各国都在针对本国的高等教育做出不同程度的改变,世界性的进步也为我国建立教育评价体系提供了积极的借鉴作用,要想检验高校教育改革方案是否针对上一次有所提升,就需要对高校教育质量进行评价。经过我国长期的评价活动实践,总结发现可以通过利用法律规定评价过程中各评估主体的行为和评价流程,建立第三方的监督机构来监督评价机构的行为,减轻政府部门对于教育评价过程的干预,能够使对高校的教育检验评价更加科学和专业。其中主要进行评价工作的中介机构可以是政府组织建立的机构,也可以是社会力量组成的私立评价机构,目前还新兴起了一种由高校内部教师和专业学者组成的评价机构。但是,无论采取哪种性质的评价机构进行评估都需要确立其独立性地位,确保其运行过程中各项物资和资金储备充足。中介性的评价机构是处于政府和高校之间的部门,其地位的独立性也决定了它是连接二者的桥梁,向政府及时报告高校教育的不足之处,向高校转达政府最新的教育政策理念,通过自身的特殊性质建立起完备的教育质量评价体系。

第五章　我国高等教育质量评估体系改革与创新

我国的高等教育评估从外国引进也只有三十多年的历史,相应的评估中介机构起步较晚,基本上是经历了从无到有、逐步成长的过程,其影响力仍然有限,需要政府的鼓励和培育,也需要社会的支持和信任,而评估机构自身也要逐步实现专业化、独立化。政府应该坚持引导与扶持、管理与监督并重,为高等教育评估中介机构提供良好的发展空间,使其在促进我国高等教育健康发展方面发挥积极的作用。

首先,改变观念,充分认识到中介机构在高等教育评估中的重要作用。高等教育评估机构作为一个新生事物,政府、高校、社会各界力量应改变传统思维,以包容和积极采纳的态度来接受它。认识到中介评估机构是职能专一、具有专业化素养的团队和组织体系,他们在政府扶持下专门从事高等教育评估能有效提高高等教育质量。因此,政府应逐渐放权给中介机构,并大力培养中介机构为高教评估服务的能力。我国政府通过出台各项政策法规保护评估中介机构的权益,以提升中介机构的法律地位,这一做法无疑为高等教育改革提供了法律保障,同时,高校方面也应该充分认识到中介机构是学校质量的促进者和监督者,所以要主动配合中介评估机构的工作,以促进自身办学质量的提高和改进。社会各界与政府和高校的联系逐渐增多,涉及一些项目需要中介机构来完成,因此,社会也应关注中介机构的发展和未来走向。

其次,在社会上约定俗成的评价机构的地位和性质应将其确认在法律条文上。目前我国社会对于日常生活中遇到的大小事情都会纳入法律规定的范围内,在矛盾双方起争执的时候法规就能成为很好的利益判断标准,所以对高等教育进行评价的行为也不例外,将其评价程序经过法律的明文书写能够确立各权力主体在评价过程中的职业范围和检验标准。这样一旦教育评价过程出现问题,就能随时查找责任主体,减少无效工作时间,同时关于教育评价过程的法规还会对评价人员的具体行为内容进行规定,减少评价人员发挥主观随意性的机会,促进教育评估结果客观公正。自从对教育评价进行立法的理念加入到教育评估活动中后,社会和人民才真正意识到第三方评价机构地位和运营方式的改变,再经过长期的评价工作实践人们对于其的信任度不断增加。这种方式不仅能完善我国教育法律法规的建设,也能促进教育评价活动真正有效进行。

不能只对教育评价过程的外部进行规定,在内部建设方面也应该进行优化。建立评价队伍时要聘用不同方面的具有专业性的学者和教授,对参与评估的人员受教育水平和职业操守进行严格的规定,因为评估的对象本身就是高等教育学校,如果评价人员不了解高校内部的基本运行规律和知识教育结构,也无法深入校园内部进行教育测评。针对这种状况,我国应该将行业准入制度延续到教育评价活动中,想要进入专业教育评价机构从业需要考取相应的资格证明,这样才能严格控制评价队伍的平均教育水平。如果不能及时执行这种资格证明制度,教育评价行业会加剧混乱情况,本来评估人员受教育层级并不高,但是因为其从事对高校教育的评价工作,社会上不知情人士就会抬高其身价地位盲目信从其说的话,所以应该建立严格的教育评价行业的准入制度,每隔一段时间对专业评价人员进行审查和培训。

五、对不同层次的高校实行分类评估

由于目前国家能投入高校的资金数量有限,如果不对高校进行类别的划分,资金就不能有合理的使用方向,高校之间便采取不正当方式去争夺政府的款项,所以政府要做到对于学校内部情况非常了解,可以掌握每笔款项究竟适合于哪类学校。国家在进行改革的过程中意识到了高校分类的重要性,因此建立了专业队伍去各个高校内部考察,了解高校的教育历史,建立分类的标准,这样政府就能够保障资金使用是有效的,同时对高校进行评价的第三方机构也能够加深对高校的了解。目前我国高校教育是由政府和社会共同参与,所开办的学校类型比较多,我国各地区政府对于区域内的学校还会采取不同的政策,所以,如果不及时对高校类型和扶持标准做出统一规定,高校和社会都会产生不满情绪。

对高校进行分类的具体规则要服从国家文件的相关要求和高校内部的具体情况,如果不能将适配的教育资源分配于适合的学校,学校就会因为资金不足不能提供企业所需要的技术人员,学生也得不到公平的受教育环境,学校之间原本的差距就会被越拉越大。对高校进行划分的好处还可以避免高校都向同一种类型发展,那样其他方面的专业就会出现断层,对于这一专业的教学很难再延续下去,在高校分类的前期调查中还可以增加对高校民族特色专业的挖掘,带动学校招生人数的增长等等。在高校分类标准制定完毕后,对于理科类院校可以增加试验设备投入,对于文科类院校可以增加藏书投入,各有针对地发挥自己的长处使学校有更长远的发展前景。

第五章　我国高等教育质量评估体系改革与创新

根据学校办学的大小和直属部门层级的不同，对于高校进行划分时需要实地考察，了解不同高校是否有核心特色的教育课程，是否可列为民族特色学校，掌握高校是否是国家采取重点政策去培养的院校，是否是民间力量创办的小型院校等等。如果不考虑学校的大小和教师的能力水平，只考虑学校服务的对象，可以将高校分为职业类和普通教育类，职业类是针对企业的就业缺口，培养具有专业技术的实践型学生，普通教育类是学生学习其他的实践型不强的专业。在这个过程中如果政府不能将教育资金均衡地分配于各个学校，只依据办学场地规模来投入资金则会影响高校内部的运行秩序，不能真正发展平等的教育，导致高校之间教育成果会相差较大。

还可以根据学校对某一学科的精深程度、入学学生的文化层次和学校专业设置的类型，将学校分为某学科研究型大学、中等还是高等类的学校、侧重于文科类还是理科类的院校。第一种类型的学校主要是对于一个方面有比较多的学者聚集于此，学校这一学科本身就有历史研究记录，再通过学校的设备室和图书库对这一学科研究比较通透。第二类学校主要是根据学生年龄和文化层次对学生教授基本知识的同时，还要让学生学习技术操作。第三类是根据学校擅长的专业是偏向于哪方面，将处于同一大类中的专业聚集在一起，因为每一个专业想要学得精通都不是只学习一个门类就可以。对大学进行各种分类并不是要将高等院校排出贵贱等级，而是增加公众和政府对于大学内部的了解情况，可以根据分类的不同采取不同的评价和管理政策。

将各个高校根据不同的标准建立分类体系对于社会和教育评价机构开展工作来说都十分有利，各个高校之间教育基础、历史文化底蕴和发展方向本就不同，所以不能用相同的评价标准去衡量。对高校教育进行分类也能够促进国家政府对教育工作的有效管理，这样政府就能够根据对高校数据的统计，了解高校教育过程中的设备和资金需要，不会出现重复投入和缺设备却久久得不到解决的现象，能够增加高校对于政府的信赖度。同时根据高校教育分类的不同制定个性化评价标准，使教育评价的结果更具针对性，让高校能够根据评价结果制定自身的教育改进目标和长期建设方案，再结合高校的地区特色，就能形成与其他高校不同的特殊专业，增加在整个行业的教育吸引力。而且，在原来的评价标准下高校之间会不断攀比，最终培养的人都走向了同一种发展方向，各高校在发展的过程中逐渐没有什么区别。对高校进行教育分类能够使高校认清自己的定位,跟自己比较,不断提高自身的教育特色。

高度发达的社会分工和高速发展的现代化需要不同类型的人才。对各个高校定位和任务不同,在共同性评估指标体系下,不同类型的学校评估指标所占的权重应当适当调整,满足现实标准的需要。同时,进行高校分类评估能够帮助社会各界及时了解我国高校的发展情况,吸引社会资金和民间资金对高校的资金注入,引导社会企业对不同社会分工的高校人才的重视和培养。

六、将评估结果与财政拨款挂钩

如果不将第三方教育评价机构的评价结果与政府的教育投入资金相联系,高校在改进教育时就会缺乏动力。高等教育学校虽然有政府投入发展资金,但是政府的资金毕竟有限,而且一个地区内高校众多,政府每次拿出来的资金总数是一定的,所以高校如果想要额外发展一些教育项目引进教育设备也需要自己筹措一部分资金。目前我国高等教育院校的经费来源主要有政府专项资金、社会慈善机构捐款和成功企业家的捐款等,在一定程度上丰富了高校资金来源的渠道。对高校内部课程和专业进行改革是一个不断前进的过程,同样也应该将对高等教育的质量进行教育评价发展成一个长久的持续的教育行为。在之前政府没有介入高等教育活动的过程中,随着政府将资金投入高校,便开始了对高等院校教育过程和教育结果的干预,目前也要规划好政府投入资金的时间和数量,高校也要做好资金使用计划,将资金使用过程透明化。而且,在世界其他国家发展教育时都需要先对教育进行投入,投入的部门通常是与教育结果有很大影响的各方群体,他们希望通过为教育投入资金使教育的结果更符合其实际发展的需要。

我国高等学校更新学校内的教学设备、聘用教授级教师和学校内部行政管理的各项开销资金主要来自政府、教育慈善机构的捐款和企业的项目投入,在这几种资金来源中,政府对学校教育的教育投入是占大部分的,但是就国家每年对各种项目的投资总数来说,对学校的投入只是其中的一小部分,因为目前生产领域是能有效提高国家收入和人民生活水平的部分,所以国家的大部分资金会流入生产部门。在这种情况下如果政府投入学校的资金不能得到有效的利用,高校不能很好地改进教学方式,便会使得教育不能满足社会对于专业人才的需要。所以,高校目

第五章　我国高等教育质量评估体系改革与创新

前想要发展教育主要可以从两方面入手：一是为自身寻找新的教育改革经费的投入者，另一个是将有限的资金进行最大限度的使用。目前各国之中只有英国教育资金的使用最有效率，英国建立的资金使用制度具有很高的实用价值，其政府设立两个教育管理机构，针对学校教育类型的不同，投入不同的教育款项，其核心理念就是将涉及资金的项目根据一定标准分配到不同部门去管理，减少过程中的成本。

为了进一步提高拨款的使用效益，我国的高等教育评估事业应当按照"目标明确、分类考核、先易后难、稳步实施"的政策导向建立和公共财政相适应的科学的高等教育评估体系，引入以绩效评估为导向的公共资源配置方式。

2018年，中央对高校预算拨款制度进行了深入改革，改革的总体思路是：完善支持体系，突出高校职能；细化综合定额，体现办学差异；稳定专项投入，明确支持重点；增加绩效拨款，构建激励机制。这种通过评估来拨款的方式符合高等教育大众化趋势，在由高等教育精英教育向大众化教育过渡的重要时期，政府的这种拨款政策很好地处理了高等教育大众化和高等教育需求的矛盾。理想的绩效拨款在一定程度上将竞争机制引入到高等教育，借助市场竞争的手段进行有效的高等教育资源重组，在高校之间形成竞争态势，以达到优化资源配置、提高高等教育整体质量水平的目的。

第六章 我国高等教育质量监控体系改革与创新

教育部关于《普通高等学校本科教育教学审核评估实施方案（2021—2025年）》的通知中指出，要建立"问题清单"，严把高校正确办学方向，落实本科人才培养底线要求，提出改进发展意见，强化评估结果使用和督导复查，推动高校落实主体责任、建立持续改进机制，不断提升高校教育质量。高等教育教学质量监控体系的优化是一项全过程、多层面的伟大工程。只有紧跟时代发展，树立起牢固的质量意识和责任意识，全员参与、全程监督、全面发展，狠抓落实、循序渐进，才能推动高等教育教学质量监控体系的改革创新发展。

第一节 我国高等教育质量监控体系现状

通过在实践过程中不断探索、积累经验，各大高校都已建立起符合高等教育发展特点和需要的教育质量监控体系。高校教学信息及时反馈，教育体系相对完善，保证了高等院校能够培养出更优质的综合型人才。

一、高等院校教学质量监控的组织建设现状

根据我国目前的教育发展实际情况，可以将高校的教育质量监控体系分为三个层次：校级教学质量监控机构、学院（系）教学质量监控机

构、教研室。校级教学质量的监控机构主要由校长、指导委员会和教务处三者构成,是整个教学质量监控体系中的"核心"。它对学校开展的教育工作做出整体的把控和监督,制订相应的教学质量监控方案和措施,对各教学单位的教育质量展开科学合理的评估,也能够为师生在教学过程中遇到的问题提供咨询和帮助。在这个组成结构中,教务处是教学质量监控活动的主要行为机构,对教学工作监控起到了重要作用。

学院(系)教学质量监控机构由专业指导委员会、系主任以及教学主任等人员组成,是整个教学监控过程中的主体。其在监控过程中主要是对各专业的教学计划和安排进行检查,教学环节是否合理、教学计划是否完善、教材是否符合课程内容,还包括对教学计划和教学大纲的审核。教研室在监控环节中主要开展基础性工作,如检查各教学环节的过程和教学效果,搜集相关信息并给予及时反馈总结,开展各式各样的活动等。

我国高等院校的教学质量监控体系有以下几个特点:

第一,由于高校院校教学质量监控体系分为三个层次,因此传递教学信息所需时间较长。教学信息需要经历多个步骤传递给学生,在这些过程中,无法保证信息的准确性和时效性,也会影响教学质量监控的效果。

第二,在各大高等院校中,并未设立专门进行教学质量监控的相关组织,只是依附于教务处下设的一个科室。教学质量并未引起高校的足够重视,各教学单位也没有牢固树立主动监督和评估教学质量的意识,只是被动地按照教务处下发的文件和通知开展相关监控工作。

第三,多数高等院校在开展教育质量监控工作时并未将师生这两个重要角色涵盖在内。教学活动是教师和学生共同组成的,因此教学质量的监控也离不开教师和学生的参与。但实践情况是,教师和学生对于教学质量的重要作用并未充分发挥,监控效果也不明显。

第四,高等院校的教学质量监控大都实行"主管教学校长—教务处—学院(系)主管教学主任—教研室"的管理模式,形成了一个意向、封闭的监控模式,只能对相关信息完成一次性传递。

二、高等院校教学质量监控的制度建设现状

高等院校教学质量监控制度建设主要由常规性教学制度建设、教学督导制度建设以及教学信息反馈制度建设三部分组成。

(一)常规教学制度建设

常规的教学制度包括与教学要求和教学方式等方面相关的制度,主要起到规范高等院校教学形式的作用。目前我国高等院校的常规教学制度主要集中在教师的管理和教学的管理两个方面,并未涉及过多的评价体系和各类工作人员的职责问题。一部分高等院校虽然制定了相关完善的常规性教学制度,但并未充分发挥各部门之间的协调作用。高等院校的各职能部门主要职责是管理,各教学单位的主要职责是教学。因此,各职能部门所提出的相关意见和建议必须结合各教学单位的实际情况,而各教学单位在教学过程中遇到的困难和问题也应该参考各职能部门的意见解决。

(二)教学督导制度建设

由于教学督导工作在我国各高等院校实施开展的时间并不长,在社会快速发展的背景下,更应该不断加强教学督导的力度,这是完善高等教育质量监控体系的重要途径。要保证教学督导取得成效,就必须制定科学合理的教学督导制度。为了促进高等院校的教学质量不断提升,各高等院校都根据各自实际情况构建出了相对完善、具有特色的教学监督制度体系和规则。这些规则主要是以校规的形式呈现,包括教学督导的理论指导、工作目标、工作原则、督导方式以及教学督导员的选聘、职责和考核制度等各方面内容。通过建立健全督导体系,不断规范教学工作的开展,保证教学工作的质量和成效。部分高等院校的教学督导人员主要由学校的离退休教师担任,这些老教师教学经验丰富、对工作尽职尽责,但其采用的督导形式主要以听课为主,在各方面迅速发展的形势下显得较为单一。作为听课对象的年轻教师也会压力倍增,失去自信和动力。因此,在教学督导团队成员的组建上,可以吸纳更多的角色如行政人员、后勤工作人员、学生等参与进来。

(三)教学信息反馈制度建设

教学信息反馈制度对于提升高等院校的教学质量也起到举足轻重的作用。各大高等院校也对当前的教学反馈制度提高了关注度并不断加强和完善其制度建设。通过开展座谈会、反馈信箱和面对面交流等形式,使得高校对被评教师的教学工作开展、教学质量、教学过程等方面都有了相对全面的了解,并督促被评教师不断改进和提升,有效提高了教学质量和成效。此外,各校也充分利用现代信息化技术手段对信息进行全方位、多角度的搜集,并给予及时反馈,如时下流行的网上问卷测评等形式。但无论是采取传统常规的方式还是网络形式搜集信息,都必须要保证信息的真实性、可靠性,并对这些信息进行分析整理,及时反馈,将教学过程中存在的问题切实解决,不断提高教学质量。

三、高等院校教学质量监控的活动开展现状

目前各高等院校开展的教学质量监控活动形式多样、内容丰富,如教学检查、教学评议、课堂听课等活动形式。

（一）教学检查活动

高等院校的教学检查可以分为阶段性检查、随机性检查和针对性检查。其中,阶段性检查是指在教学学期过程中的检查,如期初、期中和期末检查。在实际的教学过程中,期初检查主要是针对各种教学活动的前期准备环节;期中检查的主要内容是各个部门和教学单位对教学计划和教学任务的完成情况,以及师生的活动表现、各种设施的配备情况和教学成效等的检查;期末检查主要针对二级单位对于学期教学任务的完成情况以及期末考试的组织情况。随机性检查是指事先不通知、随时到各个教学过程进行检查的形式。它具有一定的随机性,但目的性极强,并非随心所欲。随机性检查会按照学期不同时间的特点,结合高校自身情况开展各项检查工作。针对性检查是指针对某一项任务或者调研开展的检查工作,主要内容包括教学情况、教学实践活动、教学纪律、教师备课及反思、学生作业、试卷等内容的检查。为了确保各项检查工作落到实处,各高等院校也结合学校特点制定了检查制度,即应该如何开展检查工作,以此进一步提升教学质量。

（二）教学评议活动

高等院校教学评议活动包括教师的授课、学生的学习、学校的管理三个方面的评议。评议活动是监控教学质量的有效手段,促进教学质量监控体系的完善和发展,对其有着积极的作用。教学评议活动包括教师互评、教师自评以及学生评价等多种形式,这些活动主要由学校的教学

质量监控相关职责部门负责开展,也可以各教学单位自行组织;可以在一个学期的中期开展,也可以在期末开展教学评议。为了更好地完成教学评议活动,一些高等院校还设置了教学信息员、学生信息员。高等院校评议活动的结果分为优秀、良好、中等、合格、不合格,对评议结果优秀的教师及时表彰,不合格的教师也会受到相应的教育或惩罚。

(三)课堂听课活动

课堂听课活动在我国高校院校中极为普遍,是监控教学质量的重要手段之一,活动主体主要包括学校相关领导和对应的教师。开展听课活动,能够有效提升高等院校的教学质量。一方面,各校的听课活动丰富,在课堂或者训练场进行听课活动,通过对所听课程的评价进而了解实际教学的质量,能够有效加强教学管理,而且有助于检查理论和实践教学的效果。另一方面,课堂听课活动有利于帮助新任教师提高教学质量,为新任教师提供学习借鉴和观摩的机会。开展教师相互听课活动,能够让教师在听课过程中不断吸取听课对象的有效教学方法和经验。许多高等院校明确规定了教学质量督导的听课任务,包括次数、方式及评价标准等方面。针对不同的课程,设置不同的听课方式,因地制宜。

第二节 我国高等教育质量监控体系存在的问题及原因

一、高等院校教学质量监控标准存在的问题

我国高等院校的教学质量监控体系还存在着一系列问题,主要有以下三个方面:目标缺乏系统性、标准不一、职责不清。

(一)高等院校教学质量监控的目标缺乏系统性

在分析部分高校教学质量监控的目标后发现,许多高校设置的监控目标缺乏一定的系统性,主要表现在以下四个方面。第一,总目标与分目标之间没有相关性,关系尚未得到厘清,人力、财力及物力等物质资源没有得到合理的规划,无法统筹各个部门和教学单位开展教学质量监控工作。第二,目标不具体。总体上看,各校的教学质量监控目标都存

第六章　我国高等教育质量监控体系改革与创新

在形式化现象,监控工作浮于表面、流于形式,只是走过场,并未真正落到实处,获取到的信息无法保证其准确性,执行力不足。第三,目标分散。部分高校采取的依旧是传统的教学质量监控体系,注重知识的输入和输出,忽视了教学过程的监控。第四,目标缺乏系统性。由于没有系统的目标,高校的教学质量监控体系过分注重教学的监控,忽视了实践环节部分。

（二）高等院校教学质量监控的标准被异化

我国部分高等院校实际绩效管理,强调课程的评价体系,通过对教师进行评价,充分发挥评价的鉴定功能,并对评价对象进行量化和排名。这种做法并不符合教学质量监控体系的指导原则,将教学质量监控看作高校实施管理的工具,无法实现教学质量监控的诊断功能、激励功能、改进功能和导向功能,在一定程度上异化了高等院校教学质量的监控标准。如此一来,教师的发展也受到了阻碍,无法充分发挥教师的明辨能力,不利于教学质量的提高。

（三）高等院校教学质量监控的岗位职责标准模糊

为切实做好高等院校的教学质量监控工作,有关部门和人员必须按照责任义务严格落实相关工作,更好地开展相关监控活动,不断提高教师的积极性,提升教学质量。但实际情况是,高等院校制定的教学质量监控体系中的各人员岗位职责并未充分明确,没有遵循"全员、全过程、全方位"的基本原则。工作人员没有正确认识到自身的职责,只将教学监控活动局限于师生之间,无法促进教学质量监控的发展。教学质量监控工作本应贯穿于整个教学过程,但由于监控目标不明确,导致信息的搜集和反馈不及时,评教制度、评价制度等都不够完善,没有真正把教学质量监控活动落到实处,并且带有极强的主观性,难以将监控工作贯彻执行。

二、高等院校教学质量监控运行存在的问题

高等院校教学质量监控在运行过程中主要存在以下三个问题:学生参与度不高、信息运行机制不完善、监控反馈落实不足。

（一）学生参与程度较低

在我国高等院校的教学质量监控过程中，教师受到了足够的重视，但学生群体却一直没有充分参与到监控过程中。许多高等院校都认为，只要有了综合素质过硬的师资队伍，就能够有效提高教学质量。但教学质量的高低，其根本是用学生的全面发展作为衡量标准的。因此，教学质量的监控也应该充分考虑到学生在教学过程中的信息反馈作用。然而，许多高等院校都并未意识到这一点，无法实现高校的自查整改，走入了教学质量监控的误区。有部分院校虽然在教学质量监控的过程中融入了教师和学生，但在信息的反馈方面只集中在教师的教学设计和教学的完成程度方面，忽视了学生在教学监控过程中的自主性和积极性。事实上，高等院校教学质量的监控体系并未充分考虑到教师和学生在教学过程中所扮演的重要角色，没有充分调动师生的积极性。在进行相关制度的制定和活动开展时，没有详细规划，没有持续提升教学质量，无法提高教学质量监控的实效，进而无法提升高校教学质量。

（二）信息运行机制不完善

在开展教学质量监控相关活动的过程中，由于受到信息不对称的影响，搜集到的信息无法保证真实性，没有给予及时的反馈，造成了"监不能控""监而不控"现象频出。此外，教学质量监控搜集到的信息覆盖面小，信息过于片面，不具有代表性，没有对相关信息反馈引起足够重视。由于不完善的信息运行机制，造成了元监控（对教学质量监控的监控）不足。高等院校无法根据这些部分信息做出合理的判断和及时调整，是否符合自身的发展情况，是否是合理的监控流程，是否能够取得满意的监控效果等一系列问题都会严重阻碍教学质量监控体系的正常运作。

（三）监控的反馈落实不够

教学质量监控是为保证教学质量而开展的，能够更直观、全面地发现教学过程中存在的问题和困难。但部分高等院校的教学质量监控中的诸多反馈信息却流于形式。首先，学生在进行评教时，多数采取分数或者等级的形式，学生提出的一系列整改意见和建议都未真正出现在监控职能部门层级。其次，在进行搜集教学质量监控相关信息时，没有对信息进行分门别类,便将其直接传递给师生。因此,师生在接收到相关信息后,也无法科学地筛选出有用信息,甚至还会产生消极的影响,例如教师可能会认为评教分数低的学生不认可自己。与此同时,笼统的反馈信息使教师难以找出教学的薄弱环节,也就无法采取针对性较强的改进策略。

三、高等院校教学质量监控问题的成因

高等院校教学质量监控问题的成因主要有以下几点:高等院校教学质量监控缺乏先进的理念,教学质量监控失衡,教学质量监控缺乏长效发展机制。

(一)高等院校教学质量监控的理念落后

我国部分高等院校的教育质量受传统教育观念影响较大,没有因为高等院校教育的不断发展及时做出调整和完善,导致教学质量监控体系发展停滞不前,现象百出,主要表现在以下几个方面。第一,各高等院校普遍对教学质量监控的重视程度不够,只求其有,不求其质。有些高等院校仅仅开展了常规性的教学评价工作,而且评价程序欠缺规范性,评价方式缺乏多样性。教学评价体系系统性不足,缺少专门的信息处理手段,评价信息和数据缺乏准确性,无法充分发挥教学质量监控体系的作用。第二,教学质量监控并未真正履行"监控"任务,部分高校对教学质量监控体系的使用集中在"评价",而非"监控"。纵观各大高等院校的教学质量监控体系,主要集中在评价环节,并未正确起到监控作用。然而,监控真实有效,才能够对教学过程展开科学合理的评价。没有完善的监控制度体系,难以搜集准确、全面的信息,延长了信息处理的时间,教学评价的延续性受到破坏,无法实现常态化、制度化。第三,许多高等院校在设置教学质量监控体系时,盲目照搬其他学校的监控体系,没有充分结合自身的办学理念和特点,无法促进教学质量监控体系的发展,进而也无法实现教学质量的提升。

(二)高等院校教学质量监控存在缺位和失衡

我国高等院校教学质量的监控体系的缺位和失衡现象较为明显。缺位主要是指制度和机构的缺位。制度缺位指高等院校在制订教学质

量监控制度时,虽然结合了自身的实际情况,但在真正的实际过程中,相关部门和教学单位只停留在表面,应付检查之后便不再严格按照制度落实。在出现监控不力的现象时,也会受到各种人为因素的影响,没有采取"就事论事"而是"就人论事"的原则,将监控制度视为无物,无法保证制度的威严,规章制度沦为一纸空文,并未有效发挥制度的约束作用。另一方面,机构缺位主要是指各监控机构专业性不足,职能体系不健全、无法体现自身特色等实际问题。高校的各个监控职能部门没有清楚认识到各自的职责,没有充分发挥各自的作用。例如,各教学单位是教学基层单位,其教学过程的组织、教学计划和教学管理等方面在提升高等院校教学质量的过程中应发挥关键作用。建立学院(系)层面的教学质量监控和评价体系,能够对教学质量进行更加微观的监控和更加准确的评价。然而,实际情况是少有高校成立相关的教学质量监控和评价机构。

高等院校教学质量监控的"失衡"主要表现在以下几个方面:首先,过于重视理论教学的监控,缺乏实践教学的有效监控;其次,过于重视课堂教学的监控,缺乏对其他环节的监控,无法真正将教学检查落到实处;再次,过于重视监控教师,缺乏对学生的严格监控;最后,过分重视教学的水平和实际教学效果的监控,缺乏教学的综合素质和能力的监控。

(三)高等院校教学质量监控缺乏长效机制

高等院校教学质量监控长效机制的缺乏主要分为职责分工不明和效果反馈滞后两个方面。在职责分工上,高等院校的教学质量监控相关部门没有认清教学质量监控的各种职责,没有摆正作为监控人员的位置。相关工作人员日常工作烦琐,没有过多时间开展教学质量监控工作和相关研究。许多管理人员还保留着传统的教学观念,认为教学质量的高低是由教师决定的,作为管理人员只是辅助教师开展教学活动。这种旧有的观念也让相关管理人员在开展教学质量监控活动时过于懈怠。管理人员在教学质量监控过程中的职责履行会受到其知识水平、教学观念和综合素质的综合影响。此外,学校与各基层教学单位的关系也没有得到充分的厘清,没有呈现出各教学单位的独立性和自主性。许多高等院校在开展教学质量监控活动时,既采取了宏观手段,又从微观层面对各单位的教学过程加以干涉,无法充分发挥各基层单位的自主性和积极性,严重阻碍了各单位教学质量监控活动的开展,也无法促进教学质量的提升。

高等院校教学质量监控效果反馈的滞后主要表现在存在的问题上,没有对出现的问题进行及时反馈、验证和解决,导致旧有的问题频繁发生。高等院校的教学质量体系在监控教学时只停留在发现问题环节,没有对问题产生的原因进行深入探讨,更没有探索解决问题的有效途径。不但没有及时反馈问题,使问题延续周期较长,而且缺乏对问题的跟踪验证,甚至将问题束之高阁。此外,高等院校对教学质量监控中存在的问题也没有采取科学合适的解决方法,没有将问题具体落实到单位和个人,难以追究相关责任。由此导致教学质量监控的效果不明显,随着高等院校日常事务的开展,对教学质量监控活动的重视程度也在逐渐降低。

第三节 我国高等教育质量监控体系改革与创新

高等院校教学质量监控体系的优化过程是一项全方位、多层次的系统性工程。要推进高等院校教学质量监控体系的不断发展,只有与时俱进,牢固树立起发展进步的创新意识,形成"全员参与、全程覆盖、全方位育人"的教育模式,由浅入深,循序渐进。

一、把握教学质量监控核心理念

把握好教学质量监控的核心理念,关键是要树立牢固的质量意识。构建高等院校教学质量监控体系的终极目标是要不断提升人才培养的质量,体系中的各个环节和方面都要根据这个目标展开。在运行高等院校教学质量监控体系时,要对体系中出现的问题和现象不断反思,积累经验和教育,及时发现问题并做出正确调整。此外,构建高等院校教学质量体系也要将人才培养的质量和效益有机结合起来,以学生、家长和企业的就业满意度作为参考,检验教学质量监控体系是否真实可靠。

其次是要明确教学质量监控的目标和标准。在开展高等院校教学质量监控活动时,相关部门的管理人员都要对各自的职责有准确的定位和明确的目标。高等院校可以按照现有的教育相关制度和理念,结合自身的特点有针对性地制定出教学质量监控的总目标和各个分目标,并将各个目标落实到各个职能部门。高等院校要进一步把各部门的工作职责和制度规划清楚,以免引起不必要的资源浪费。此外,高等院校在开展教学质量监控活动时,必须要有清晰的标准,包括动态标准和静态标准。动态标准主要体现在活动开展的过程中,静态标准主要体现在活动的结果上。比如在对学生进行监控时,目标体系既要涵盖学生对教学的满意度,也要将教学育人的成效包括在内。标准除了要有稳定性之外,也要对其及时调整和完善。在完成一个监控周期后,要根据监控结果所体现出的问题及时地对监控标准做出调整。

最后要制定规则和不断创新。规则主要是指高等院校在教学质量监控体系的构建过程当中,要按照一定的规则对各项工作的流程和要求提出明确要求。要不断推进教学质量监控活动的开展,在全体教职工人员和学生群体当中牢固树立起规则意识,要求其以规则作为行动引领,所开展的一系列相关工作都要以此规则为前进标准。创新是指高等院校要不断对自身的教学质量监控体系进行创新性的改进,在结合自身特点和借鉴其他高校的有效经验的基础上,不断完善自身的监控体系,在校内成立专门的教学质量监督组织。因此,高等院校在构建监控体系时,不能盲目照搬其他高校,要充分结合自身的办理理念和实际特点,以问题为导向,在遵守相关规则和发展规律的情况下,对监控体系不断地进行创新和完善。

二、提升教学质量管理的信息化水平

目前现代信息技术蓬勃发展,给各行各业都带来了实质性的影响。教学质量监控也要充分与现代信息技术有机结合起来,通过相关技术手段对信息进行科学的搜集和分析,不断提高监控成效。因此,高等院校在进行教学质量监控时,也要不断提高教学设施的信息化水平,结合学校特点努力构建人才培养的数据采集和管理平台。数据采集与管理平台是体现高等院校人才培养实效的重要标准,能够将高等院校的办学情况和人才培养效果直观、全面地展示在大众眼前,学校能够更全面地掌握每个学生的就业情况,为高等院校监控教学效果提供了坚实的基础。

促进高等院校的人才培养数据采集与管理平台的建设,充分体现人才培养数据信息对教学质量监控的积极促进作用,主要可以从以下方面进行。其一,高等院校要不断对人才培养信息系统进行调整和完善,及时更新相关数据,确保数据的准确性和时效性,教学主管部门系统的相关数据和校内平台的人才数据需要保持一致。因此,要努力组建一支高水平的信息人才队伍,为学校开发出人才培养数据系统,同时要结合自身的实际情况,不断完善系统功能,及时整理、补充、完善相关数据,构建起科学合理的质量预警体系,将影响人才质量的不利因素减到最少。其二,高等院校要不断优化和完善信息的搜集方式,制定科学有效的信息搜集制度,努力从数据源头采集第一手数据。构建人才数据库,从原有的走过场的数据采集形式逐渐转变为主动采集并持续完善,从容应对数据的缺陷和不足。此外,要结合实际情况制定出科学有效的数据处理制度,对搜集到的数据进行科学正确的分析和整理并不断改进,对各教学单位的人才培养效果做出科学客观的评价,形成"实时、动态、共享"的数据评价体系,不断促进教学质量监控体系的发展,切实提高教学质量。

三、培育现代高等职业教育质量文化

在实际的教学实践中形成,学校所有成员普遍认同,科学稳定的群体意识、目标、标准和评价体系所形成的集合,称为高等职业教育质量文化。高等职业教育质量文化的发展已经逐渐成为高等院校教学质量监控体系的一个重要方向。高等职业教育的质量文化呈现出"金字塔"结构,从上到下主要是:精神文化、制度文化、行为文化和物质文化。因此,要培养出高质量的高等职业教育文化需要重点从以下四个方面着手。

首先,构建物质文化。高等院校的物质文化层面涵盖范围广,具有职业指向,主要分为校园设施文化和校园环境文化,体现出学校的办学理念和综合水平。校园的设施文化主要指学校的各类建筑、楼宇、装饰等,环境文化是指学校的生态环境、资源以及合格发展等方面文化。校园的设施文化和环境文化都对高等院校的教学质量监控和人才培养起着积极的影响作用。

其次,打造行为文化。高等院校的行为文化主要指各类活动,包括教学活动、课外活动、社会活动等形式。行为文化体现着学校的文化氛

围和人文风貌。

再次,凝练制度文化。制度文化能够约束高等院校的管理,使其不断趋于标准和规范。高等院校的制度主要包括各类组织运行机制和管理体系,是文化建设的重要组成部分。

最后,弘扬精神文化。精神文化作为文化建设的核心,具有一定的隐现性,主要是指各种形态观念和心理建设。对于高等院校来说,精神文化的具体化形成了校风,精神文化的核心则是校训。因此,要不断传承和发扬学校的精神文化,明确学校文化建设的根本目标,找准关键,通过文化熏陶不断将人才培养的目标落到实处。

第七章 我国高等教育质量保障体系的改革与创新

现阶段,我国高等教育治理体系仍在不断完善,尽管国内外的专家学者都对高等教育进行了理论研究和探索,但是在使用这些研究成果时,我国高校不能采用"拿来主义",而是要学会具体问题具体分析,单纯的套用是不可取的。要想构建一套完整的高等教育质量保障体系,就需要政府的引导和支持,高校自身的完善和改革,社会以及专业机构的完善和发展,这样才能牵动教育过程的各个利益体进行整合,完善教育的检测过程。我国目前对高等教育的重视程度逐渐加深,在教育领域也在实行管理体制改革,国内的各个行业都在不断进步和发展,进入了攻坚阶段。因此,高等教育质量保障体系的改革和创新对推动社会进步具有重要的意义。

第一节 我国高等教育质量保障体系现状

一、现行高等教育质量保障体系的基本特征

在高等教育质量的历史研究中,高等教育质量体系以保障主体为主要方面,同时设立保障的目标以及与主体对应的保障客体。针对这种情况,我国教育专家也对我国高等教育质量体系进行了系统研究,将其主要研究结果归纳于以下几方面。

(一)中央孤军奋战,地方政府、评估机构及社会参与不够

关于高等教育的保障机制,我国传统是以政府为主,由政府统一拨

教育款项,设计整体教学任务,教学效果的评估也主要由政府部门监测。对此贺祖斌、沈玉顺提出,由政府一个部门进行的评估是可以及时调整政府教育政策,但是由于目前高等教育学校类型丰富、私立公立学校并存的情况,有些情况这种单一的评估方式无法适应:一是由政府独立监测教育成果,检测方式单一,无法适应多元化的市场需求;二是评估对象根据政府评估结果对自身教育模式做出改革,缺乏个性化发展特点,千篇一律,各个高校的发展模式趋同;三是评估方式多为考试,缺乏对学生实践能力的检测,高校发展与市场需求脱节;四是政府评估结果是针对各个高校整体而言的,缺乏针对性。因此,这种政府性评估的弊端无法在这种模式下解决,持续地使高等教育远离市场经济需求。

目前,我国高等教育质量保障组织不健全,运行起来不便利,不能及时监测评估教育水平。随着最近几年政府教育政策的变化,将高校办学自主权下移给学校本身,政府革新了评估体制,政府官方与民间组织合作建立评估机构。目前我国评估机构众多,但相比于其他的评估组织机构来说,民间评估机构的影响较小,很难收到政府委托的评估项目。同时,我国的高等教育质量保障评估机构只初步成立,自身仍处在不断发展和完善阶段,代表公共利益开展大学排行也在不断探索中。目前,代表高等教育机构的社会团体评估机构也不断发展壮大,使得我国的高等教育质量保障机构的发展出现了新局面,政府与社会建立联合保障机构,政府、社会和高校相结合,建立全面立体的评估体系。综上所述,要想推动我国高等教育快速发展,首先就要完善与改进高等教育保障评估机构和组织。

(二)强调评估整齐划一,缺乏多样化的质量标准及功能发挥

在具体保障过程中,我国高等教育全靠政府监督,其在教育方向上具有高度的威信力。在之前颁布的关于教育评估的规定中,明确说到,高等教育最终要服务于市场经济需要,要加强社会与学校之间的联系,以实际需要为标准提升教育质量。但是政府作为唯一评估主体,其评估标准多带有政府意志和价值观,评估的真正目的是适应社会发展的需要,社会各界更需要参与到评估之中,让多元评价主体对高校教育质量进行评价、监督,这样才能让评价结果更为准确,让高校得到优质发展,以提升办学质量。

为了推动高等教育发展,提高高等教育的水平,我国制定了"以评

第七章 我国高等教育质量保障体系的改革与创新

促建、以评促改、以评促管、评建结合、重在建设"的方针,这一方针是在开展本科教学工作水平评估时提出的,明确了质量保障的发展目标,并取得了一定的成果。但事实上,这种保障目标只是对高等教育的片面的认识,政府部门要不断完善管理体系,在扩大教育规模的同时注重质量的提升。以往政府部门在制定评估方案时存在以下的不足:第一点,政府的权力过大,政府拥有着绝对权威和行政管理色彩,没有加强与社会和高校的联系,没有真正做到听取意见,做到简政放权;第二点,将教育发展方向与外部机构的监测评估结果直接关联,高校自身的监测评估部门不健全;第三点,评估标准固定化问题,由于我国有几百所高等院校,每所院校都有自身的优势和特点,而将评估标准固定明确后,高校为了达到标准,牺牲自身的优势和特点去迎合评估标准,从而忽视了自身的办学特色。

根据目前的高校教育质量评估体系来看,存在着教育质量监测标准不全面的问题,为了纠正这一问题,我国学者进行了许多探索,提出应该制定明确的质量标准要求。季平曾经提出我国目前对高等教育质量标准的研究还没有深入到一定程度,无法看清其本质,所以评估质量标准不一的问题持续存在,也导致高校办学理念和办学定位与主流教育理念出现偏差。加之在政府各部门间、政府与高校间存在着质量保障体系建设的地位、目标、职能模糊以及责任界限不明确、责任重复等问题。同时,现阶段我国在高等教育评估实践中也存在评价质量标准单一的问题,这就无法明确利益主体的需求。教育质量保障体系本身具有证明高校教育质量、对监测结果进行反馈和对最新教育理念进行结合预测的功能,但是在如今市场环境下,这些功能并没有被全部发掘出来,作为其评价主体的政府部门也不能完全发挥作用,不能正确利用评估方法。过分强调评估的结果和等级,只会阻碍我国高等教育质量的提高,监督功能和鉴定功能被过度放大,这使我国教育质量评估体系功能被严重弱化。

(三)评估侧重学校管理工作,对教学过程及分类指导关注不够

高等教育究竟是针对哪一方面来说,传统意义上我国一直用自身来规范高等教育,这会出现高校不注重其他问题和环节的发展。但事实上高等教育质量是由多个方面和环节决定的,高校自身教育组织的建立、课堂教学进度安排、各学科专业的设置等,这些部门内容和环节都要提

高质量才能真正做到高等教育质量保障体系的完善和进步。与此相关的是，在以前的高等教育的质量评估中，存在以下几方面的问题：第一点，针对不同等级的高校有不同的评估标准，并不注重各学校是否具有特色学科以及教学效果；第二点，评估的制定标准落后，没有对学生的学习状况和学习产出进行评估，评估过程中参与的主体较小，教师、学生以及社会人士的参与度较低；第三点，各个学校间的评估标准是固定的，这就导致各个院校缺乏了特色和优势，评估的标准和风格过于一致，缺少分类评估和分类指导；第四点，现阶段我国已经对高校教学学科进行专业化要求，对检测的高校类别也逐步扩大，在机械化领域和医学教育领域也进行了试点评估，但是在总体学科、专业领域上没有明确的评估标准和认证，这就说明，我国高等教育质量保障体系还不完善，质量评估体系存在着一些弊端，如发展不平衡、不充分的问题。

虽然国务院《关于中国教育改革与发展纲要的实施意见》中明确指出"不同类型、不同层次的高等院校应有不同的发展目标和重点，办出各自的特色"，但是政府对于高校教育质量的管控具有权威性和导向性，因此，在对高校教育质量进行评估时运用到的方法和标准具有同一性和统一性，这就会造成高校为了满足政府的评价标准而忽视自身的特色。如果这种高校教育评估的标准一直制约着高校的发展，高校就会在这种评估中失去自身的特色，在发展方向和专业设置上的特点就会逐渐消失，各大高校就会逐渐走向趋同。现阶段的高校教育评估的主要对象就是政府举办的高校，教育评估很少对民办院校或者独立院校进行评估，但事实上，这些高校办学不是在政府的监督领导下进行，所以更需要进行监测评估，这些高校的教学质量才更需要被关注，所以要加强对这类高校的评估，在教育质量和教学环境等方面加强管控。另一方面，评估标准的统一化影响着教育质量的多样化，其中存在着两个问题：第一点，质量观念片面化。在高校教育评估的标准中，教学的规模和教学的环境以及培养出的人才成了一项重要的标准，这样反而忽视了高校在社会中的影响、社会地位、政治环境、文化发展趋势，教育能否满足人们的需求以及教育内容是否符合社会发展的需求反而被忽略了，这些条件都应该成为高校教育质量评估的影响因素。第二点，对于教育质量的标准设置得过高，如果教育质量的标准是以精英高校的教学质量为标准来进行评估的，这就会导致各大高校逐渐趋同，出现教育质量标准同一化现象。

第七章 我国高等教育质量保障体系的改革与创新

(四)行政性评估比较盛行,未形成多样化评价体系及评估制度

关于如何进行评估的问题,由于评估主体不同,评估方式和角度也不同,在现今我国教育发展的情况中,评估主体仍是政府,政府主要采用控制高校教育经费投入额度、教育政策发展方向、投入各高校的新型教育设备的方法来确保高校教育的发展质量。在实际评估过程中,我国高等教育评价模式行政性强,体现政府意志,没有各个专业和领域的共同审核标准,不具备学术行业质量检测的专业性。通过上面我们可以看出,我国在高等教育保障方法和手段方面还比较单一,因此促进政府转变评价方式、强化评估手段势在必行。

在政府部门对高等教育质量评估方法改进的过程中,要注意不能再强调单一部门的评估,针对这一现象,贺祖斌提出了几个问题:一是评估对象仅能依据评估结果对教育模式做出改变,缺乏高校自身的思考。政府教育部门确立哪个高校作为评估对象以后,这个高校自身只需等待评估,没有自己设计完整评估过程的活动,在政府的监测评估活动中完全处于被动状态,缺乏高校自身关于质量评估的积极思考。评估的过程中被评估的对象一直处于被动地位。二是,评估活动的封闭性,导致了高等院校和社会的隔离。推行评估过程以"政府—学校—政府"的运行模式,这个评估的过程是由政府开展,行政部门进行监测评估,行政部门拥有评估结果的解释权和处理权,这种教育质量评估体系不利于将高校的真实的、精准的信息进行传递,阻碍了社会和高校的交流与互动。相反,强化了高校对政府的依赖,隔离了高校与社会的关系。三是,评估结果完全掌握于政府手中,政府对质量评估标准具有绝对权威性,极大程度地削弱了高等院校自主办课程的积极性,而且政府在教育质量评估中的标准具有一定的随意性,而且在对教育质量评估的结果中缺少公正性、公平性以及公开性,这也在一定程度上弱化了高校自主办学的积极性。

随着社会力量融入高等教育发展,目前高等教育质量评估体系产生了不同的评估主体,其评估体系相对应可以划分为以下几方面:由政府独立进行评估、由高校自身制定标准完成评估过程和政府高校社会三家合作的社会性评估等新型评估方式。这种多元主体参与高等教育质量评估的情况下,也有一定的问题:第一,放权给高校,但高校质量评估体系尚未健全,质量评估标准也不统一,高校主体的随意性较大,自我约

束控制能力差,导致评估结果没有信服力;第二,在我国高等教育发展历史中,社会力量极少参与高校教育发展,所以在教育质量保障体系中缺少社会评估部分,社会参与性不强,忽视了市场需求对教育的导向作用;第三,高校自身完成教育质量评价之后,政府部门没有检测标准和激励制度,应该对高校检测结果进行复查或对教学质量较高的学校进行财政拨款奖励或增加其专业认证和职业资格审核等;第四,没有形成一套完整的高等教育质量保障体系,国家、地方、高校以及社会间的联系较弱,没有形成相互影响的立体化监控体系。在评估制度发展建设的过程中,各级学位类院级评估、专业专科内部学术评估、高校学者和科研人员评估等评估方式之间相互独立,各自有各自的评价标准,无法互相结合参考评估结果,并且上面所述各类评估与高校自身监测教学状态的评估、作业和课堂完成效率的评估等评估机制也没有联系,要想从整体上看出高校教育质量如何,各种衡量教育的指标需要联系在一起进行综合分析。

综上所述,针对我国高等教育质量保障出现的问题,我国开始建立完整的质量保障体系。这一时期国际上也在进行教育质量保障体系改革,我国紧跟时代步伐及时做出改变。虽然在政府主导下,新的质量保障政策有效落实,但关于组织制度建设还有明显空缺,顶层领导有一定的缺失,领导没有做到集中和完善,组织机构分散,在体制机制等问题上没有进行创新和发展。

二、各类高等教育质量保障机构的行为特征及存在问题

从世界各国改进高等教育质量保障的经验中,我们可以发现质量保障的主体永远不可能是一个部门或机构,保障的组织也是多类型的,主要有以下几种:行政性主管部门、专业性评估机构以及社会性相关组织。将组织结构进行分类能够有效地明确各个组织部门的责任和义务,有效监测教评双方在教学活动过程中的行为。因为涉及教学活动中的各个主体其本身的社会义务不一,各个主体的特征和功能作用也不相同,所以要明确各个主体的地位和责任才能推动高等教育质量保障体系得到完善,相反,主体内部的角色和责任出现混乱时,高等教育体系就无法运行,各个组织部门不能配合完成相应任务。

第七章　我国高等教育质量保障体系的改革与创新

（一）行政性主管部门的行为特征及存在问题

在传统的经济模式下,政府主导高等教育的一切发展情况,在当时关于高等教育还有相应法律对政府的权威性做出保障,明确只有处于政府监督下,高等教育才能继续前进,因此政府教育行政机构成为教育评估的唯一主体,社会和高校自身都没有进入高等教育评价体系内部,政府此时既是评估主体也是责任主体。

1. 行政性主管部门的行为特征

一是采用各种行政手段凸显政府质量管理的强制性。现阶段我国对于高等教育质量保障体系实行的是集权管理,仍由政府作为质量保障体系的主体,但也在进行政府的功能性转变,将政府的评估权力还给高校自身和社会,在实际操作的过程中一些重要的教育质量监督标准和管理条例依然要由政府规定和管理,即使是承诺给予高校更多的自主权,但实际上管理体制就决定了政府的管理依旧是主体地位,对高等教育仍然进行着统一的管理。随着高等教育大众化的进程加快,政府与教育部门也制定了新的举措,如扩大学院型高校办学规模,将其晋升为专业型大学;对教育质量进行定期评估等。为了保证高等院校能够顺利建设学校,推动教育事业发展,在全国都进行了多层次、多类型的评估。而且,在政府的领导下我国建设了评估制度和专业的评价机构,这些部门真正提高了高校办学的质量和教学能力。虽然我国高等教育已经发展到一定水平,但是在这一过程中政府仍是其中权威性、强制性和垄断性的代表。

二是对于现阶段我国高等教育评估来说,虽然教育质量保障的评估方式已经多元化,但政府评估仍是检测教育质量的重要评估方式。政府评估的内容主要包括:高校硕士学位和研究生学位资格监测、全日制大学本科阶段教学内容的评估、针对最近几年新兴起的职业教育进行专门的职业技术水平评估等,这几部分评估还要听从于政府部门管理。目前,主要进行教育评估工作的教育部门根据各自工作分工可分为:专管本科教育的教育评估部门即高等教育司,管理硕士和研究生教育与学位的部门即学位管理与研究生教育司。这几个部门分开运行,各自有自身的责任和义务,这些部门也都建立了自身的评估组织,建立专门的"评估专家委员会"对评估结果进行分析和审议,评估结果经过审议后还需要上报给政府,由政府对他们的监测评估结果做最终裁定。虽然建立了许多教育评估机构和专家团队,但是政府仍然是评估结果的审批者,最终的权力依旧掌握在政府手里,政府会根据实际情况对评估结果进行干预。同理,进行高等高专教育评估的既有政府部门也有地方机构,二者合作管理本科教育,教育部针对目前的职业教育形式成立了职业和成人教育司,主要负责制定教育质量评估方案和评价标准,具体实施由省级教育行政部门进行落实。例如,在上海、江苏等经济较发达的城市会建立专业性极强的教育评估机构,地方教育部门也参与其中,共同完成保障高等教育质量的任务。所以在实际教育监测评估过程中,还是以两级政府为引导,专业评估机构要帮助评估机制实施,但是社会组织很难参与到评估工作实施中,评估主体多元化受到了限制。

三是动态的教育评估体系使政府教育部门对高校教学活动的控制力不断增加,缺乏常态化管理机制和评估制度建设。

2. 行政性主管部门存在的问题

结合世界高等教育质量评估体系的发展历史,可以发现政府始终处于评估体系的核心地位。无论其他教育评估机构的评估方法如何,评估标准始终是以政府制定的标准为主,政府权威性地位依然存在。这种评估模式影响政府机构部门的变革,同时也阻碍专业的教育质量评估机构的发展和社会力量参与高等教育发展,使高校缺乏自主管理权,具体来看是:

一是政府身上所系权力过多,不仅管理高等院校的发展情况,还要对高等教育质量做出评估检测,使其他主体对于高等教育管理的权力下降。自从人们开始重视教育,教育行业开始快速发展,顺应计划经济的影响,政府不仅主管经济,还主管高等教育发展,政府成为真正意义上的高校领导者和质量评价者,这种高等教育管理模式阻碍中国教育质量保障体系的改革。加之,政府部门的权利过于集中,行政控制力较强,学校很难真正做到自主办学,学校的权力被弱化,政府权力过大会导致教育体制无法进行改革和创新,阻碍了高校与社会的联系和互动,降低了社会专业人士参与教育改革的热情,使高校无法全面认识到自身教育模式的问题。这种以政府为主体的评估体系是单一化的,阻碍了市场和社会进入高校活动当中,阻碍了高校与社会各界各企业间建立联系与合作,阻碍了高校内部质量保障体系的建立和完善,不利于社会对高校进

第七章　我国高等教育质量保障体系的改革与创新

行监督,削弱了社会和企业帮助高校进行建设和交流的积极性。这种政府集权的管理体系既阻碍了高校自身的发展和进步,也阻碍了高校与社会各界的联系和交流,不利于构建政府、高校和社会的新型关系。所以政府要积极推行简政放权政策,不断强化高校的自主办学权力,让高校对于自身教育情况有一定的发言权,可以不通过其他外设的评估机构就能了解高校自身教育活动中存在的问题。

二是政府下属各个部门各司其职,各个机构相互独立,而教育质量评估类型众多,每个部门采取不同标准评价高校教育发展情况使学校难以应对。在《高等教育法》中,明确教育质量评估的法律依据,规定唯一的教育质量评估主体是政府,这部法律的出现解决了一部分政府评估机构职能重合的问题。随着我国教育教学理念不断更新,各个学科向更深领域拓展,专业设置更加细化,为了大幅度提升高等教育质量的发展,教育部和各级院校设置教学委员会和教学质量检测委员会等,对学科的专业性和教育教学风气进行评估,促进了高校教育事业的前进。但由于评估机构设置过多,会出现一定的评估乱的问题。目前对高校教育主要进行以下几方面评估:学科专业性、实验室建设条件、校风学风、学校校园环境等,这些评估种类过多且有重复的评估。所谓的"乱",就是评估的规则和标准没有得到统一,各部门的协调工作不到位。各个教育行政部门都有权力进行评估,但是由于各个部门组织的评估标准不同,评估的结果也会存在冲突,也就会出现基层工作得不到良好的处理。而且一些评估标准和规则都是由行政部门组织专家进行研究来制定的,这些评估标准都带有一定的个人情感和偏好,不一定具备专业的教育培养要求,阻碍高校教育走向高质量发展。评估的"随意"是评估主体对评估对象进行检测时没有经历完整的评估流程,没有科学理论作为依托,评估带有个人主观意志,这种评估方式阻碍了政府评估机构的基层分级管理和高校的自主教育权利。

三是在法律上政府仍是教育质量评价的唯一主体,由政府组织建立教育评估部门不利于政府改变职能发展方向。政府过度的集权导致评估权力被垄断,评估带有一定的行政管制色彩,评估专业机构和社会其他部门组织在评估中的地位较低、作用较小。而且,政府对评估过程和结果有直接管控的权力,政府对评估的管控直接体现了自身的意志,并且会通过评估标准、规则对高校进行一定的管控和制约。政府的评估涉及很多方面,如课程设置是否符合各专业发展要求、学校申办建立的程序是否合法、毕业生是否全部符合就业岗位需要等。这些在评估考核时都会影响评估结果,这些标准过于刚性,就使对高校教育质量的评估出现不科学、不合理的问题。所以评估机构也是帮助政府管理高校的部门,目前我国以政府为主导的评估方式在相当长的一段时间内不能改变,这就会导致一些高校为了达到标准而忽视自身特点和优势,增加了办学压力,事务性工作过多,而且,政府在宏观管控上的管理范围加大了,管理不到位,而微观管理过于繁杂。政府一般只和机构规模较大的评估单位合作,小型的评估机构即使政府将任务派发给这些机构,但其自身能力不足,也很难独立开展评估活动。这就是由于自身能力的不足,阻碍了专业评估机构的发展,自身的评估地位和评估能力无法得到提高。

(二)专业性评估机构的行为特征及存在问题

1. 专业性评估机构的行为特征

以评估高校专业性理论知识教育能力为主的学术型评估机构为例,主要有以下几个特点:一是评估机构独立设置。学术型评估机构由政府部门统一建立,以一个高等院校为主要评估对象,这种评估机构日常运营经费充足,是由官方设立,同时社会力量加入,评估机构具有中介性,其评估人员也不一定具有正式在编资格,但人们非常信任学术型评估机构的评估结果,这些组织部门具有较强的公平性。二是服务面向比较灵活。这些依托学术型评估机构能够获得政府委托的评估任务,自身的优势便于评估活动的开展,而且自身也有专业的水平和能力,可以向社会和高校提供有偿的评价服务,并且这些组织机构自身仍在不断发展和完善,能根据国家教育政策的变化随时调整评估方式。三是评估活动对于评估机构的专业性要求高。专业性评估机构的人员自身具有专业的知识和能力,是一支专业的、科学的评估队伍,能够根据专业的评估知识和技能对高校进行评估,并且,这些组织机构对高校的特点和发展优势更了解,能够科学地做出评估,结果更切合实际。

以评估高校是否满足就业市场需要的评估机构是市场型评估机构,它的主要特点,一是处于高校与社会之间,有着连接二者的中介作用。这类评估机构不同于学术性评估机构,主要由民政部门建立,整个机构运行过程中经费独立、法人独立,机构性质属非官方性。二是这类机构

第七章 我国高等教育质量保障体系的改革与创新

需要结合市场就业形势,信息收集相对困难。这类评估机构虽然是随着市场需求产生的,但是目前高校和社会没有完全自主性质的评估需求。在实施情况中只能通过关系和公关等互动,从政府的手中获得一些项目,帮助政府做好基础性工作,还有就是只能获得一些社会中不重要的、不受重视的评估项目。三是评估机构发展规模小,接受业务的能力弱以及自身经济基础较差,所以聘用专业评估人员的人数较少,并且由于当下前景发展不好,很难留住高等评估人才,在正规大型的评估项目中也很难聘请到评估专家。综上所述,这类评估机构自身的发展问题很难得到保障,处于发展的困境中。

2. 专业性评估机构存在的问题

尽管我国高等教育评估机构在当前有了良好的发展和进步,但是在总体上这与我国建立健全高等教育质量保障评估体系的目标存在着很大的差距。吴启迪认为,评估专业机构存在的问题主要有:第一点,独立性不强。专业性评估的隶属关系、项目委托以及经费来源等问题都会影响到专业评估的标准。现阶段行政部门对评估机构的影响很大,自身缺少独立性。第二点,专业性不强。评估机构自身的管理不足,专业人员较少,专业知识、专业素质较低,评估队伍力量较弱,评估理论、评估技术不完善,对于评估方案、评估标准、评估方法等都会产生影响,而且一些评估机构在评估活动中担任着管理者或服务者,这也是政府部门不能将评估工作完全交给评估机构的原因。第三点,职能发挥不足。在一些评估机构活动中,仍然依据着专家的标准,缺乏自身的专业标准和专业手段,很难制定出一套完整的、科学的评估报告。综上所述,评估机构很难发挥自身的作用,在专业性和不可替代性上存在着一定的问题。

(三)社会性其他组织发展及存在问题

在国家规定的评估体系中,政府始终处于中心地位,政府建立的评估机构在质量保障体系中发挥主要作用。随着政策改革高校和市场力量加入评估体系,几方力量一起对高等教育质量保障进行系统评估。但在实际的质量评估过程中,社会性的评估机构还存在以下问题。

1. 社会组织的参与度严重不足

随着国家政策对政府的要求逐渐变化,政府开始放权于下层组织部门,使社会力量与政府融合共同建立评估机构。高校在自主权力扩大之后,教育发展方向需要结合市场社会的实际需求,提高高校办学质量和行业自律管理能力。社会要对高校提出自主办学的要求和质量标准,高校自主办学也要符合社会经济发展的需求,紧随社会发展进步的脚步,加强高校和社会各界的教育互动和教育合作,借鉴国外教育机构的卓越成果。在社会经济持续增长的形势下,我国对社会上的评估组织机构的重视度以及认同度不高,尽管成立了专业的评估机构,但在学术型、行业型、科学型上等知识和能力上存在欠缺,能够做到这些要求的评估机构较少。但事实上,政府组织的评估机构项目中,缺乏社会各个领域和行业的专业评估人才参与到评估项目中。这与建设服务型政府要求,以及与《教育规划纲要》中提出的"积极发挥行业协会、专业学会等各类社会组织在教育公共治理中的作用"有较大的反差[①]。

2. 专业评估和认证处于分散状态

在政府开始将评估权力放给高校自身和社会时,出现了各种类型的评估机构,这些评估机构没有统一的办事条例,其评估标准不具备专业性,评估结果还存在一定问题。近几年政府针对这种现象,重新制定专业的评估标准和认证文件,并派遣相关专业学术团队加入各个评估机构开始评估试点,最先采取这种政策的专业是理科机械化技术专业方面,政府新颁布的这些举措将这几个试点专业重新纳入发展正轨。

3. 民间各类大学排行混乱无序

在我国当前教育行列中,人们衡量学校教育质量好坏的重要条件就是每年高校的排名,高校每年为提升自己的教育质量和排名次序,会邀请社会力量加入教育质量评估和教学过程,在各个方面的大学排名中,比较有公信力的是中国校友网、《中国大学评价》和网大等,对高校进行排名是可以激励高校办学热情的。随着现代社会经济发展趋势迅猛,社会和市场对人才的需求逐渐多样化,每年不断更新质量评估标准有利

---

① 朱世宏.2014年四川高等教育教学质量报告(本科)[M].成都:电子科技大学出版社,2017:214.

于保障高等教育发展质量,保障高校每年培育的高质量人才数量,为社会提供有价值、有质量的信息和服务,促进各大高校间合理竞争,不断提升自身的教育水平和教学质量。但实际上,大学的排名存在着一些弊端,公平性、公正性还需要加强。一些排行榜的数据来源并不正规,数据来源不可靠,统计的内容方法并不完善,信息的准确性不高,信息的时效性不强。有的还存在着一些暗箱操作和一些名利交易等行为,这些行为的目的都是为了提升自己高校的排名,但是这种行为是错误的,很容易引起大众的反感。社会各界对待这种排名的态度褒贬各异,大学排名逐渐走进大众视野,成为热点话题。

第二节 我国高等教育质量保障治理体系建设方案

一、改良型建设方案

(一)改良型高等教育质量保障治理体系建设的目标与原则

1. 改良型高等教育质量保障治理体系建设的目标与思路

我国新颁布的教育法律对高校教育发展到何种程度提出了具体要求,结合我国经济发展现状,需要进一步采取过渡性举措,有计划、有目的、有层次的实施。对高等教育质量保障治理体系进行改良、建设,不仅对教育质量做出理论性的规定,还针对操作实践确立了新的长远型发展目标:

在管理体制方面进行改革,对政府进行权力简化,放权于高校和社会群体对高等教育质量进行评估,政府可以对整个教育质量评估做总体把握。

政府在统筹评估工作方面,要聘请专家团队对各种类型的评估机构的评估过程进行监督和专业咨询,建立行业评估准则,健全高等教育质量评估体系。

在评估机构的内部组织方面,要以政府的政策方针为主,建立专业的教育质量监督服务部门,让各方力量一起促进高校的教育质量走向更高水平。

目前,我国采取多种方式对高等教育工作进行整改,提高高等教育质量保障体系是教育行政部门的重要工作。事实上,只有解决各自为政和政府过于集权的现象才能使社会型评估机构发挥效用,完成高等教育质量评估体系的建立。政府想要改善教育质量评估体系的解决方案就需要上行下效,社会评估机构从旁监督,即加强国家教育的监督和指导,成立中央咨询组织,加强决策指导和统筹协调;教育部对质量保障与监测评估实行"归口管理、统筹实施";坚持分层评估、多个社会组织、社会结构共同进行评估,整合国家教育质量监测评估的资源;中央教育部门负责传递解析国家教育理念,地方性政府的工作任务主要是制定评估原则,积极推动有资格有价值的评价组织机构参与到高校质量保障体系评估项目中,创建管、办、评分离以及公共治理。

2. 改良型高等教育质量保障治理体系建设的基本原则

在吸收国外高等教育发展优势的基础上结合我国传统文化,开办具有中国特色的高等教育,改良型的高等教育质量保障治理体系建设坚持以下基本原则。

政府进行宏观调控原则。我国继承各时期教育改革的经验,始终坚持以政府为主导,所以,要改变当前质量保障和评估职能的问题。为了减少这种现象的出现,必须要遵守教育部门的领导,加强各个司局相关质量保障和评估职能的统筹力度,建立有专业的知识和能力的行政部门(如"高等教育质量监测评估办公室"),实行行政性评估的"归口管理"。与此同时,制定整体战略:以总目标来协调各部门、各类保障机构的活动。

多轨并行、资源整合原则。加快政府职能的转变,加快推行政府简政放权政策的进程,与社会的发展趋势相一致,推动事业单位改革,加强对教育行政部门的培训,避免专业教育服务机构受到国家的管控而逐渐消失。现阶段,我国教育评估活动本质上是独立的评价行为,但是实际评估将评估机构划分于政府教育部门下,出现了等级不同的高校各有其教学任务的场面;部分省市的专业学者、监督评估的社会部门,以政府评估标准为依据,对高校各专业进行评价。质量保障需要政府、行业以及社会各界各司其职、各尽其能,同时也要保证各个主体间统筹协调"整合国家教育质量监测评估机构及资源,完善监测评估体系",在中央领导地方的政治下,各项教育政策要及时落实。地方政府指导社会评

第七章　我国高等教育质量保障体系的改革与创新

估机构实施评估时,双方各取所长、各有分工才能达到合作共赢。

循序渐进、稳步推进的原则。在进行教育改革时不能着急见成效,事物前进发展都要有个适应期。与此相呼应的是,当前我国高等教育质量保障体系仍处在发展和改革阶段。要以我国的国情为根本出发点和落脚点来考虑高等教育质量保障体系的未来发展方向,在激进和僵化中达到一种平衡的状态,推动教育体制改革,构建完善的高等教育质量保障治理体系。

(二)改良型高等教育质量保障治理体系及主要机构职责分工

1. 改良型高等教育质量保障治理体系及其特征

改良型高等教育质量保障治理体系也是由教育活动过程中的几个组成部分共同进行组织,在改革教育模式评估教学活动的过程中政府是主导力量,设计高等教育评估的标准,下设各级教育部统筹相关司局监测评估工作的高等教育标准与质量监测评估办公室(可与国务院教育督导委员会办公室合署办公)。评估专业机构是一些质量监测评估的专业机构,代表着社会中介力量。进行质量评估机构的主要部门是教育部、各级各类专评部门和社会高校组织,他们分别根据各自的标准进行评估。

政府新型高等教育质量评估体系具有以下特点。

一是政府作为评估工作的总体领导,对质量评估工作做总体规划,为各类机构的评估制定专业标准。

二是各个专业各类机构的评估同时进行,以现有的教育评估机构的层级为基础,不对评估机构的部门组织进行重新整改。

三是将国家关于教育质量监督的政策进行重新理解归纳,让各级政府与社会力量合作进行多方面的教育质量监督。

综上所述,政府所建立的新型高等教育质量评估体系能够自上而下运行,以政府教育部门的质量标准为主要纲领,邀请相关教育专家团队做质量评估的咨询工作,同时结合社会的市场需求和高校自身进行质量评估,最终建立起高校自检的教育质量发展模式。

2. "高等教育标准与质量保障咨询委员会"的定位与职责

我国高校由于教育职能不同,各高校的教育模式也不相同,政府的教育政策需要根据高校各自不同的特点分配教学任务。因此，政府要加强对高校教育质量评估工作的监管和控制，政府教育部组织建设质量保障机构与"国家高等教育标准与质量保障委员会"不同，国家将教育评估机构定位为"咨询机构"，主要的工作就是为国务院提供意见和建议，这一机构直接受政府部门指派，不具有独立的监督职能。

这一评估机构具有"参谋"性质，以政府为主体，主要的负责人是政府官员，但也有专业人才或者社会知名的专家参与其中，组成评估机构的人员需要有至少一个专业方面的特长或者是政府教育部门代表，专业人士与行政人员共同出谋划策，为提高我国高等教育的质量提出建设性意见。

根据评估机构的实际进展情况，可针对评估过程中遇到的一些典型问题和国家的教育大纲设立专家组，为评估机构提供专业的教育咨询，可代替政府部门实行一定的监督权，其具体工作内容如下：

能够自主制定高等教育标准和质量评估的标准和法规，能够对国家的重大项目、方案进行引导和完善，提出建议等。

能够结合实际情况建立评估高校教育部门的质量检测标准，并结合国内外教育发展的具体情况，帮助政府为高等教育质量监测评估的总体提出有价值的意见或建议。

能够对我国高等教育质量监测和评估提出意见或建议，并且能够对各级各类评估机构进行元评价，促进国家高等教育质量评估机构与国际上的评估机构深入交流开展合作。

指导建立全国性高等教育质量监测与评估的检测标准，平衡好我国各阶段教育的不均衡问题，将我国教育发展到适合我国经济状况的最好状态。

能够形成专业评估队伍，通过新兴互联网技术建立动态的网上教育交流平台，将教育评估过程透明化、公开化，各高校之间的教育优秀成果交流共享。

3."高等教育标准与质量监测评估办公室"的定位与职责

《高等教育法》规定："教育行政部门负责组织专家或者委托第三方专业机构对高等学校的办学水平、效益和教育质量进行评估。"教育部具有对高等教育质量保障与评估的行政权，这一权力由法律赋予，所以政府一直处于质量评估的主体地位。但随着政府权力下移，为应对各个

第七章　我国高等教育质量保障体系的改革与创新

评估部门主体分散、评估标准不一的问题,政府建立起教育质量评估的专业标准和行政部门,对各类教育质量评估部门进行专业培训。这些新建立起的部门具有多种职能,不仅能够协调评估过程中的各项事宜,也与国家教育部对教育大政方针的规定相吻合。

4. 中央评估专业机构的定位与职责

在教育部颁布新的教育质量评估政策之后,我国分别成立了本科学位和研究生学位专业认证的教育质量评估部门,根据之前对高等教育质量改革的要求,聚集多方面力量共同加入质量评估过程,拟建立关于职业教育质量检测的相关机构。前后建立的这几类质量评估机构运行过程中都是由教育部直接领导独立运行,自给自足,如果这些评估机构由于自身经营不善导致亏损倒闭,后果都是自己承担,这也使这类机构进行评估时带有一定的功利色彩,影响其检测的专业性。党的十八届三中全会明确要求"加快事业单位分类改革,加大政府购买公共服务力度。建立事业单位法人治理结构,推进有条件的事业单位转为企业或社会组织"。推动公办事业单位与主管部门理顺关系和去行政化。同时,"推广政府购买服务,凡属事务性管理服务,原则上都要引入竞争机制,通过合同、委托等方式向社会购买"。所以,要在目前国家大力推行教育改革的过程中抓住机会发展高等教育,通过这一时期的不断探索建立完整的评估发展模式,明确我国高等教育发展的方向。

国务院对于各类事业单位承担的职能有明确的文件要求,根据其对社会市场服务和贡献的不同对各类事业单位有不同划分。目前对于高等教育质量评估建立的专门的事业单位,由于评估机构的层级不同,事业单位的定位也不同,关于高等教育质量评估机构的发展方向应该是保持公益性服务的同时加强专业性的评估认证。这种转变发展方向的主要推动力还是政府,所以先改变政府组织部门的结构才能改变教育质量评估的发展路径。首先,可以丰富政府基层组织部门建设,各机构专事专管,将权力充分给予下层机构,提高高校办学教育热情;其次,对于高等教育进行质量评估,各院校各专业有不同的衡量标准,政府可聘请专业的学者团队进行陪同评估。

"促进管办评分离,形成政事分开、权责明确、统筹协调、规范有序的教育管理体制",这种教育体制需要政府放权给专业评估机构,政府对国家教育政策、教育形式做出解读后,为专业机构制定总体评估提出要求,通过购买专业机构的评估服务,以及在整个评估过程中不干扰专业机构评估过程,才能够完成专业化的教育评估,也能使专业评估机构有足够运营经费。这类机构的主要职责是:

按照行政隶属关系和业务范围,依靠政府部门的领导,听从政府部门指挥,在政府权力允许的范围内进行评估活动,有一定的自主评估权力,将决策咨询报告交给教育行政部门。

能够接受政府委托,制定相关评估活动的方案和计划,根据实际情况对评估的标准进行改变和创新,并且能够根据评估的结果指出高校存在的问题和有待完善的地方。

有能力接受政府部门和行业协会的委托,能够运用专业知识对高校的院校设置和专业设置进行评估,对高校的教学质量进行评估,对办学水平进行评估,能够协调并改善各大高校的不足之处。

能够接受政府的委托对高校教育质量进行评估,在接受社会的委托进行评估时,社会能够更加了解高校的教学质量以及社会声誉等,明确社会所需要的人才,不断促进高校教育质量的提高和优化。

组织高等教育质量保障和监测评估的专业机构,吸纳相关专业的教育人才,以国家教育理念为大纲,制定出符合我国教育特色的评估模式。建立专业咨询部门,组织专家形成专业的专家库,要有专业的知识和专业技术人员,不断推动高等教育评估的建立。

在全国甚至国际范围内开展教育质量交流活动,针对不同类型的人才提供不同的教育方式,在教育的过程中尊重学生的自我感受,在双方平等的基础上开展教育。

能够在政府部门委托的评估活动中形成相关数据库以及信息服务平台,向社会发布学校的自主办学职权,吸取社会提出的意见和建议,这一切活动的主体都是以评估机构为主导,形成良好的状态数量信息,以自己的名义发布高校的相关信息。

5. 省级评估专业机构的定位与职责

省级评估专业机构通常是受省级行政管辖,在相应的区域进行高等教育质量监测评估活动的专业机构。但从实际情况来看,省级评估机构大部分被列为社团性质,不列于省级行政部门之下,一旦评估机构遇到问题,找不到负责的上级部门,本来由省政府管理的高等教育质量评估便会由于政府职能部门划分不清,导致评估工作出现问题而无法对专

第七章 我国高等教育质量保障体系的改革与创新

业评估机构的质量保障与监测评估工作进行管理。根据全国省级专业评估机构的发展情况可知,省级政府建立专业评估机构需要以"大力发展、积极培育"为依据。同时,省级专业评估机构要将自身定位在"公益服务"的事业单位或社会中介机构中,政府根据自身的具体情况和需求将任务分派于专业评估机构,再由机构在自己职权范围内进行教育质量监督,主要职责是:

根据政府教育部门对评估机构职权的规定和国家教育法律对于第三方中介机构的要求,在政府具体评估任务的指派下能够在职权允许的范围内对高等教育质量进行评估。

接受政府的委托,依照国家的标准和方法,制定适合本省的高等教育的发展模式,将高校各级教育分层管理,着重强调职业教育对于我国就业市场的重要性,制定相适应的评估活动。

在政府规定了第三方机构相应的评估任务后,评估机构可以从多方面对各级高校进行教育质量监测,如专业设置是否符合教育部门要求、学生毕业论文是否符合国家论文标准等设计专业的标准和制度。

制定一套完善的、科学的、统一的评估工作与服务质量的标准,评估机构要发挥自身的作用,积极主动地参加全国性评估业务培训,这样政府才能有信心将高等教育评估工作委托给机构,进行跨区域的高校质量监测评估活动。

第三方中介机构在评估过程中自然成为政府监督权的执行者,通过行政主管部门审批后,建立区域高等教育质量信息库,向社会公布高等教育状态信息和教育质量报告等。

二、改革型建设方案

(一)改革型高等教育质量保障治理体系建设的目标与原则

1. 改革型高等教育质量保障治理体系建设的目标与思路

从长远发展的角度考虑,以顶层设计为基础,高等教育质量保障治理体系在改革时要遵循《教育规划纲要》。在高等教育质量保障治理体系和建设中深入推进管办评分离,更有效地解决政府和机构的关系问题。主要目标是:

在政府职责上,突出"中央政府统一领导和管理国家教育事业"。

地方政府制定评估标准,将评估自主权交由评估机构,要"整合国家教育质量监测评估机构及资源,完善监测评估体系"。将评估过程中执行政府监督权的部分落到实处,将教育全过程完整记录便于日后审查。

在政府教育部门的设置上,要根据高校各专业特色建立专家评估团队,"积极发挥行业协会、专业学会在教育公共治理中的作用",将集中的政府权力分散化,提高处理教育问题的效率。

根据我国政府关于高等教育质量评估的最新要求,进行质量检测和评估的机构可以在政府内部建立相关部门进行评估,也可以聘请专家学者做社会性的专业评估,这种机构就属于中介性机构。这几类评估机构都在国内外进行了大量的试点,有丰富的实践经验,所以据此建立新型质量评估体系可以采取以下方案:国务院决策—教育部执行—评估机构监督,三个部门独立运行,这样教育质量监督不受其他部门影响,也减轻了政府部门的工作压力,使高等教育质量评估结果更客观更具专业性。

2. 改革型高等教育质量保障治理体系建设的基本原则

使政府在高等教育质量评估体系中的领导地位发挥更加充分,建立好教育质量评估总体标准,将具体的监测评估过程交给专业机构,监督好下层部门落实效率,二者相互配合,并及时根据国家政策的变化进行相应的调整。最新的高等教育质量评估应坚持以下几点。

统筹协调、统一领导的原则。加快政府职能的转变,推行简政放权,但也要强化政府对高等教育质量的监测和评估,依然坚持总体评估标准由政府部门制定,同时将民间的教育质量评估部门与中介性质的教育评估机构进行职能融合,根据国家教育方针变化做出及时调整。

教育质量监督专业性原则。对专业质量评估机构给予评估自主权,把监督评估的权力从政府权力中分离出来,政府只负责制定监督标准组建专家团队,完成评估过程的领导性和基础性工作,让社会性的专业机构增强参与感并从中赚取一定报酬,通过多方面的改进使我国高等教育质量有大幅度提升。

两级分工、多元合作的原则。明确政府在高等教育质量评估的主体地位,加强宏观调控的能力,政府要为教育统筹和公共服务提供保障。积极探讨政府管理和评估职能分离的路径,通过中央和省市两级政府合理分工,相应机构的合理设置和制度设计,明确各级政府的职责,要根据社会发展的需要顺应社会发展的大方向,对于政府提供的公共服务部

第七章 我国高等教育质量保障体系的改革与创新

分,应该进行明确规定,调动社会人士和专业学者对教育的关注度,提高社会参与高校教育改革的热情,丰富评估机构的人员组织。

(二)改革型高等教育质量保障治理体系及主要机构职责分工

1. 改革型高等教育质量保障治理体系及其特征

明确改革发展的目标和原则,以"法国型"保障治理体系结构为基础进行高等教育质量保障治理体系改革。这一治理体系可以划分出质量保障三大主体:政府、评估专业机构以及社会组织。此中的政府主要包括:中央政府和省级政府;由专业评估机构专门负责教育质量评估,可以邀请各行业各专业的高质量人才加入,由政府部门统一领导制定评估标准,专业机构独立完成评估过程,再与高校交流评估结果,提高高校教育质量。

显然,改革型高等教育质量保障治理体系建设的特征是:

一是决策—执行—监督的质量评估体系完善,各个环节都有相应部门负责,实现专人有专责。

二是将政府权力下移后,学术型人才向民办的社会评估机构聚集,经政府制定总体评估标准后,质量评估工作专业性加强。

三是政府部门进行放权,将评估专项事宜交给下层组织机构,经专业评估机构检测完后,可以与高校直接沟通,高校完成质量改革后上报政府教育部门,这样整个评估活动就形成了完整的闭环系统。

综上所述,对高校的教育质量进行评估需要依据国家的总体教育纲领,让政府进行放权,分配好下层组织部门任务,评估机构服从政府教育部门的大纲标准进行评测,建立完整体系。

2. "国家高等教育标准与质量保障委员会"的定位与职责

我国关于高等教育质量评估的改革,主要策略是改变政府在评估过程中的角色,减少政府部门原来权力集中的现象,将评估行为从政府的行政性职能中脱离,将政府权力停留于制定评估准则和监督评估结果,将政府由领导性部门转为服务监督型政府。将权力下放于下层组织部门之后,政府也要对高校进行监管,政府在质量监测评估方面也要保留一些职能,对高等教育质量监测和评估进行监管,并制定科学的决策作为引导。将高等教育作为强国发展的基石,高等教育培育出专业的科技人才和高质量人才能够创造出新的科学财富,而高等教育体系的特点是:庞大的、复杂的、多样的,所以要针对社会发展不同情况,对高等教育做出不同方面的改革。

我国新设立的针对教育质量的监督部门主要是吸收国家的教育理念,将国家的教育大纲传递到下属政府部门,这一机构受国家直接领导独立于政府权力之外,主要职责是:

将高校对青年的教育延续到人的一生中,在大学学到的知识可以受用一生,不仅为学生带来工作机遇,也能解决生活实际问题。将大学专业与职业资格挂钩,在大学学习期间可以获取某行业的从业资格。通过制定相关的规则和标准,对高等教育的院校和专业进行监管和评测,加强国家间高等教育与国内高等教育的联系,促进沟通、协调以及认可工作的开展。

政府要对国家高等教育系统进行监测和控制,明确政府的主体地位,政府统筹协调好跨部委、跨系统的政策和资源的关系,运用立法、拨款、规划以及政策指导等手段进行宏观调控,建立科学的教育问责机制。

政府在制定教育政策和评估标准时,不仅要考虑我国高等教育发展的实际情况,还要结合我国教育法律,从行政和法律两方面改进高校教育模式,依据政府的引导开展对高等院校质量评估工作。

政府要对高等教育质量保障体系进行监测和评估,处理好监督与被监督对象之间的关系,加强评估过程中各部分力量的协调作用,吸取国外教育模式的经验和高水平评估机构的合作,并处理好两者的关系。

建设高等教育质量监测评估的专业机构、专业学会、行业协会,积极促进科研机构、专业服务机构等与高等教育相联系,明确国家专家队伍和数据库以及信息服务平台的建设,将评估结果进行公示,明确信息的精准性。

3. "国家高等教育质量监测评估院"的定位与职责

为建立新型教育质量评估体系,评估方式由政府集中统一评估转变为专业机构专门评估,但这种模式下,专业评估机构与政府部门之间缺乏联系,二者之间缺少协调传达机构,所以急需建立起中介机构。这一机构的定位始终要与国家政府的高校教育理念相符合,同时也要具有专业性、独立性的特点。根据国内外的管理实践经验,分为两种取向:一是行为行政机构,二是作为"半官方"的公共管理和专业机构。其中第

第七章 我国高等教育质量保障体系的改革与创新

一种与我国政府领导下的评估机构和其他国家设立的教育评价局属于同一种性质,当作政府的直属事业单位。第二种与"中国社会科学院"或者是俄罗斯"国家认证局"属于同一种性质。在此探究出的结果就是建立"国家高等教育质量监测评估院",作为直属国务院的行政性事业单位。

在传统的教育模式中,评估权力掌握在唯一的政府教育部门手中,其他机构无权干涉教育行为,但政府日常事务繁多,对高等教育的具体情况掌握不充分、评估不全面,所以又成立独立于政府之外的第三方评估机构,这个委员会具有较强的专业性和技术性,对于一些高等教育质量测评工作是资源的浪费,大材小用,所以将这些工作委托给一些专业评估机构。"国家高等教育质量监测评估院"是我国高等教育质量监测评估中心,需要对研究生教育、本科教育以及高职高专教育进行教育质量的评估。而且,国家高等教育质量监测评估院现阶段是我国的专业机构,它的责任众多,意义重大,上至标准制定管理评估机构下至监督高校教育情况,这就要求总评估中心要面面俱到,因此,其主要职责如下:

一是,根据国家学位、学历以及各种证书的资历框架的关系,通过各专业学位的认证条件,协助政府教育部门制定高校各专业的教育质量评估标准,根据国家在最新形势下对高校教育发展的新要求,制定高校质量评估总体流程,完成教育质量评估工作中一切领导性纲领性的工作。

二是,这一机构不仅能制定教育质量评估行业标准,还能在评估过程中对评估机构遇到的问题进行专业咨询解答,因为在其内部各行业中有专业人士专业团队,对评估结果进行有效监督,保证评估机构的权威性。

三是,政府要提高对质量评估工作的领导性,制定适合且专业的评估标准,对评估机构没有覆盖的学位认证领域进行开掘,同时规范进行职业教育质量评估的单位,提高其可以进行质量评估的高校层级。

四是,政府要引入专业的高级人才团队加入质量评估,让地方社会力量参与质量评估行业,各方力量对于高校质量评估都有自己的见解,只有结合来看才能发现目前教育质量评估的不足之处。

五是,将全部从事于质量评估的地方、中央和社会机构进行整合,组成质量评估网,可以在上面统一发布新规范新条例,这样高校在寻找评估机构时更加方便,也便于政府查阅高校评估结果。

4. "全国高等教育质量保障与评估协会"的定位与职责

随着社会的进步、经济的不断增长,我国市场经济正在快速发展,在经济不断发展的背景下,针对政府职能的改革也迫切进行,在以往的大环境下,政府和市场之间隔膜较大,政府要求与市场需要不吻合。随着这种状况愈演愈烈,在二者之间产生了中介机构,传达上层要求报告下层结果,为了使双方都能适用中介机构需要建立起中介机构权威。在克拉克的高等教育体系中也提倡由三方共同组织高等教育质量评估。高校代表着专业理论知识,是行业权威,有学者认为:"高等教育作为社会领域的一个特殊的组织系统,不以营利为目的,被认为是第三部门的成员。"高校要有能力对自身的教学质量进行监测和评估,让整个高校教育和质量评估都由自己完成,实现自我的终极发展,同时高校虽然有更改教育课程的自主性权力,但自身要善于自查,树立教育荣誉感。

目前,针对我国教育发展情况和教育法规的完善,各地区不同形式不同专业的教育评估机构层出不穷,其中以评估高校专业为主的评估部门具有很高的社会信任度,民众和高校认为这部分机构既能做到质量保障又能做到监测评估,这样专业的、全面的评估组织在其他地方很难做到,因此,我们建议国家有关部门建设"全国高等教育质量保障与评估协会",这种机构是以高等学校联合体为背景成立的,这种机构在国际上很常见,就和美国的教育协调机构和其他国家的教学研究会的日常工作内容一样,将高校教师、管理层领导、评估机构人员和社会专业学者囊括其中,一旦遇到教育问题,三方可以及时沟通解决免去形式上的麻烦。通过这种方式最终推进高校形成自我完善。

组建专业机构是将教育过程中涉及的主要利益体进行整合,结合形成了社会团体法人,这是进行行业服务加强自我管理的非营利性的社会团体法人。这种组织机构有自身的权力,在一定程度上不受政府影响,质量监测评估的标准也是自身决定的,一切行为活动都靠行业自律,其主要职责如下:

一是根据国家高等教育发展章程和教育法规,建立负责各项事务的事业部门,制定行业协会的职工和事务管理规范,根据政府的具体要求随时进行调整。

二是政府将高校教育质量评估的总体权力交给行业协会,所以行业协会成为教育质量评估工作的领导单位,需要保证下面各机构对评估工

第七章 我国高等教育质量保障体系的改革与创新

作的质量和检测方向。

三是要解决教育质量评估过程中的各类问题,根据新政策定期对评估机构人员进行专业培训,不断地挖掘高质量科研人才组成咨询部门,做高校与评估机构的连接点,化解二者之间的矛盾点,同时还要建立起整个评估行业的市场规范。

四是加强行业协会内部关于学位和专业的理论知识学习,了解高校学历认证的规则,对市面上所出现的教育质量评估机构进行资格审查,同时制定从事质量评估工作人员的业务认证标准,行业协会不仅要处理国内的高教教育质量问题,还要与国外相关机构交流评估经验。

5. 其他社会组织机构的定位与职责

依据《教育规划纲要》中"鼓励专门机构和社会中介机构对高等学校学科、专业、课程等水平和质量进行评估",以及"积极发挥行业协会、专业学会、基金会等各类社会组织在教育公共治理中的作用",无论哪种形式的评估和认证机构要想让高校和社会承认其评估结果的专业性,都需要通过政府部门的考核,需要得到国家关于专业机构对质量评估的资格认证,在不违反国家教育法规的前提下,对高校或其他教育单位进行公正客观的评估。各类评估均是服务于社会的公益性事业,各机构自行解决经费问题,不能收取高额评估费用。

目前我国高等教育培养人才的方向是与就业市场的需求相结合,就业市场需要哪一类型的专业人才,高校会对这一专业进行扩招,并对技术性专业性强的专业给予合格学生专业资格证书。并不是所有高校都具有颁发职业资格的权力,国家和国际相关专业领域会对学校的职业资格进行判断评估。现阶段,我国对高校专业资格的认证形成了完整的流程,近年还建立了中国工程教育认证协会并一举加入国际认证行列,这一协会可认证国家性的职业资格,其认证结果具有很强权威性。在这种非官方建立的评估机构中,其主体主要体现市场需求和劳动人民权利,主要工作任务如下:

一是对高校进行教育质量评估,将评估结果与高校相关的专业认证结合,对高校进行不同专业的排序,可以根据国家评估需要和专业评估机构合作进行国家性评估。

二是根据国家对于相关专业认证的要求,设计出高职教育学校的职业资格颁发标准,提供各专业就业市场的信息。

三是根据市场实际需要调整相关专业的学习课程,根据各职业资格需要学生达到的标准,规划高校人才培养方案。

四是政府给予社会组织机构较大的自主评估权力,可以根据社会实际需要,制定新的专业教育评估标准,听取各个层面的不同意见,改进每期的评估方案。

第三节 我国高等教育质量保障治理体系的有效运作

一、各类高等教育质量保障机构的行为规范

(一)政府从评估垄断者向规则制定者转变

根据新的教育质量评估体系发展情况来看,政府在评估过程中的社会角色发生了转变,原来由政府统一进行教育质量评估的方式已经不能适应如今社会对高等教育质量的要求,政府由唯一的教育质量评估机构变成了教育质量评估标准的制定者,将评估权力转移给专业的教育质量评估机构,政府选择性行使评估权,这样有利于让高等教育质量评估进入专业化行列。

从各国行政管理体制改革来看:高等教育质量保障的高度集权在于国家政府在市场调解中的作用,教育评估机构要听从政府部门领导在多方面对教育行为进行的规定。政府教育部门根据市场就业情况指导高校培养人才的方向,做好教育结果的监测工作,在一定程度上给予高校办学授课的自主权。强化政府在评估中的作用,实行高等教育质量保障高度分权,能够利用行政权力对高校教育结果进行评估,政府部门还可以通过法律手段对教育活动中不合法的行为及时制止,保障学生教育权,这是其中的一点。第二点是政府不再以自身为高等教育利益和需求的唯一合理代表,加快政府职能转变和加强质量管理的有效策略的依据是高等教育的质量保障。各国政府职能转变的实质是:政府集中精力和智慧,能够做好自身的工作,保障权利和义务充分的发挥。因此,政府做到简政放权,将高等教育行政部门的权力转移给高等教育评估中介组织,鼓励高等教育评估中介组织改革和发展。一方面,政府要制定相关的政策和法律法规,明确评估的规则和标准;另一方面,政府要加强对

第七章　我国高等教育质量保障体系的改革与创新

高等教育评估中介组织的引导和规范。

我国教育管理体制的特点和传统决定着高等教育质量管理的主体一直是政府,政府拥有绝对的权力,在政府集中管理高校教育的情况下,政府的评估结果在社会上具有较高的公信力,政府在教育活动中具有重要的作用,能够在教育资源配置中起到良好的效果。随着高等教育体制改革,政府将更多的教育监督权力交给中介评估机构,自己做好统筹安排,做总体规划者。同时,加强对高等教育质量的监管和服务,让政府从"管理型"向"服务型"的方向发展,从"划桨者"转变为"掌舵者"。围绕教育部部长陈宝生提出的"把责任落下去,把标准建起来",政府要集中权力办大事,集中精力解决高等教育中的问题,解决政策性工作的问题,制定良好的法律法规,将具有执行性、操作性以及技术性的工作当作监督型职能托付给中介组织。"政府的职能是维护和创设良好的制度环境,而不是亲自去从事一项具体的活动,世界各国的市场经济实践告诉我们,在市场经济的体制环境下,政府的基本原则是,凡是民间能办的事情就让民间去办,凡是市场能办的事情就让市场去办,凡是基层能办的事情就让基层去办。"

按照我国的发展规律和国情,中介性组织的建立和完善工作要保证政府的指导和扶持,在政府的推动和引导下,中介性评估认证机构才能够存活下去。这些机构的主要经济来源就是政府购买以及财政扶持还有一些培训政策的支持,只有在资金上能够有所支持,才能保障中介性评估认证机构能够发展下去。政府积极地将高等教育质量保障中的"错位"与"越位"的职能转移给中介性评估认证机构,通过合同、委托等方式与中介性评估认证机构进行合作和交流,对高等教育进行公共治理,共同对评估结果产生影响。根据实际情况来说,政府应该更多地将目光放在分配教育资源、制定各阶段教育政策和教育结果审查上,明确这种现象会引起的政策导向。政府能够制定符合高校实际教育情况的法律文件,稳定评估过程中各行为主体的评估活动。并且,能够依据法规对教育评估机构的评估行为进行检查,增加民众对评估机构的信任度,提高评估机构的专业性。政府也可以完善评估机构的准入条例,对符合评估要求的机构颁发从业许可,减少不正规机构乱评估的现象,能够明确评估工作的范围、责任以及权限等,规范评估行为,平衡好各个评估主体的关系,让政府、高校、社会形成权力制约以及平衡,在功能上充分发挥互补的作用,保证评估结果的客观性以及公正性。

(二)中介(第三方)评估机构保持独立并提供专业服务

根据国家最新教育政策要简化政府的教育职权,根据社会的需求组织出一些专业性教育评估机构,这种评估机构能够应用于各种教育评估活动中。现阶段我国的教育中介多数是半官方性的,我国教育中介机构自身带有官方色彩,但事实上评估并不能够满足我们的需求,在社会上的地位不明确。评估的机构不能梳理好政府、学校与社会的关系,自身的主体存在混乱。现阶段,教育评估市场还不能满足社会发展的需要,第三方评估机构运行体制还不健全,评估机构的从业人员还缺乏专业理论知识的培训,社会上对于评估机构的认可度也不高,所以高校面对评估业务还会去请教政府教育部。这种情况下,在评估权力上政府占据着主导地位,由于政府虽将监督权力交给评估机构,但目前教育形式发展还跟不上国家政策,相关法律法规制定得还不完善,政府在一段时间内的行为是"委托或代理"而不是"行政授权"。所以,中介性评估机构在委托和代理中很难独立生存下去,不能以自己的名义或独立的法人地位扩大自身职权,而且不能以独立的名义对法律人格作为担保,进而对评估机构的地位和职能产生影响。

目前,想要建立好我国高等教育质量评估体系需要明白政府与中介评估机构的关系,政府制定教育质量评估的总体规范,中介机构依据标准进行各专业的教育质量评估,将评估结果反馈给高校和政府机构,明确政府领导、中介执行,形成完整的教育评估过程。中介性评估机构是一种社会组织机构,与其他法人组织一样,都需要政府对其进行宏观调控和指导。政府在将评估权力交给第三方评估机构时,也赋予了它一定的行政权力,高校会根据评估结果整改自身教育活动,此时,中介评估机构是代替政府行使对高校教育的监督权力。在具体的评估过程中中介机构的评估行为也在政府的监控下,评估机构只需要完成政府部门交代的教育评估目标,向上传达高校教育质量评估结果,向下监督高校教育质量,成为高校和政府机构之间好的协调者。在国外关于教育质量评估机构的管理中,给予中介评估机构较大的自主权,它能够对政府产生协调工作,对政府进行制约。这与我国的中介性教育评估机构相反,我国的高等教育评估中介机构的成立需要依靠政府的领导,政府在中介性评估机构中处于主导地位,中介教育评估机构属于政府的下属部门,听从政府部门指挥领导。中介评估机构对待学校和政府的态度和职能并

第七章 我国高等教育质量保障体系的改革与创新

不相同,对于高校主要是进行教育质量的监督,而对于政府主要是服务于政府的需要,并不监督政府部门的行为。

中介性评估机构是一个独立的主体,虽然自身的资金和经济基础较差,但是机构内部的能力较强,技术性、专业性较强,在教育行业中得到专业人士的普遍认可同时又具有政府权威,中介性教育评估机构是除了高校和政府外的又一个权威性的机构,独立于政府部门和高校以外,评估过程不受各个部门干扰,这种中介性的教育评估机构针对高校办学的各个专业,每个专业采取不同的质量评估方案,运用专业化的手段和公正的评估态度对高校进行理论性和实践性等各方面检验,形成在整个教育质量评估行业的权威性,社会、高校和政府对于专业的中介教育评估机构非常信任。除了中介评估机构的检测手段专业,还有其评估过程全公开、全透明的评估方式吸引政府将教育质量评估任务交给它们,中介评估机构在评估过程中会将每一环节的评估标准与评估结果一同公布于信息交流平台,也欢迎社会各方面对其评估过程进行监督,这种公开化的评估也能促进中介机构本身完善评估方式、评估过程。而且,中介性教育评估机构要不断提高自身的专业水平、专业能力,全面提高从业人员的整体素质和能力。

二、高等教育质量保障治理体系的运行机制

我国为建成专业的高等教育质量评估体系进行了不同方向上的探索,最有效的解决方案还是建立独立的第三方专业评估机构,这个评估机构上连政府下接高校,针对不同专业采取不同的评估机制,在政府统一纲领的领导下,携手高校形成专业的质量评估体系,在这一环节中,每个机构发生变化都影响着整个评估行为。

(一)激励机制——政府购买与市场供给

我国关于教育质量评估提出了新政策,提倡政府简化教育质量评估的权力机构,将质量评估工作以委托和承包合同的方式向社会征集专业的评估机构来进行检测,这样评估机构为了得到政府的评估资格,就会不断提高自身的专业评估能力,同时评估机构的内部改革情况也受教育质量评估市场需求的影响,市场需求适宜,就会激起评估行业的良性竞争,促进整个行业内部的繁荣发展,使我国高等教育质量保障体系充满活力。在加快政府职能转变的同时进行"促进管办评分离"的活动,政府由于自身的原因将专业性评估工作"委托"给其他评估组织机构,整个委托评估过程是以政府部门为引导的,政府会对这种评估机构进行专门的资金扶持,评估机构不再根据评估对象收取额外费用,这种政府参与的评估活动对于评估机构来说具有一定的社会保障,评估机构愿意接受政府委托。在这种情况下,评估机构与政府成为商业交易中的买卖双方,在各个评估机构的竞争中完成评估行为。但是原来评估机构还是政府的下属部门,与政府具有隶属关系,所以,在接受委托任务上具有较大的优势,可能会出现垄断的现象,不利于其他评估机构的发展,不利于各个评估机构进行公平竞争。

政府作为评估服务的"购买方"这种评估情况是由于社会上专业评估机构层出不穷而产生的,那一时期对政府将质量评估进行委托的这种行为没有制定相应的委托规范,可能存在委托评估都由与政府合作密切的评估机构独揽,两方以私下协商的形式解决委托评估行为。这样使其他的评估机构没有竞争机会,整个行业风气不健康,评估机构的专业能力也不会得到提升。针对这种评估委托的乱象,国家相关部门制定了交易准则,将政府所需要对外承包的评估工作作为招标项目,对评估机构进行职业资格审查,符合评估行业要求的评估机构可参与政府的招标,建立良好的评估市场氛围。同时,专业评估机构的建立离不开政府,需要政府培养一批专业的评估机构,完善我国教育质量治理体系,能够让教育评估机构有能力承担起对高等教育质量的评估和监测任务,能够满足高校对于自身提高教学质量的要求。

从另一个角度看,想要让教育质量评估行业健康发展不能只依赖政府的努力,教育质量评估的市场前景如何也影响评估机构的运行,社会对于教育评估的需求大才能调动评估机构自身发展壮大。西方国家的高等教育质量发展情况是中高等教育评估市场的基础上逐步形成并发展,而我国要想发展高等教育评估市场,就要结合本国国情和社会经济发展规律,保证评估市场能够符合社会发展的要求,要从多个方面考虑,将高等教育评估市场不断完善发展进行创新,培养出更多消费主体,激起消费者的消费欲。高校能否受到群众和政府的认可主要在于高校的教育质量,重点高校能够培养出高质量人才是其立足于众多学校的根本,我国采取各种措施如进行教育质量评估等,都是为了提高教育质量。我国的各大高校都应该有自身内部的评估体系,进行自身评

第七章　我国高等教育质量保障体系的改革与创新

价,促进教学质量的提升还要产生评估的潜在需求。高校要充分发挥内部评估的作用,将需求转化为实际行动,将学生的需求转化为评估的标准。

现阶段我国高等教育评估前景较好,政府能够根据评估结果及时调整高校教育政策,也能根据就业市场的需求增设新的高校专业,同时这种供求关系也会受到政府的宏观调控。在评估市场的初期,政府要制定相关的法律法规来对评估市场的供求关系进行调控,能够让高等院校接受评估,并且能够进行自身评估。高等院校能够根据评估的结果进行自身的调整,提高教学质量,高校内部资源进行合理的优化和分配,设计一些奖惩制度,能够对教学质量、专业知识、教学课程良好的教师进行奖励。能够运用各种手段激发教师工作的积极性,提高课堂上学生学习的效率,满足社会就业市场对于不同种类人才的需求。在我国国情的要求下,我国的市场发展趋势要有自身的特色,不能模仿西方市场的发展模式,要符合我国的国情,符合社会主义的发展趋势,要体现出中国特色社会主义制度。不断扩大高校的办学自主权,"深入推进管办评分离",改善高等教育市场评估风气,除政府委托评估的形式外,将高校的评估需要及时公布于评估市场,稳定评估机构的资金来源,让质量评估服务更加的职业化。

（二）规范机制——资格认可与元评价

关于建立质量评估行业的规章制度方面,在国外有不同方面的尝试,他们先对教育质量评估机构是否具有专业的评估技术进行资格审查,审查部门多为政府机构,通过这种初步审查,建立质量评估市场的准入规则。在具体的评估过程中对评估机构进行监督,评估方式和评估准则不符合政府规定的评估机构收回准入资格,这种实时淘汰的政策保障了教育评估行业的评估质量。在我国评估机构有以下几个特征:受政府领导成为为政府服务的单位,独立于政府权力之外,由具有专业知识的人才组成评估机构,这种评估机构的性质属于非官方单位,不属于政府下属部门。这些评估机构的准入资格不由政府部门进行审查,由当地的教育部门进行资格检查,政府对这种民间评估机构没有统一的评估准则。虽然这些机构属于非官方性质,但是也在评估行业中占重要地位,不能只对隶属政府部门的评估机构制定标准,要完善评估行业总体市场评估标准,这一方面可以借鉴国外的评估标准制定方案。我国建立了认证委员会对评估机构各专业制定评估要求和咨询服务,对于职业和行业教育领域也迫切需要从资格认证制度的实施中学习。

具体来说,首先,政府相关部门要结合"委托考核",切实落实相关考核机构的资质认定制度。评估机构资格认定的职能可以由政府直接接管,也可以通过"委托"给具有权威性或公信力的中央评估机构(如国家监测评估机构)来完成。高等教育质量通过"行政许可"是全国高等教育质量保证和行业评估协会的责任。根据政府对评估机构制定评估标准的不同,可以了解我国不同时期对高等教育质量的不同要求,及时传达领导思想,代替政府完成对高校教育质量的检测。对评估机构的日常评估工作做出考核可以提高评估行业的公信力,培养评估机构自我发展完善,为了不断提高评估的专业性,资格认定除了要有一套规范的评估程序、机制外,还应特别关注评估机构的专业素质和专业技术水平。结合国家关于高等教育建立的教育质量评估市场准入规则,定期对教育评估机构的评估资格进行检测,整顿评估市场的风气。随着我国经济发展形势对高等教育提出更高层次的要求,可以将高校培养出的具有行业从业资格的专业强的高质量人才纳入评估机构中,提高整个评估行业评估人员的专业性。这种新的考核评估机构工作的方式,是从两方面同时进行,一手抓机构资格,一手抓人员专业性,有监督才有进步。这样不仅能保证评估结果的可信度,还能建立整个行业的业务权威性。但是,我国高等教育各项评估活动普遍缺乏元评估机制,一方面由于没有专门的部门对评估人员的从业资格进行检测,另一方面是传统的质量评估部门从属于政府机构,由政府进行统一领导管理,而政府在民众心中的信任度极高,人们相信政府机构的评估结果。因此,如果评估过程没有监督,评估结果对高等教育的发展没有实际意义,会损坏政府在民众心中的公信力,难以发挥促进高校教育质量发展的作用,所以要建立元评估机制参与评估过程的各个方面。由第一类受试者进行的元评价既有优点也有缺点。优点在于进行元评估的组织部门不受任何其他机构干扰,以自己的监督准则独立评价教育质量评估机构和评估人员,同时邀请来自社会各方面的专业人才加入元评价组织,改变原来由政府部门独立管理教育评估机构的局面,其元评价结果既具备专业性又体现社会公平正义。这样高等教育质量监督体系也不再是束之高阁的评估体系,变成了评估机构和元评价机构双向监督,社会各层次的人均可参与其中,符合公共治理的良好环境条件。高等教育质量保证和评价等社会公共事务部应

第七章 我国高等教育质量保障体系的改革与创新

在多个主题的互动和协商的基础上,对合作、协商和伙伴关系进行评估,以找到解决公众问题的最佳途径。这样就要求政府在教育工作中要有效作为,坚持大方向上的领导,对高校教育进行总体管理。

在"管办评分离"后,除了国家颁布的评估机构资格准入制度,元评价制度为管理评估机构提供了新的方式,可以随时监察评估过程,了解评估机构评估进展状况。元评价的具体内涵是检验评估机构对高校的教育质量评估结果是否真正促进了高校教育模式的革新,由于评估机构的评估过程都是在私下完成,无法了解评估过程是否具备行业专业性,所以元评价机构分派相应的人员参与具体评估过程,提出工作意见、总结评估经验。同时,社会也必须认识到教育评估自身的双重性,公开透明体系完整的教育评估能及时发现高校教育模式上的问题,相反,落后的、不健全的评估标准体系就会对高等教育产生消极的影响。在我国,高等教育评估是一项具有权威性、价值性的工作,不对建立评估主体和评估者权力进行制约,就会出现不利于高校发展的现象,甚至出现腐败问题。

所以要弥补过去的教育评估制度的不足,从其他角度对高校和评估机构进行监督,将评估流程规范化、透明化。但事实上,我国对高等教育评估活动没有专业的规范和模式,在评估中缺乏元评价机制,出现这一现象的原因是我国政府对评估的绝对控制,政府的主导性、权威性太强。只有当评价结果受到质疑时,元评价制度才能发挥作用。元评价制度能够提高高等教育质量评估结果的专业性、精准性、科学性,能够对评估组织机构进行监督和管控,保证委托人和被评估者的权利,将政府的监督权力落到实处,切实弥补高校教育方面存在的问题。元评价组织本身就是评价客体,组织者本身可以是社会组织,也可以是中介机构。前三种主体在进行评估活动时有利也有弊,而中介机构包含的社会主体较多,评估的结果更有科学性和综合性,独立于委托者和被评估的主体,有利于做到公平、公正、客观,同时能够监督评估主体,评估结果具有较强的权威性。

(三)制衡机制——政府监管与行业自律

教育统筹管理基本上是政府及教育主管部门自觉组织和控制教育活动的工作,必须体现我国当前新的经济政策对高等教育培养人才方向上的指导作用。通过多重体系的建立改革高校传统教育的运作模式,有利于加强学校与市场和社会的联系。控制手段多种多样,但不能过分依赖行政手段。推动教育治理体系现代化,最重要的是完善质量保障和评价的法律体系。法律法规可以约束教育评估部门的行为、保证对高校教育质量评估结果的有效性,同时政府作为教育质量保障体系的领导者,建立完整透明的评估体系方便各部门工作,可以根据每次的教育质量评估结果对高校教育模式不合适的部分做出调整,政府自身也要遵从教育质量评估法规管理高校教育。政府部门可以通过法规监督评估机构,评估机构的行业权威性树立以后,高校自然会重视评估结果,听取政府意见,促进我国高等教育高质量发展,开展监督,促进教育治理能力现代化。政府要利用好行政和法律两种手段,将教育活动过程中各个利益主体的关系协调好,建立行业内的完善体制,让市场再造市场,让行业管理行业,落实政府对高等教育质量保障和评价治理的全面监督系统,结合世界各国发展高等教育的经验,建立好高校教育质量立体评估体系,是对我国高等教育质量的更高要求。通过对国际整体教育环境的了解,世界其他国家本身也形成了相对独立和完整的教育质量评估体系,本国教育环境的发展已经不满足于评估机构的发展情况,各国开始携本国的教育评估方案与世界上其他国家展开广泛交流。在此时这种条件下,我国的评估机构要积极吸取外国教育评估的经验,提高我国高等教育评估行业的标准。

根据我国教育质量评估机构与世界各国评估机构的沟通情况,各国提高评估机构专业性的手段大多是通过多层次的监督促进评估机构自我发展。其手段可以解读为几个具体步骤:一是从社会各层次的人员中筛选对本专业本行业精通的理论或技术型人才成立质量保障协会,这一组织属于非官方性质,不受政府部门领导,其专业检测标准也由各方面人才共同协商制定,对评估机构的评估人员有培训考核,并且也要建立元评价组织,不仅要监督评估机构的行为,还要处理外界对评估机构提出的改进意见。二是定期邀请各个评估机构的领导人员进行行业内的业务交流,这些评估机构本身是独立并行的,都处于政府管辖下,讨论内容主要针对本科、研究生、高职等不同类型的学校应该建立怎样的评估标准,根据各个评估机构所评估专业和评估性质的不同分派不同的评估任务,对于社会各方面对评估机构提出的改进意见进行整合,吸取有利意见,满足社会要求完善评估过程。这种交流会议各个机构达成的共识性内容,各机构会严格遵守执行。在国家尚未对散在全国各地的评估机构做出统一的运营规范之前,这种交流形式的讨论有非常重要的作用,有利于整改整个评估行业的风气,促进各评估机构通过比对改进自身评估过程中存在的问题。三是无论建立多少种方式监督评估行为,最终目的都是通过评估机构的自我发展带动行业完善。从评估机构自身来看,要想顺利完成评估工作,先要有完整的评估流程、专业的评估人员,所有评估依据流程进行,因此评估机构要不断完善工作制度,建立机构内部的监督部门来规范评估人员的行为,保障评估结果的可信性。

第四节 完善我国高等教育质量保障治理体系的建议

针对高等教育质量评估工作,国际教育规划机构曾做出说明:高校教育质量保障机构是为提高高校教育质量服务的。评估机构评估的方向是未来我国对高等教育发展提出的要求,评估结果直接影响高校教育教学模式。如果不能找出高校教育现在存在的问题,教育质量评估就没有抓手。新的教育质量保障机构是肯定要解决原保障体系存在的问题,所以必须在充分了解我国高等教育的现状、教育质量保障体系现状的基础上建立新型教育质量保障体系。

一、加强政府对高等教育质量保障的主导

在我国建立的对教育质量评估机构进行监督的众多组织中,政府部门仍是这些监督机构的领导者,这一体制确保二者的行为都在国家规定之中,体现国家意志,建立高效的教育质量保障系统既需要行政监督也需要法律约束。但在这一过程中,政府要明确自身定位,不能同传统评估方式一样独揽评估工作。目前政府对于建立教育质量保障体系还可以采取以下措施:一是做好评估规则的制定者,根据国家新型教育思想改进教育质量评估规范;二是督促社会组织及时建立评估监督机构,这个第三方机构可以代政府完成监督任务,还可以确保评估结果的专业性;三是协调好各方面对于高等教育发展提出的建议,对教育质量评估机构给予专业方面的支持,提供专业咨询;四是对不具备评估资格的评估机构采取强制退出市场的做法,充实元评价机构的人才队伍。将我国教育质量保障机构建设成"政府领导、委托评估、评价监督"的完整体系。还可以采取以下几种。

(一)由直接组织高等教育评估活动转变为对高等教育质量保障宏观管理

通过分析我国建立高等教育质量保障体系的历史可以看出政府角色发生了巨大改变,评估行为由政府独揽变成政府引导监督,具体分析政府发挥的作用可以从以下两方面看:一是政府的主要任务由对高校教育质量进行直接评估转变为通过颁布政府文件制定各专业评估规范,同时聚集社会各界高质量人才成立针对评估机构的教育咨询部门,根据国家教育政策的调整改变教育评估标准,将最新教育思想传达于高校和评估机构,通过多种渠道和方法任命权威评估机构的负责人。二是组建评估行业内的评价监督机构,通过将评估任务作为委托招标的形式激励评估机构革新评估方式,建立审核评估机构资格的专业性组织,对教育质量评估结果好的高校给予教学设备奖励等,提高高校发展高质量教育的热情,加强评价机构的专业化建设。综合各个国家发展教育质量保障体系的过程,都是在不断改进和探索中走向完善,同时在发展过程中结合本国教育特色,建成高效的教育质量保障体系。在探索过程中起最大推动力的是政府,政府放权于专业评估机构,将评估行为以委托承包的方式交给评估机构,使整个评估过程运行更加高效。并且由政府制定专业评估规范、监督评估过程,使评估结果更具可信度。政府还督促建立中介评价部门,对评估机构评估行为专业给予一定的资金扶持,促进行业内良性竞争。通过三方合作有效促进了我国高等教育向高质量转变,高校可通过社会各方面提出的意见和专业机构的评估结果改进自身教育模式,为教育质量保障体系注入活力。

从教育质量发展的模式来看,政府在教育质量保障体系中扮演领导者角色,结合我国高等教育发展形势的变化和社会市场的需求对高校教育活动进行总体上的协调管理,建立适合我国国情的高校教育发展模式。利用多种多样的调控手段加强学校同市场和社会的联系,但不能过多地依靠行政手段,要推进教育治理体系现代化。政府部门还要建立质量保障行业的相关法律法规,规范评估机构的评估行为。政府成为行政和法律两个层面的领导者,在行政方面建立评估行业规范和教育质量评

第七章 我国高等教育质量保障体系的改革与创新

估标准,在法律层面,通过法规约束评估机构和高校两个单位的活动。最终实现在政府引导下进行专业性评估并不断自我审查,高校在评估结果的指引下革新教育方式、提高教育质量,形成新型的高等教育发展模式。

（二）加快推进我国高等教育质量保障与评估法规建设

从我国高等教育质量发展的情况来看,在高等教育发展的早期并没有很多关于教育质量的法律法规,仅有一部专门的法律规范从大方向上对评估过程进行规定,它将评估行为交给政府全面负责,认为政府可以做到上传下达。政府根据对国家教育新政策的解读制定新的评估标准,这就是国家对高校教育发展新要求的体现,同时政府对高校教育质量进行评估也丰富了政府监督高校教育的方式。

但是这种评估模式是被固定的,如果实际运行过程中出现问题则没有相应机构和法律处理。在实际评估过程中,政府部门日常事务繁多,加之法律法规不健全,我国真正具有评估资格的机构少之又少,各评估机构评估标准不一,评估人员教育素质参差不齐,政府对于评估机构不能及时监督。所以,仅一部法律已经无法适应我国当前教育发展模式,我国开始丰富教育质量行业的法律法规,其中的《教育规划纲要》对于建立专业化的评估流程制定详细规则,也规定了评估机构的资格认定条例和从业人员的职业资格规范,是目前较为完善的教育质量法律纲要。所以推进我国高等教育高质量化,有完备的法规条例十分必要,通过法律健全教育质量评估市场准入和促进评估机构评估行为专业化。

在国内外发展高等教育的历史中我们可以发现共同点：将评估行为独立于政府部门以外,不仅在行政方面承认评估机构的独立性质,也在法律层面进行评估地位的规定。评估机构的主要工作内容是不受其他部门干扰,进行专业化的评估和对高校教育质量进行监督。目前我国对于建立高等教育质量保障的法律法规的理念才刚开始形成,所以可完善的部分较多,可以根据管理部门的不同制定不同方面的教育质量法规,教育部和国务院可以分别颁布教育质量的评估条例。目前国家对于高等教育质量的要求是通过专业化的评估促进高校教育管理体制的变革,将政府教育部门的评估权力与监督权力分离,提高我国高等教育整体水平。政府教育部门的工作任务主要是建立第三方中介评价机构、确立评估行业规范、筛查评估机构评估人员资格等,同时要关注社会各界专业人才和普通民众对于高等教育的意见,从各方面丰富我国高等教育发展的内涵,从整体上要协调好高等教育质量评估过程中几个主体的关系,促进教育质量评估行业法律化、专业化。

(三)完善高等教育质量保障与评估的市场机制和全国监控系统

政府要通过法规理顺各类评估机构与政府、学校和社会之间的关系。同时,还要善于利用市场机制和行业组织,将市场能做的还给市场,将行业管理的部分交给行业,实现政府对高等教育质量保障与评估治理体系的宏观调控。从高等教育层面而言,如何规范高等教育市场并与国际高等教育接轨,是对我国高等教育质量保障提出的更高要求。随着国际高等教育质量保障运动的蓬勃发展,国外高等教育评估界也开始逐步拓展国际评估市场,以他们的教育质量标准来规范和引导其他国家的高等教育发展,我们倘若不建立与国际高等教育评估界平等交流的话语体系,不提升高等教育评估机构的专业水准,不完善高等教育评估行业规范,就无法融入国际高等教育质量保障潮流,无法为我国高等教育提供专业化管理。

政府要建立教育质量保障监控系统,及时准确地反映教育质量保障机构的运行动态,应及时搜集反馈信息,以便有针对性地采取调控措施进行校正。宏观监控系统不仅是政府宏观管理和调控的信息基础,它还直接面对学校传送各种重要信息,成为政府对学校进行信息指导的调控手段。《教育规划纲要》中明确要求,"整合国家教育质量监测评估机构及资源,完善监测评估体系",同时要"积极发挥行业协会、专业学会、基金会等各类社会组织在教育公共治理中的作用",培育行业协会和建立全国高等教育质量保障与评估的网络,是政府部门今后的重要任务。

二、深化事业性教育评估专业机构的改革与发展

教育统筹管理基本上是政府及其教育主管部门自觉组织和控制教育活动的工作,必须体现社会主义市场经济发展对教育的要求和影响。通过收集社会各方面的教育发展意见,结合我国教育特色,建立教育质量保障体系,有利于加强学校与市场和社会的联系。政府可以制定评估行业的评估标准,改善评估市场的评估风气,以委托评估的方式促进评估机构自我发展与自我完善,形成评估行业的良性竞争。控制手段多种

第七章 我国高等教育质量保障体系的改革与创新

多样,但不能过分依赖行政手段,推动教育治理体系现代化,最重要的是完善质量保障和评价的法律体系,重点完善规定教育质量的法规,明确规定减少政府直接参与评估过程,放权于评估机构,引导高校重视教育质量问题,从社会广纳人才加入专业评估队伍,帮助政府部门监督评估机构,通过开展广泛监督,促进教育治理能力现代化。在教育质量法规制定的过程中应该考虑到参与评估过程的各个个体之间的关系,政府也要为评估机构提供一定的评估机会,让市场再造市场,让行业管理行业,落实政府对高等教育质量保障和评价治理的全面监督系统。在世界各国都在大力发展高等教育的情况下,我国的高等教育发展也不能只拘泥于国内教育形式,要与其他各国交流教育发展经验,吸取西方国家关于高等教育的先进理念。国外的教育质量评估机构也在进行除本国教育行业之外的拓展业务交流,希望能通过本国的质量检测模式帮助其他国家教育行业的发展。所以,我国要与其他国际高等教育组织进行平等会话交流,从不同方面提升我国高等教育评估系统和评估行业的标准。

除此之外,结合新形势下互联网技术的发展,政府可以建立起动态的教育质量评估网络,将从社会各方面反馈的关于评估机构的建议进行信息整合,公布在评估交流平台上,同时规定教育质量评估各机构进行到每个具体评估步骤时要随时更新评估进度情况,整个评估过程可以随时监督随时改进。这种动态评估网络的建立不仅可以便于政府部门监督,还有利于高校随时查看评估不足之处,将评估过程透明化。《教育规划纲要》明确要求"整合全国教育质量监测评价机构和资源,完善监测评价体系"。同时,要"切实发挥行业协会、专业协会、事业单位等社会组织在教育公共管理中的作用",建立评估机构的评价部门和动态教育质量评估网络是提高高校教育质量的重要举措。职业教育评估机构是一个半正式的组织,一般隶属于教育部,具有很强的正规背景,但也可以更灵活地为社会服务。这些机构的服务主要针对高校教学质量、职业教育规划、高级学位资格的研究规划等。这些机构可以更方便地拿到政府委托的评价项目开展评价工作,同时可以根据市场需求开展评价项目。但是,由于这些评级机构在人员、资金、运营等方面都不能自负盈亏,外界很容易将它们误认为是政府机构,也容易对评估的公正性产生怀疑。但是,机构评价是政府职能转变的产物。政府应促进监督机构过程的公开化、透明化,让一切评估行为处于法律的约束下,邀请社会各界专业人士参与,这种模式对于我国中介评价机构还不健全的情况非常适合。

面对我国市场经济逐渐取代原有计划经济的情况,由政府评估管理高校教育质量曾是社会上普遍公认的高等教育检测方式,这一时期社会还处于发展中,评估机构要求有自主权的想法并不强烈,使我国专业评估机构在一开始发展的过程中遇到许多问题:评估行业市场风气不佳、需要评估的高校少、不受高校信任、评估标准不一等。这种评估环境不利于我国高等教育质量的提高,所以应对我国政府教育部门进行机构改革,重新定义评估权力的归属,给予专业评估机构法律上的承认,帮助评估机构制定相关行业规范,我国的专业评估机构应逐步从政府依赖转向相对独立的媒介,为社会各界提供公益性评估、监测和咨询服务,特别是在方法上,坚持价值观的多元化和引入社会参与,努力为自我生存和发展开辟领域。因此,事业性教育评估专业机构需从以下几方面不断加以完善。

(一)保持自身独立性并逐步走向中介

事业性教育评估机构的发展定位在早期是由政府规划的。随着时代发展,政府职能和形象发生转变,事业性教育评估突破了政府决策管理,采用新公共管理方式进行,使权责分配机制的使用更加灵活,教育评估体制也随之要进行全面改革以期与新管理方式形成配套机制。新管理方式采用市场主导机制,这就要求传统事业性教育评估机构在脱离政府管辖后形成独立发展体系和机制,并占有一定的市场份额。为了保证评估的客观和公正性,事业性教育评估机构必须是健康且独立的发展,不能被市场负面因素所影响而脱离教育评估的本质。评估机构对高等教育院校既起到社会监督作用,也起到社会指导作用。评估机构作为中介机构,在符合国情和国家宏观调控相关政策的同时,需要坚持客观、公正的原则,服务于政府、学校、社会三方,承担起社会责任,接受政府、学校、社会的监督,与政府、学校、社会之间形成良性关系和生态发展环境,为自身发展提供更多优秀力量,实现教育评估价值和知识经济价值。

教育评估机构的评估行为是否透明公开,评估结果是否具有较强专业性,决定了社会对独立于政府和高校的教育评估机构的认可程度。此外,评估机构以何种方式作为资金来源、由谁领导也是社会关注的主要方面。一直以来,政府的分派资金是评估机构的主要资金来源,但如

第七章 我国高等教育质量保障体系的改革与创新

果能够面向社会各界提供公益性的评估、监控、咨询等服务,尤其是在行为方式上能让社会广泛参与,这样的教育评估机构就具有较强的"中介"特性。所以,这种教育评估专业机构必须是具备独立发展的能力的,具有发散性、多样性、客观性、公平性、竞争性和市场性的特征,并且在发展过程中能够对其他三者起到承上启下的作用,进而发展出自己的行业体系和规则。只有教育评估专业性机构形成自己的发展特征,才能发挥真正的价值,为高等院校发展提供评估指导和价值效益。

就高校教育活动来说,教育评估机构并不能完全代替政府行使监督职能,因为教育评估机构归根结底还是民间评测机构,不能完全代表政府教育部门,管理教育活动时如果政府不能控制好自身权力的发挥限度、学校还不能使用好国家赋予的自主管理权利,那学校内部就会受多方管理,解决问题混乱,因此扶持第三方评价机构是对高校和政府最公平的解决方案。目前我国的第三方机构处于发展初期,政府部门也没有将这些机构定义为公益性服务性质,这种选择立足于当下社会发展的需求。对于第三方评价机构来说,如果不能从政府下属教育部门中独立出来,不能制定出专业的评价标准,无法为学校和政府提供更细致的服务,就不能实现自身向独立中介机构方向发展。所以,第三方中介机构应该不断吸收专业学者加入评价队伍,提高其评价专业能力,在建立评价标准时进行大量的社会调查和教育政策的解读,满足不同方面的教育需要。

(二)逐步理顺与政府部门之间的关系

在全球化经济发展和多边外交政治格局的影响下,文化软实力在国际较量中的地位愈发突出。高等教育作为文化软实力竞争的重要组成部分,其发展战略地位的提升促使事业性教育评估专业机构不断发展。这种机构在国际上形成了一定的发展势头,我国要在国际中继续保持文化软实力输出就必须结合本土特色,继承和发展传统管理方式和发展模式的优秀成分,不断创新,形成新的发展体制和体系,进而形成独立健康的行业。同时,还要吸收来自政府、社会和高校的力量和资金支持,为自身创造更优质的发展条件和发展机会,并将结果反作用于政府、社会和高校,进一步发挥评估经济和社会的作用,为提升我国国际文化地位奠定基础。

教育评估机构依据其主体关系和职能可以划分为三类:第一,面向对象是政府和学校时,起到润滑剂的作用,调节政府和高校管理中产生的冲突矛盾,为政府管理和监督提供更多选择方向,对学校管理和发展提供更多可能,通过科学监督促使二者更加协调发展。第二,面向对象是社会与学校时,主要行使监督和服务功能,为社会公共事业发展提供一定服务,并监督高校教学和素质教育进展情况,为其提供更加全面的数据保障和科学支持。第三,是由非官方也非教育界的社会机构(如有关媒体)主持的评估机构,其目的是向社会提供可比较的数据和有关信息。但随着社会发展,这类机构的局限性逐渐显现,存在对政府的依赖性过强,导致机构冗杂和关系复杂等问题,这种阻碍使教育评估机构的社会属性较少,社会价值不足,资金保障和吸收力不够充分,无法形成自身市场导向体系,所以其发展性和价值性不能被完全开发和利用,对社会经济反作用力不强。

(三)坚定不移地走专业化发展的道路[①]

事业性教育评估机构以专业性很强的高等学校为研究对象,教育评估以定向性数据的集成化为技术支持,是一种综合性学科,需要专业人员的知识和技能为辅助支撑。因此,评估机构在传统的管理方式下不能过于依赖政府扶持,只有走专业化道路才能实现发展和创新。一方面,评估机构要形成行业规则和用人规范,结合国际发展形势完善我国体制中的不足,发展出本土模式,利用高科技形成新的发展机制,在行为方式上坚持价值多元和社会广泛参与,面向社会各界提供公益性的评估、监控、咨询等服务。另一方面,提升发展人员的培训机制并完善培训系统,丰富理论指导并以理论指导实践,为优化行业规范服务,保证各方面实现公平公正和合理竞争。只有在发展中形成自身的特色和竞争性,保证数据精准度和专业度,才能实现可持续发展。

三、鼓励学术性机构和专业团体参与高等教育质量保障

传统评估机构主要是在政府管理范围下开展评估,挂靠的主体主要是政府相关部门,政府具有决策权和方向权。半政府性质机构在人员调配和管理上与政府管理模式有很大的相似度,会存在人员专业性和全面

[①] 张洪华.我国职业教育评估中介机构发展的条件分析[J].职教论坛,2014,000(001):31-34.

第七章　我国高等教育质量保障体系的改革与创新

性不足的问题,无法适应学校发展需求,对学校发展的最新动态了解程度不够,不能及时掌握高校最新的改革方向和出台的政策法规,评估结果容易出现误差,不能保证其客观性和公平公正性,最终导致评估结果公信力缺失。针对这些阻碍因素,必须要进行彻底地改革和突破,把阻碍因素转变成为优势因素,只有这样才能形成内在动力进而发展出新的机会。同时,还要引进和使用市场机制,利用学校、政府、社会的需求导向,通过三方联动进一步弥补由政府单一监督方式造成的评估结果不全面的现象,从而增加评估机构的可信度,形成具有针对性的特色评估体系,完善评估指标和评估发展方向,为高等教育发展提供更优质的数据基础和指导条件,形成评估教育新态势。

(一)主动承担或参与高校质量审核活动

我国教育在发展过程中不断与国际接轨并借鉴国际先进教育模式,发展具有本土特色的教育方式,逐渐改变传统教育弊端和消极影响,将教育从政府管理中释放出来,发挥新公共管理的作用,创新教学质量评估指标和制度,形成教学质量评估的新发展——审核评估制度。这种新的评估制度是在国际文化竞争力不断提升的环境下应运而生的。知识经济的发展需要更多专业人才和强大教育体系为支撑,要形成配套的评估机制,而审核评估对高校自主权的肯定和发展有重要激励作用。审核评估使人员调配的选择面更广阔,评估结果更具公信力,进一步促进了高校管理人员和专业人员素质,发挥了组织管理和评价作用,为知识经济健康发展提供了有力保证,是高等教育发展方向的重要依托。

新的评估机制的发展是社会和教育发展的必然选择,审评估核从多角度出发对根本制度的形成提出重要指导意见和评价结果,而不是针对某一环节的发展和问题提出指导意见和评价结果,是对评估的宏观层面进行管理和调控。因其更加全面和宏观管理性促使其对内对外都有了一定审核标准。内部审核以教育质量和教育政策为考察和审核标准,依据相对应的审核指标进行评估形成最终的评估结果。外部审核主要是通过高等院校之间的合作和交流,形成综合性评价。高校评价结果由各高校通力合作共同形成,最终审核结果也是根据内外部指标将评审结果反馈给学校。内因和外因的结合发展促使高等院校在实践发展中能够认识到自身发展不足,并在审核模式中不断修正并创新发展,为形成评估审核模式提供了发展空间,对教育前进增添了更多的推动力。

(二)精心指导高校内部质量保障体系建设

新时期高等教育的使命从单纯的知识传播和集成地转变为人才输出和知识价值输出地,更加重视经济和社会价值以及人的价值的实现。高等教育在发展和使用评估体系的过程中更加注重微观具体的管理,在微观上处理好事物内在矛盾,可以为其外显化提供更多机会。微观管理不同于宏观,其对内因的挖掘和使用能够形成机制能动性,这种机制能动性能够吸收更多优质元素用来发展。宏观管理主要是大方向的调整和权利的调整,没有对责任和具体环节进行细致划分和明确规定。这促成了基础环节的完成和发展,为自己发展提供坚实基础。如果基础不稳定就很容易在发展中形成分支,分支管理不协调就会影响高校教育质量,导致质量下降,评估数据不准确,其参考性和公正性就会缺失。为了高等教育发展和审核评估机制的健康发展,就要内外兼修,形成微观机制效益。

我国的发展面向大众、面向社会、面向国际,高等教育也要具有开放性,需要吸收市场和外部的优秀成分才能促进高质量发展,从而取得市场份额,形成市场优势。政府职能从管理转为服务,而高等院校的发展不能脱离社会和国家,那么教育政策的落实就需要政府的服务和强制性监督,但是要想获得政府倾向性帮助就必然要成为高等教育佼佼者,这样才能获得国家帮助和扶持。社会资源只有充分发挥教育的社会属性才能实现价值最优化,从而提升社会地位和社会价值,取得社会关注,成为高等教育的发展力量。通过多方力量的支持能够促使教育获得更多资源和经济支持,但教育不能只依靠外部环境和国家政策导向,更重要的是实现内涵式发展。教育如果没有促进自身发展,就无法形成特色教育模式,其审核结果会出现问题,发展潜力评估结果会被降低,导致自身发展更缓慢。为了促进其更全面发展,发挥其优势作用,就必须发挥相关利益者作用。我国高等教育各类评估认证活动,都十分重视引导和推动高校建立健全内部质量保障体系,形成了同济大学、厦门大学等诸多各具特色的优秀实践。

联合国教科文组织国际教育规划研究所(UNESCO-IIEP)启动全球性质量保障示范项目——"高等教育内部质量保障优秀原则和创新实践"项目,旨在总结全球高校内部质量保障的优秀实践案例,以点带面,在更大范围内推广典型大学内部质量保障的先进经验。厦门大学成

第七章　我国高等教育质量保障体系的改革与创新

功入选该项目,成为中国也是东亚唯一一所入选高校。我国为建成高等教育质量保障体系采取了许多措施,建立专业性的评估机构、中介评价机构等部门,还组建动态的网络化评估交流平台,将国家最近教育理念和社会对于高等教育发展的意见公布于平台,让教育质量化发展有方向可寻。在高校改进教育模式的过程中,邀请相关专家加入调整教育方式,提供教育咨询,将评估机构的专业性贯穿改革教育质量保障体系的始终,帮助高校在提高教育质量的同时发展学校特色教育。

四、支持行业性机构开展专业认证

行业性机构在行业内的声誉、认证准确性和专业性决定了审核结果的权威性和公正性。审核结果不是凭空出现的,是在对高校教育发展中具体的相关指标数据进行收集、加工、处理和综合分析后形成的报告。这份报告为高校教育各方面发展都提供了指导性意见:面向政府时,这份报告是政府服务和监督管理的方向,为政府提供了具体的数据,政府在此基础上能够迅速做出正确决策和反应预案,对高等教育存在的问题给予更多的支持和帮助;面向社会时,这份报告能够分析出社会发展潜力和社会发展价值,吸引社会资源为高等教育解决问题,并进一步丰富其发展;面向高校时,高校通过报告进行自我分析,并改正自身的问题,形成特色发展模式,提高教育质量,增强自身改革的能动性,帮助利益相关者更加平稳地推动教育改革和教育实践,为审核评估提供更多支持。面向国际时,通过报告结果可促进教育高质量发展,能切实提高我国文化国际竞争力和输出力,打开国际局面,形成特色教育模式,同时被其他国家借鉴,吸引国际人才为我国建设添砖加瓦。

(一)制定政策鼓励行业性机构开展专业认证

专业认证机制缺失对行业的影响很大,这就要求发展专业认证机构的实际作用。由于我国社会属性的组织结构存在分散性和不系统性的问题,导致这些机构不能发挥出社会作用,对高等教育的影响微乎其微。高等院校对专业认证机构的审核结果质疑性比较高,社会评估机构和高等院校之间的矛盾不断激化,而这种对抗性使二者处于对立面,对二者的健康发展均产生了巨大阻碍。传统的供需关系对高等教育形成了很多限制,错失了很多发展机会。只有充分发挥专业认证的作用,才能实现高等教育的高质量发展,但目前国内对于专业机构的扶持力度还是不充分。行业协会处于社会和市场的边缘化位置,其对教育和教育质量评估只起到了辅助作用,而非导向作用。这种专业认证机制的缺失使得行业协会的话语权非常低,很难在社会上形成良好的公信力和声誉。针对其发展受限,国家应该借鉴国际教育优秀案例,吸收优秀成分到国内并形成发展机制。只有这样才能够发挥出行业协会的积极作用,对相关日常事物的处理才能更加游刃有余,对根本制度、行业规范和人员规范的形成才能发挥出管理作用。认证机构与高等院校形成合作,促进高等教育实现企业化管理,提高教育质量与教育能力,并在专业机构的指导下,发展出教育新潜力和新方向,为国际输出本土特色文化,提高汉语地位并向全世界推广,增加国际对我国文化的认可度和学习度,让高校教育真正走向国际化,形成文化输出和文化深入的局面。这样才能真正发挥人才吸引作用,为我国吸引更多高科技人才。

(二)推进我国专业认证的国际交流与合作

在经济发展的推动下,各类社会组织占有比例也发生了改变,非政府性质组织比重增加,数量群体上升,形成繁荣的发展态势。但非政府性质组织想要长期稳定发展势必要提升服务质量,实现优胜劣汰,让正规专业的机构进一步发展。因此,我国对专业机构需要加强认证和管理,只有经过多方检验和审核认证才能让其在市场中发展。同时,政府应为正规机构提供必要帮扶,予以资源倾斜,确保形成良性市场机制和环境,促使他们反作用于我国高等教育发展,建立健全学分制度,实践制度和学位机制,完善人才定向培养方案和目标,形成强劲的知识国际输出力量。这些实力较强的认证机构要积极参与国际研讨会等行业大会,学习、交流和分享制度管理及其他经验,通过不同视角和不同层次的交流互动,不断吸收国外优秀制度和优秀元素,挖掘自身发展的优势和反省自身发展的不足,通过借鉴学习、弥补缺陷、扩大优势,形成长期有效的国际知识输出体系,吸引其他国家的优秀人才,留住我国高科技人才,强化我国人才储备战略和引进战略,增加我国文化软实力,不断提升国际影响力,为其他国家的教育发展提供成功借鉴案例。

以开放促改革、提质量,用"国际实质等效"助推我国高等教育质量的提升。在高等教育国际化大背景下,一些国际组织(如国际工程联盟、国际高等教育质量保障机构联盟、欧盟等)都在推行"国际实质等效"

第七章 我国高等教育质量保障体系的改革与创新

的专业教育认证、机构资质认可、全球大学多维排名等国际项目。"国际实质等效"推行国际通用和国际实质等效的标准,研制全球性或区域性质量保障指南,并主张通过成员之间质量保障机构的评估认证合作,促进高校之间的学分互换、学位互认和学生流动。我国成功加入《华盛顿协议》,标志着我国高等工程教育质量达到了国际水准。近年来,国内上百所高校的数百个工科专业自愿接受"国际实质等效"的专业认证,极大地促进了我国工程教育质量的全面提升。我们要总结和推广这些"以开放促改革、提质量"的好经验,并通过参与国际评估认证等不断改革创新,主动用国际实质等效的新理念、新标准、新方法、新文化,指导我国高等教育质量建设,加快从高等教育大国向高等教育强国的转变。

五、规范社会性组织大学排行活动

通过政府组织建立社会评估组织,我国高校教育开始受到各方力量的关注,自上到下开展了一系列卓有成效的评估活动。这些活动大部分是由教育主管部门或者相关行政领导组织开展的,在实施之前就已经将被评对象的价值取向融入到了评估体系当中,从而实现自上而下开展。被评对象按照相关规定执行,评估方式一般以政府评估结果为主,在以往教育评估中以政府评估方式为主,属于行政性评估。政府评估的结果在社会中有很大公信力,但也存在一定弊端,评估过程不受其他部门监督,有失公平公正。从广大人民群众对行政性教育评估的异议来看,价值主体对于评估活动有着强烈的参与和多元价值的追求渴望。自我国开始实行市场经济体制以来,社会民间组织为高校教育做出了不少努力。尽管社会组织和机构对社会和经济有着积极的促进作用,但结合我国高校的实际情况来看,社会组织和机构在高校教育质量评估中的作为也需要制定相关政策进行规范和发展。传统教育的评估主要是政府下达教育指标,评估结果参照指标的完成度形成报告反馈于高校,高校根据政府下达的具体决策和要求进行教育调整,这种管理方式和传达方式较为单一,形成的改革内容和结果也不能体现社会的要求和大众的需求。传统教育的弊端导致其发展动能不足、改革和转变存在不彻底性,严重阻碍了教育目的和新人才培养方案的实施。同时,政府管理的集中性和决策的不全面性使得我国教育错过了国际发展机遇期,出现了高等教育质量停滞不前、管理方式陈旧、管理效益低于预期值等问题。这些弊端促使政府要转变职能和形象,采取开放式管理新形式,让教育在市场调节作用下形成自主机制和需求导向机制。只有这样才能在提高政府公信力的同时,让教育和评估机构抓住国内国际机遇,实现高质量发展。政府通过自下而上的职能转变和自上而下的权责分配,使实践型教育和评估制度不断完善。同时,教育评估指标的多样化和全面化,使数据建模更加科学化和丰富化,数据库更加完善,数据指导性更加明确,高等教育创造力和创新性更加明显,相关利益者的管理更加科学化。

(一)完善大学排行的科学性及公正性

对大学进行排名这一现象最开始是在西方国家出现的,因为西方国家对于教育进行改进的时间远在发展中国家之前,所以到这一时期他们开始探索如何能更好地促进高等院校自己去发展教育,这也是对大学进行排名的原因。但西方国家这个排名发展时间不长,在排名过程中不能采取单一的评价标准,要收集社会对于教育的多方面需求。

对大学进行排名的机构是第三方的评价组织,这一组织内部人员是政府从社会基层选拔的擅长各方面学术知识的专业人士,如果这个机构不能建立合理的高校评价制度,就不能激励高校本身去不断改进教学过程,就不能给学生提供参考价值,则这一机构的存在是没有价值的。只有参与评价的第三方机构真正从人民和政府对教育需求的角度出发,才能够提高各大高等院校的影响力和公信力,逐渐打造自己的品牌,充满生机,蓬勃发展。另外,政府也要对评价排名组织进行监督检查,如果第三方机构不能将对学校进行专业排名的工作独立于其他方面之外,大学排名就不能真切反映各个大学的真正教育实力,这一过程会被不正当的金钱交易所覆盖。由于我国目前对于大学教育的改革还处于初期,所以对大学进行排名这一工作还不能完全达到专业要求和公正化,但是社会中的企业和人民在长期的实践中会不断发现评价工作具体的不足之处。

(二)加强对大学排行的规范和监督

大学排名榜起到了一定的评价、鉴别和激励作用,增加了衡量大学办学水平的渠道,具有一定的参考价值、研究价值。但在实践活动中,针对大学的排名也会在一定程度上有失公正,造成公众对大学的误解。因此,政府应该作为强有力的引导者,采取具有针对性的措施对社会组织大学排行进行规范,确保其公正、合法,引领社会组织大学排名向着健

第七章　我国高等教育质量保障体系的改革与创新

康的趋势发展,不断加强对其的管理和规范。在对社会组织大学排行活动进行管理干预时,政府主要起引导作用,同时加以服务,主要有以下几种措施。第一,在政府的引领下制定行业检测标准,政府可以将权力下放到全国高等教育质量保障与评估协会,委托其开展有意愿进行资格评估的社会性组织和机构进行资质认定,并对全过程进行监督,对评估的结果进行鉴定和公示。第二,政府要确保评估数据来源的真实性和客观性,向社会组织提供相关数据服务。社会性组织可以自行进行评估活动,但其数据来源必须是政府,以确保数据信息的可行性。目前我国大学的相关数据还远没有达到对外界公开的地步,有些评估机构、排名机构以在媒体上搜索得到的资料为依据,或仅凭被评高校提供的资料为依据,难免有失公允。此外,政府没有将高校教育的具体成果展示给群众,市场对教育信息的需要显得更为迫切,给了相关不具备评估资质的社会性组织的排行榜可乘之机,误导广大人民群众。为了压制此类不良现象的出现,政府和相关部门要适量进行教育信息的公开和服务,这也能让相关社会组织更好地为有需要的群体服务。第三,政府要加强监督。政府的监督可以分为法律监督和舆论监督。针对现实情况中的排行乱象,政府需要加强对社会组织的管理和相关大学排行榜的规范,制定相关规则和条款,对社会性组织和机构的资格认可、排行榜公布及相关行为严加监督,促进当前行业乱象的改善。大学排名榜起到了一定的评价、鉴别和激励作用,增加了衡量大学办学水平的渠道,具有一定的参考价值、研究价值。对大学的排行主要有以下几种方式:第一是高校历史因素形成的,这种高校一般是由国子监等转变过来或者是很多伟人形成的教育集成地,比如我国的北京大学、清华大学等。第二种是国家直属的高校,比如军事学校等。第三种是地域发展特色学校,这种学校很有自己的教育特色,比如西安法学院和哈工大等。这种自然形成的社会排名是具备公正性和发展性的。但是这种排名也是非常容易受到市场弊端影响的。有些高校为了吸收生源就会通过其他渠道提升排名,这就有可能出现不正当竞争,为了杜绝这种现象的出现,政府要积极引导,促进行业排名机制成熟。政府引导社会排名机构通过认证的方式取得资格,然后通过对高校数据库的建立进行数据分析和数据建模,对高校排名保持公正和合理性。政府还要对数据进行监督和查看,纠正其错误数据并防止其通过技术数据更改,保证数据真实有效,并为数据长期发展提供有力保障。高校教育信息的封闭性和保密性促使社会教育信息缺失,很多被改革的和合并的高等院校信息并未重新公布或者正式公布,造成了很多公众认知误区。所以,政府和社会组织要及时管理这些信息并对社会公布,承担起信息发布责任,而不是根据利益因素对这些大学进行排名发布。政府和社会机构要形成良性市场环境,对高校排名机制进行明确立法和监督管理,形成根本制度约束力和排名管理制度,这样能够加强高等教育发展力和保持力。

(三)引导各方正确看待大学排行榜

在多元化社会中[①],尤其是高等教育逐渐普及后,各社会组织和机构相继对大学展开评估和排名都是正常现象,具有积极作用,应允许其存在。同时,社会、高校乃至政府部门都应理性地看待排名机构和排名榜,把排名榜作为了解高校的一个窗口,而不要过于关注,主要有以下建议。

第一,政府应以宽容的态度不干预排行榜。市场经济体制的日益成熟,促使社会各方面的发展越来越趋向于多元化,人们对高等教育的需求也呈现多元化,这不仅催生了高等教育多元办学体制和办学模式,还促进了高等教育评估方式的多样化,社会性组织的大学排行榜就是在这样的形势下诞生的。政府也应该认可大学排行榜的合理和科学之处,要允许多种主体的评估方式的存在,主动把发言权适当放给社会性组织,让不同的声音都能独立地对高校进行恰当评判。

第二,政府对大学展开评估是为给学生选择学校进行一定参考,也是让高校明白自身在教育行业中的大致位置,激励高等院校积极参与国家的教育改革计划。但是如果学生和社会对于这种排名采取绝对相信的态度,对于一些学校排名很低却有特色专业课程和教学方式的学校是不公平的,因为这种大学排名都是拿同一种要求去检验各所学校,看起来很公平却没有考虑学校的个性化特点。因为国家对高等教育采取扶持发展的态度,给予学校内部建设的自主权利,所以高校发展各有不同、大学类型也不统一,各方力量要正视大学排名,不能将其作为唯一的选择标准。不同的排行榜由于其评价的重点不相同,其结果也会有所差别,同一所大学在不同的社会组织开展的评估排行中的位置可以天

---

① 杨德广,赵文莉.对大学排行榜争议的辨析[J].高校教育管理,2009(06):20-25.

第七章 我国高等教育质量保障体系的改革与创新

差地别。因此,政府需要引导社会各界正确认识大学排行榜的意义和内涵,避免被不良排行所误导,也不能将此类排行作为挑选院校和专业的唯一途径。

第三,高校要理智看待排行榜。作为被评对象,当前一些高校的管理者十分关注大学排行榜的结果,认为这关系到学校的声誉和社会影响力,会影响到学校的生源,影响到学校未来的前途。高校关注排行榜是理所当然的,但是不能把排行榜当作"指挥棒",而应该作为参考标准。排行榜对于高校来说只能作为一个衡量自身水平及存在不足的参考,而不能作为高校的办学依据。一所大学既要重视外部评价,但又不能被外部评价牵着鼻子走。因为每一所大学都有自身的文化传统和办学特色,都有自己的优势与不足,要赢得社会的广泛认同,只能靠自己的实力和特色。大学领导者和教师的情绪也不能受其左右,要经得起排名风浪,要有办学定力。教师既不可因学校排名不好而问责校领导,校领导也不能因此而给教师施加压力,更不可以利用不正当手段来提高名次。

六、支持相关机构在国际上扩大影响力

随着经济全球化及教育国际化时代的到来,越来越多的人选择到国外求学或就业,学习西方的先进文化和科技知识,将中西方文化融合来提升自身受教育水平。各国针对这种情况,也在不断完善自身高等教育发展体系,通过多种途径和形式成立相关质量保障组织和机构。① 国际合作方面,各国也加强了高等教育质量保障与其他国家之间的交流和发展。在这种发展趋势下,许多国际性的高等教育质量保障组织也得以产生,如 INQAAHE 和 APQN 等,它们都属于非政府型组织,有力地促进了各国在高等教育质量保障方面的交流,在一定程度上推动了跨境教育的发展,其他国家和国内的相关课程学分可以转换,境外高校学历也能得到国内认可。随着 INQAAHE 和 APQN 组织不断发展和壮大,我国的相关社会组织机构也跻身其中,并积极发挥应有的作用。目前,我国已经有四五家社会组织机构成为 INQAAHE 和 APQN 中的一员。此外,我国的高等教育质量评估方案被各国大面积采用,我国《教育规划纲要》中指出,要积极探索与各国的高等教育评估合作模式,促进我国的教学评

---

① 郑景云.高等教育质量影响因素探析[J].中国成人教育,2014(13):6.

价发展并结合我国国情和教育特色制定合适的高等教育发展模式。所以，在全球进行教育质量交流的大环境下，我国的教育质量评估机构应该汲取他国的评估优点，不断做出改进，我国要主动参与其中，将自身的发展经验与他国交流，提升国际总体教育水平。总体而言，完善我国教育质量评估部门建设可以从以下几方面着手。

（一）参考国际标准，完善我国高等教育质量保障机构

联合国教科文组织和经合组织在《保障跨国界高等教育办学质量的指导方针》中指出："一个国家的高等教育部门及其评估和监督工作的质量，不仅对于该国的社会经济发展十分关键，而且是影响其高等教育国际地位的一个决定性因素。"[①]综合国力的提升离不开各国教育的发展，各国之间互相学习成功经验，积极参考相关评估活动，形成独具特色的教育质量保障体系，尽可能与其他国家的高等教育实现学分转换、学位认可、质量互认，争取将我国更多高校建设成为世界一流大学，提升我国高校质量，深刻认识我国高等教育体系的不足并加以改善。

要加强我国教育评估组织机构和其他国家的合作交流，有效途径是加入如 INQAAHE 和 APQN 等国际性或区域性的高等教育质量的保障组织或协会当中。但这些组织都有一定的入会标准，如 APQN，它属于 INQAAHE 中的区域性组织，是一个非政府组织的非营利机构。APQN 成员分为三种：正会员、准会员和副会员。正会员即正式会员，需要满足以下全部标准。其一，机构性质：主要负责高等教育中的院校类别评审及专业评估。其二，使用目标：要加入的组织或机构有清晰明了的工作目标和使命。其三，人员构成：机构的人员构成与其目标使命高度匹配。其四，独立性：机构的相关工作开展相对独立，其结果不会受其他外界因素影响。其五，资源：该组织或机构具备充足的资源，合理安排相关工作。其六，准则及程序：在进行质量评估时，相关规则和工作程序应该透明、公开，标注好评估过程中各部分工作的负责人。其七，质量监督：评估机构具有较强专业性，并对自身开展常态化评估。以上标准包括性质、准则、标准、规范、程序等各个方面，深刻表现出质量保障组织或机构应该具备的公平、独立和专业性。我国如有相关组织或机构期望入会，则需要以此为标准，对照自身实际情况，不断改善自身的相关

---

① 高等教育质量管理模式研究[M].江苏凤凰美术出版社，2019：109.

第七章 我国高等教育质量保障体系的改革与创新

问题和不足,加强自身体系建设,塑造自身的公平性、独立性和专业性,逐渐获得国际地位。

(二)积极参加国际性活动,逐步发挥主导作用

作为民间机构性质的国际性、非政府、非营利组织,教育质量组织主要是通过吸引广大组织机构成为其会员,开展交流合作,共同促进,从而实现互利共赢。如 INQAAHE,此协会的主要目标包括:大范围搜集相关教育质量保障的信息,包括理论和实践等多个方面;大力推广各国的有效经验;为所有质量保障组织或机构提供充足的经验和参考;加强各个组织机构之间的联系,促进交流合作;引导各会员制定跨境教育及国际学历互认的标准和规范;促进跨境教育,协助会员进行学分转换等相关工作开展;定期对各会员进行资格审核和认定。在此目标使命的指导下,INQAAHE 的工作内容涵盖了诸多方面,不仅要积极吸纳新会员,向各会员收发相关文件报告,定期出版相关刊物资料,还要定期召开相关教育评估研讨会、培训班等活动,采取符合国际的标准严格把控各会员的入会资质,促进经济发展较落后地区的高等教育质量保障相关工作的顺利开展,给予相关地区和组织经济补贴、政策支持,通过多种渠道促进当地教育质量保障体系的发展,如 GIQAC 计划。

近年来,经合组织和欧盟大力推行"高等教育学习成果评估"(AHELO)[①]、"培育优质教学"(FQT)和"多维度全球大学排行"(U-Multirank)等国际评估项目,分别从学生、教师和高校三个层面对高等教育质量进行全面评价。为深刻落实我国《教育规划纲要》中提出的"探索与国际高水平教育评价机构合作""加强与联合国教科文组织等国际性组织的合作,积极参与全球性、区域性教育合作""搭建高水平国际教育交流合作与政策对话平台""积极参与和推动国际组织教育政策、规则、标准的研究和制定"等要求,通过总结我国发展高等教育的过程中遇到的问题,对其他国家教育工作的开展起到一定提示作用,而且要在制定各国能够互相接受认同的评估标准等活动中,积极活动和主动承担任务。通过自身的"有为",才能争取在国际上"有位";只有在国际上"有位",才能够在国际会议桌上掌握更多的话语权,为进一步发挥

---

① 方乐.国际高等教育质量保障组织(INQAAHE)介评[J].比较教育研究,2014(2):88-94.

主导性作用奠定坚实的基础。

  我国高校种类繁多,欧盟和经合组织等国际性组织也积极吸引我国加入其中。因此,我国更要将相关活动组织好、开展好。在争取教育质量利益最大化的同时,要积极参与到与经合组织等的交流合作中,实现合作之下的灵活应对。我国相关评估机构可以在教育部门的坚强领导下,以国家评估机构的方式成为"高等教育机构管理"(IMHE)计划[①]会员,牵头 AHELO、FQT 等项目实施,从宏观上加强指导、统筹协调。我国积极参加国际性组织,目的不仅是要借鉴国外的先进理论和评估技术、以国际标准衡量我国高等教育质量如何,更要通过取长补短、积极作为,不断壮大自身建设,争取在国际性相关标准制订中掌握一定的话语权,在国际舞台上扩大对中国高校优秀实践的宣传。

  以"学习心、开放态"参与国际项目,以开放促改革,才能真正实现"为我所用,以外促内"的目的。在实际工作中,我国只参与了少数的国际性高等教育相关评价活动,在一定程度上存在"一叶障目,不见泰山"的问题。高等教育教学质量评估中心前主任吴碧教授曾说:"作为高等教育大国,中国在国际舞台上的表现直接关系到我国未来发展。我们再也不能作为旁观者,不能再全套照搬其他国家的体系,而是要结合自身实际情况,制订先进的理念、制度和措施,不断提高自身能力和信心,加强与国际性组织的交流合作,'走出去'和'引起来'并重,不断提高中国在国际舞台中的地位和国际影响力。"由于历史和道路原因,我国的国际地位长期处于被动局面,受到西方发达国家的限制较多。为了提升国际地位,在发展政治和经济的同时,更要重视教育,成为相关国际组织中的一员,以便于政治、经济和教育的国外输入和国内输出。在国际组织形成的早期,我国没有竞争能力,随着国家日益强大,相关政策和进入准则不断完备,我国已经努力发展并达到进入国际组织的标准条件。标准包括:机构的运作和性质、使命和目标、人员结构、独立性、资源、质量保证准则和程序、自我质量保障。进入准则实际上就是组织机构的发展模式、特点和管理方式。首先,教育质量评估机构需要适应国情和国际发展的要求,具有兼容性和吸收性才能运作成功。其次,要有符合社会发展要求的发展目标以及核心目标,这样才能指导评估机构沿

---

① 方乐.国际高等教育质量保障组织(INQAAHE)介评[J]. 比较教育研究, 2014(02):88-94.

第七章　我国高等教育质量保障体系的改革与创新

着正确轨道持续发展。再次，需要依靠工作经验丰富和工作能力优秀的工作人员参与其中，充分利用数据资源作为发展基础，通过独立运转形成自己的公信力和行业准则，创造良好的行业声誉。最后，能够认真对待行业发展和评估体系发展，通过强烈的社会责任意识，形成自我发展约束力，使评估机构良性发展。只有达到国际组织机构的准入条件后，才能进入审批流程从而加入国际组织，在其中创新发展，在贡献中国力量的同时持续输出我国教育软实力，提升国际影响力。

（三）加强双边或多边合作，共同提高高等教育质量保障水平

《美国认证及质量保障未来》（*U. S. Accreditation and the Future of Quality Assurance*）一书曾将目前高等教育质量保障逐渐全球化的现象作了简要概括，主要有以下四个方面。其一，随着国内和国外高校的交流不断加深，逐渐出现了针对评估结果的解读和管理问题，即教育质量评估应该采用哪个国家的标准，应该由哪个国家直接管理。其二，跨境教育中的学生所接受的教育能否得到国内认可，在进行评估时是否需要考虑文化背景因素的影响。其三，社会性评估组织逐渐呈现出往国外发展的趋势，除了对国内高校教育质量进行评估，也开始评估世界上的其他高校，特别是与管理、医疗、工程等有关领域的评估机构。其四，由于教育不断全球化，各评估机构也必须制定一系列考核体系和检验学生能力的规则和标准，如文化知识、语言能力等。

由于此类现象的出现，高等教育必须加强双边或多边交流合作，主要有以下几种形式。

第一，信息共享。不断建设国际型高等教育质量保障的交流平台，使各国教育信息资源得以共享。随着信息技术的不断发展，可以采取网络手段，对各个国家的评估标准、成功案例进行宣传公开，让其他国家能够及时便捷地掌握第一手资料，了解各国的教育评估动态和成果。通过不定期举办教育评估研讨会或交流会等形式，组织各国的教育评估人员进行深入交流，促进各国的教育质量不断发展。此外，可以将各国的成功经验和成果以刊物等形式出版，并将其翻译后供其他国家参考，实现教育质量评估体系资源共享。

第二，人员互派。通过促进各国评估人员的互动交流，也可能有效促进教育评估国际化。政府和高等院校可以通过给评估人员提供出国访问、进修等机会，定期选派优秀评估人员到其他国家进行访问交流，

同时也要积极与其他国家建立此类联系,做好他国优秀评估人员的访问和接待工作,为国家之间的交流提供良性互动。此外,也可以通过网络组织各国评估人员进行线上交流和培训等。

第三,联系评估。随着经济不断全球化,跨境教育也成为大势所趋。各国应该针对此现象成立相关的国际性教育评估组织机构,与他国一起开展教育质量评估工作。针对教育质量的评估标准、学历学位水平、评估程序及职业水平认定等方面,都需要和他国进行仔细研讨,实现质量互认。目前,境外求学人口激增,我国应该不断深化与境外高校的合作交流,针对各校特点,共同制订完善的高等教育质量保障体系。

综上,高等教育的不断全球化对各国的高等教育质量保障和评估工作都有不同程度的影响。如果国内的教育评估系统逐渐发展到能够容纳国际性评估机构,国内的评估机构也会随之面临诸多挑战,如教育质量管辖权和评估标准等问题。未来的高等教育评估必将是跨国式发展,这也会给我们带来新的问题,在国际地位、竞争力和管辖权等方面,各国都难以取得平衡。因此,我们必须做好充分准备,积极与国际高水平评价机构合作,主动迎接高等教育质量保障与评估的国际竞争。

七、完善第三方教育评价的政策制度

教育部部长陈宝生指出,"第三方评估将成为政府管理常态",今后"第三方评估将红火起来、热闹起来、发展起来"。深入推进管办评分离,不是政府把教育评价"一放了之"。为全面贯彻党的十九届三中全会精神,积极落实《国务院办公厅关于政府向社会力量购买服务的指导意见》,深入推进管办评分离,国家教育行政部门需要在《关于深入推进教育管办评分离,促进政府职能转变的若干意见》的基础上,完善第三方教育评价的政策与制度,以引导和规范第三方教育评价的专业化发展与制度化建设,不断完善现代教育的多元评估体系,努力实现教育治理体系和治理能力现代化。

(一)把完善第三方教育评价政策制度摆上议事日程

党中央和国务院对政府简政放权和切实转变职能,向社会力量购买服务,完善"第三方教育评估"等方面做出了具体阐释。对教育工作进行除政府部门之外的其他机构评估是为了兼顾多个群体的利益,是实现

第七章 我国高等教育质量保障体系的改革与创新

我国教育治理体系和治理能力现代化的有效途径,能够有效补充政府评价和社会评价的不足,能够加快实现"管评分离"。由于我国的第三方教育评估正处于起步阶段,尚未成熟,存在着许多突出性问题,如缺乏专业性、质量不过关、发展失衡、鱼龙混杂等现象。因此,第三方教育评价体系的完善是促进政府加大购买服务力度,推进事业单位改革和社会力量参与,引导社会组织专业建设和能力提升的必然要求;也是规范开展第三方教育评价活动,保证第三方教育评价的健康发展,实行"合法介入、依规评价"的必由之路。

在政策导向上,坚持管评分离、放管结合,大力推进政事分开、政社分开,由相对独立的组织机构进行专业化评价,加强过程控制和事后监督,完善监督制约机制;坚持分级管理、分类评价,对承担第三方教育评价的组织机构,主要由各级行政单位和业务部门管理,按照各类教育及项目的不同性质类型,实行分类评价;坚持科学规范、公平公开,政府要按照规范程序购买第三方教育评价服务,为社会组织机构创设公平公正的竞争环境,鼓励评价过程和评价结果公开透明,确保评价的公信力;坚持稳妥推进、评以致用,根据我国各级各类教育的公共属性和地区差异性,积极稳妥推进第三方教育评价工作,引导各类第三方机构组织有序开展教育评价服务,以评促建、以评促改,有效提升教育质量和绩效。

在工作思路上,要始终围绕推进教育治理体系和治理能力现代化这一总目标,以深化"放管服"改革、深入推进管办评分离和政府购买服务、支持社会组织培育发展为主线,鼓励各地建立第三方教育评价机制,培育第三方教育评价专业机构,积极引导社会组织机构开展第三方评估,实现第三方评估事业向上向好发展,规范第三方教育评价的范围、内容、程序,完善科学、规范、多元的教育评价体系,使第三方教育评价成为政府宏观管理的重要抓手,成为社会公众监督的重要平台,成为政府、学校和社会相互联系的中介,成为深入推进管办评分离的杠杆。

(二)准确把握第三方教育评价的内涵特征和资格条件

谁是"第三方"?这是完善第三方教育评价政策制度的首要问题[①]。现实中存在着概念界定不清、身份难以确定等具体问题,从不同视角有

[①] 范唯,邬大光,周爱军,刘振天.中国高等学校本科教育质量报告[M].北京:社会科学文献出版社,2019:56.

不同的看法。将第三方评估机制引入行政管理领域,则将第三方定义为"既非政策制定者,也非执行者"(非利益相关方),相对独立、比较客观,在某种意义上成为一种社会监督力量。就"第三方评价"的基本内涵而言,评价本质上是对价值的判断,价值主体和价值客体之外的评价主体就是"第三方"。但是,如果使用的是"第三方的评价标准",不论是谁(只要拿着这把第三方的"尺子"),都可以实施"第三方评价"。也就是说,关于"第三方评价",存在"由第三方组织的评价""委托第三方实施的评价"和"具有第三方属性的评价"等不同的理解。在政府购买服务的驱动下,形形色色的第三方教育评价机构将会不断涌现,要界定、识别"第三方评价"并不容易,何况还涉及相关职能调整和利益分割。特别是在教育部"职能转变方案"中,也在支持和扶植直属单位、专业机构和学会、协会等从事评估活动,社会上也有民非企业、社团组织、私人企业等多种不同性质的研究、咨询机构从事与评价相关的工作。因此,既要防止"第三方评价"鱼目混珠,也要防止"第三方评价"成为新的利益垄断。

从事教育评价活动的组织机构可以是多种多样的。从目前我国组织机构属性划分来看,主要有政府部门、事业单位、社会团体、民非企业和企业等。第三方教育评价是指,政府将相关评估权力下放给具备相应评估资质的第三方机构或组织(非盈利)独立开展相关评估工作,并对评估结果负全责,按照公正标准和科学程序所进行的评审、鉴定、测试、监测和评估、审核、认证等各类教育评价活动。关于第三方教育评价机构的资质,从现实条件来看,主要指具有独立法人资格并具有相应能力的非政府专业机构,包括公益单位、民政部批准成立的民营非企业以及注册备案的教育公司等;非当事方组织是指具有专业性的社团组织和学术团体,主要包括专业学会、行业协会等社会组织和高等院校的科研机构、学术团队等。没有独立法人资质的相关组织和机构,可以征求政府同意,征得政府授权后,开展相关第三方教育评估工作。

(三)建立健全第三方教育评价的运行机制和规范程序

在管办评分离的背景下,评价不是全部交给社会,第三方教育评价也不是无所不能。按照分类评价和分工负责的原则,第三方教育评价做出的评判主要体现出中立性和公正性,能够由第三方组织或机构提供。对于政府购买、委托不合格的第三方组织,或只能政府负责的教育评价项目,要坚决防止,第三方评价也不能取代政府评价和社会评价。第

第七章 我国高等教育质量保障体系的改革与创新

三方教育评价的范围,可覆盖各级各类学校及其他教育机构(统称"学校")、教育项目、教育人员及其教育教学活动;第三方教育评价的对象,可以包括教育规划和项目、学校和院系、课程和教学、学科和专业、教师和学生等;评价类型分为质量、水平、绩效等方面的评估、认证、审核、排名,以及能力、素质、资质等方面的测试、监测、鉴定。

为加强第三方教育评价的市场监管,可探索多渠道资格认可制度。主要通过三种渠道进行:第一,"准入式",即政府或教育主管部门将资质认定程序透明、公开,获得批准后即可获得相应评估资格。第二,"招标式",政府部门提出评估的对象和评估要求,评估机构负责监督审查,各组织机构通过竞标获得资质许可。第三,"委员制",政府将社会上了解教育行业发展特点的人和资深学者都吸纳进第三方机构,并将认定结果及时提供给政府和高等院校,由其自行选择合格对象。

另一方面,要支持行业社团组织加强自律管理。鼓励各类学校和评估机构共同组建教育评价行业协会或社团组织,或建立评价机构多边联席会议制度。共同商定教育评价领域的行业标准和行为规范,自主开展对各类评价机构(包括国外境外教育评价机构)的资格认可和"元评估",以及加强教育评价执业人员的业务培训等行业内部自律活动,不断严格对第三方教育评价组织的管理,建立健全行业退出机制。

(四)积极推进第三方教育评价的信息公开与结果运用

培育和推进第三方教育评价,并营造科学规范、公平公正的市场竞争环境。有关购买服务及委托信息,政府需要及时向社会各界公开,确保吸引满足条件的优质第三方机构进行公平竞争。购买主体要按照采购法和信息公开条例等相关要求,将政府购买相关项目信息透明公开,接受广大人民群众监督,针对来源单一的购买项目,政府要严格执行相关审批程序,把好审批关口,并及时公示,做好项目审核和验收工作。

要搭建第三方教育评价信息平台。坚持客观公正、公开透明,支持建立健全信息平台,提高第三方教育评价的公信力。明确第三方评价机构的服务内容、服务期限、权利义务、违约责任、评估验收、合同兑现。定期汇总第三方教育评价机构相关信息,公布其评估方案、标准、程序、方法和结果,做到评价工作全程透明公开。

各地要制定与评价结果挂钩的激励政策,把第三方评价结果作为资源配置、项目立项、表彰奖励和干部考核的重要依据。建立第三方机构评价结果反馈机制，深入分析评价发现问题的责任主体和原因，全面客观地使用评价结果，被评价方应当认真研究分析结果，分析问题，改进完善相关管理和实施工作。

(五)全面加强对第三方教育评价工作的指导与监管

各地要把推行第三方教育评价工作作为政府切实转变职能、深入推进管办评分离的重要内容，列入深化"放管服"改革的重要工作日程，积极稳妥、有序推进。教育行政部门要切实履行指导和监管职责，统筹协调本地区的第三方教育评价活动，维护评价规范和市场秩序。同时，加大政府培育和指导的力度。各地要充分利用政府现有的项目和评价资源，将地方性的教育团体进行资源整合，由政府部门统一管理，但具体的评估手段由机构内部自行决定，要通过制定教育标准、评价制度、政策文件、信息服务等施加影响；要通过成立相应的教育评价委员会或咨询委员会加强专业指导；要采取严格的评估方资质认定、采取"元评估"方式、制定奖惩措施、针对评估结果分配相关资源，努力发展一批专业的第三方评价机构，加快第三方教育评价事业的发展进步。

按照我国现行的教育管理机制的责任体系分工，对第三方教育评价工作采取"分级管理、分工负责"的管理模式。政府将评估任务外派以后还要汇报上级部门进行备案，下级教育行政部门主要负责组织第三方教育评价工作开展。如此便形成了教育主管部门和民政、工商等审批部门及相关行业组织高度配合的联动机制，实现资源共享。按照职能分工，加强对第三方评价机构的日常监管，将其承接的评价服务信用记录纳入年度检查(年度报告)、抽查审计等监管体系，通过合理分工弥补政府监督的不足。

在我国的教育质量保障体系中，要对评估过程和评估结果两方面做好监督，政府作为教育质量评估活动的领导者，制定好专业评估标准，组织中介评价机构对评估部门的行为进行管理，组建专业人才团队对评估过程做教育咨询，形成多方面多元化的监督体制。减少社会中的黑暗现象，将评估行为透明化，对评估机构的资金来源做一定调查。对于借助政府购买便利谋取不当利益、变相收费、吃拿卡要等行为要严加查处。境外的第三方教育质量评价机构，如果尚未征得当下政府的许可、取得相关资质认证，不得在当地开展相关教育评价活动，从而实现行业自律，对利益相关方严格监督，发挥出政府对教育质量评价的行政监管作用。

参考文献

[1] 涂阳军. 高等教育质量评价方法与案例 [M]. 长沙：湖南大学出版社, 2016.

[2] 阳荣威, 陆启越, 邹作鹏. 比较视域下的高等教育质量保障研究 [M]. 长沙：湖南大学出版社, 2016.

[3] 席成孝. 高等教育质量"第三方评估"机制研究 [M]. 西安：西北大学出版社, 2016.

[4] 卢铁城. 提高高等教育质量服务经济社会发展：四川省高等教育学会2014年学术年会论文集 [M]. 成都：西南交通大学出版社, 2016.

[5] 刘国瑞, 董新伟. 2011—2015年辽宁高等职业教育质量评估报告 [M]. 沈阳：辽宁人民出版社, 2016.

[6] 王卓. 高等教育质量评价研究 [M]. 长春：吉林大学出版社, 2016.

[7] 教育部高等教育教学评估中心. 中国高等教育质量报告2014版 [M]. 北京：教育科学出版社, 2016.

[8] 张安富, 张忠家. 中国高等教育质量与水平研究 [M]. 北京：高等教育出版社, 2016.

[9] 尤莉. 大数据背景下高等教育质量常态监测的技术操作系统 [M]. 北京：电子工业出版社, 2016.

[10] 赵立莹. 国际化背景下高等教育质量保障组织发展研究 [M]. 北京：中国社会科学出版社, 2016.

[11] 李进才. 大学评估与高等教育质量：《地方高校发展与评估》论文选萃2008—2015[M]. 武汉：武汉出版社, 2017.

[12] 李亚东. 质量保障：从管治到治理中国特色高等教育质量保障治理体系研究 [M]. 上海：学林出版社, 2017.

[13] 马廷奇. 高等教育教学改革与质量保障 [M]. 武汉：武汉大学出版社, 2017.

[14] 梁迎春,赵爱杰.高等教育管理与质量评价研究[M].西安:西安交通大学出版社,2017.

[15] 编委会.2017广东省高等职业教育质量年度报告[M].广州:广东高等教育出版社,2017.

[16] 庞杰,刘先义.普通高等教育"十三五"规划教材 食品质量管理学[M].北京:中国轻工业出版社,2017.

[17] 朱世宏.2014年四川高等教育教学质量报告(本科)[M].成都:电子科技大学出版社,2017.

[18] 胡赤弟.理念途径方法质量教学创新:2016宁波高等教育研究论坛论文集[M].杭州:浙江工商大学出版社,2017.

[19] 孔英.高等教育质量保障体系的理论研究与实践[M].沈阳:辽宁教育出版社,2017.

[20] 封旭红.瑞典高等教育质量保证体系的构建及启示[M].天津:天津社会科学院出版社,2017.

[21] 董泽芳.公平与质量:高等教育分流的目标追求[M].武汉:华中师范大学出版社,2018.

[22] 林金辉.中外合作办学质量工程系列丛书.中外合作办学与高等教育改革[M].厦门:厦门大学出版社,2018.

[23] 李岱,蔡三发,谢砚.院校研究理论与实践系列丛书.美国高等教育战略规划与质量提升[M].上海:同济大学出版社,2018.

[24] 吕红.高等教育质量标准体系评价与创新研究[M].北京:科学出版社,2018.

[25] 柏定国,黄小芳.福建省高等职业教育民办及成人高等教育质量监测报告[M].厦门:厦门大学出版社,2018.

[26] 张基温.高等教育质量工程信息技术系列示范教材.计算机网络教程(第2版)[M].北京:清华大学出版社,2018.

[27] 张基温.高等教育质量工程信息技术系列示范教材.新概念C++程序设计大学教程(第3版)[M].北京:清华大学出版社,2018.

[28] 张基温.高等教育质量工程信息技术系列示范教材.新概念Java程序设计大学教程(第3版)[M].北京:清华大学出版社,2018.

[29] 上海市教育科学研究院,麦可思研究院.2018中国高等职业教育质量年度报告[M].北京:高等教育出版社,2018.

[30] 骆美.学生学习成果评估的生态研究.高等教育质量保障新路

径[M].汕头：汕头大学出版社,2019.

[31] 陕西省教育厅.陕西高等职业教育质量年度报告[M].西安：西北大学出版社,2019.

[32] 克拉克.高等教育新论：多学科的研究[M].杭州：浙江教育出版社,2001.

[33] 邱均平,王传毅,张蕊,等.中国高等教育质量评价与发展指数报告2011-2015[M].北京：科学出版社,2019.

[34] 邱均平,等.评价科学研究与应用丛书.中国高等教育质量评价与发展指数报告[M].北京：科学出版社,2019.

[35] 刘晓凤.中国特色高等教育质量标准体系研究——基于标准化的学科视域[M].北京：中国社会科学出版社,2019.

[36] 范唯,邬大光,周爱军,等.中国高等学校本科教育质量报告[M].北京：社会科学文献出版社,2019.

[37] 孟凡芹.高等教育人才培养质量标准体系[M].北京：科学出版社,2019.

[38] 林健,陈强.引领内涵发展的来华留学生教育国家标准——《来华留学生高等教育质量规范(试行)》研制、解读与实施[J].清华大学教育研究,2019,40（06）.

[39] 董泽芳.知识经济与我国高等教育的革新[J].国家高级教育行政学院学报,2002（03）.

[40] 赵宏,郑勤华.基于文本挖掘的我国高校继续教育发展分析[J].开放学习研究,2019,24（06）.

[41] 孟婧.我国高校绩效拨款的必要性、可行性及政策建议[J].淮阴师范学院学报(自然科学版),2019,18（04）.

[42] 葛孝亿,张春美."政社合作"视角下高等教育评估制度的重构[J].教育学术月刊,2019（12）.

[43] 刘庆红.中日研究生教育的同与异——与早稻田大学国际部部长黑田一雄教授一席谈[J].学位与研究生教育,2019（12）.

[44] 邓秋蕊,陈善志.教育大数据背景下我国高等教育学的学科建设[J].宁波广播电视大学学报,2019,17（04）.

[45] 卢立建.提升高等职业教育质量评价的"质量"——以《高等职业教育质量年报》的文本为视角[J].包头职业技术学院学报,2019,20（04）.

[46] 张德祥. 高等教育强国路在何方 (笔谈) [J]. 评价与管理, 2019, 17 (04).

[47] 孙慧超, 李俊奇, 王崇臣. 高等教育质量监测数据平台建设背景下的校内教学质量常态监测体系构建思考 [J]. 中国建设教育, 2019 (06).

[48] 王颖. 高等教育质量管理理论与技术方法综合认识——评《高等教育质量管理：体系与方法》[J]. 中国教育学刊, 2019 (12).

[49] 李倩文, 陈邑早. 新时代审计高等教育质量评价框架研究 [J]. 财会通讯, 2019 (34).

[50] 金鑫. 中国共产党领导高等教育历史轨迹及发展优势研究 [D]. 吉林大学, 2019.

[51] 孙树彪. 高等教育内涵式发展的"立德树人"研究 [D]. 吉林大学, 2019.

[52] 刘天胤. 民办高校校企合作项目质量管理研究 [D]. 大连海事大学, 2019.

[53] 张艳超. 生态视角下我国高等学历继续教育可持续发展研究 [D]. 华东师范大学, 2019.

[54] 王鹏. 高校创业教育生态系统构建研究 [D]. 哈尔滨师范大学, 2019.

[55] 王娟. 高等学校产教融合产权机制研究 [D]. 南宁师范大学, 2019.

[56] 刘荃美. 地方高校全日制硕士研究生教育质量提升对策研究 [D]. 长春工业大学, 2019.

[57] 段淑君. 双一流视阈下中国高等教育质量评价研究 [D]. 长春工业大学, 2019.

[58] 张微雨. 澳大利亚高等教育质量保障体系研究 [D]. 广西师范大学, 2019.

[59] 赵晓芳. 我国高等教育现代化发展阶段研究 [D]. 南昌大学, 2019.

[60] 朱虹春. 高等教育发展对高等教育经费支出结构的影响研究 [D]. 重庆邮电大学, 2019.

[61] 陈黎明. 地方高校研究生教育内部质量保障体系研究 [D]. 黑龙江大学, 2019.

[62] 伏鑫. 习近平总书记关于高等教育的重要论述研究 [D]. 上海师

范大学, 2019.

[63] 陈志军. 地方高校人才培养质量保障体系建构研究 [D]. 西北大学, 2019.

[64] 董泽芳, 陈文娇. 论我国高等教育质量标准的多样性与统一性 [J]. 高等教育研究, 2010（06）.

[65] 田恩舜. 我国高等教育质量保证模式变革中政府、高校与社会的行动策略 [J]. 黑龙江高教研究, 2007（1）.

[66] 田恩舜. 我国高等教育质量保证模式的建构策略 [J]. 高等教育研究, 2006（07）: 66-72.

[67] 董泽芳, 陈文娇. 论我国高等教育质量标准的多样性与统一性 [J]. 中国教育政策评论, 2010,（06）.

[68] 郭垒. 当前我国高等教育质量观综述 [J]. 国家教育行政学院学报, 2008,（08）.

[69] 韦洪涛. 我国高等教育大众化进程中的高等教育质量评估指标体系研究 [D]. 苏州大学, 2002.

[70] 靳敏, 李志峰. 改革开放以来关于我国高等教育质量问题的争论与启示 [C]// 教育理念创新与建设高等教育强国——2010年高等教育国际论坛论文集.

[71] 韦成龙, 刘理, 李文, 等. 我国高等教育质量评估中的代价问题研究 [J]. 教育与现代化, 2010（02）.

[72] 余小波, 王志芳. 建国以来我国高等教育质量保障的评析 [J]. 黑龙江高教研究, 2006（6）.

[73] 孙国友. 我国高等教育质量政策价值取向研究——基于《关于全面提高高等教育质量的若干意见》及其配套政策文本分析 [J]. 高教探索, 2015, 000（001）.

[74] 赖静, 刘理. 我国高等教育质量评估的能力限度问题研究 [J]. 中国高教研究, 2009（07）.

[75] 张烨. 走向高等教育质量公平——基于我国高等教育制度建构轨迹的思考 [J]. 高等教育研究, 2012（10）.

[76] 秦桂芳. 我国高等教育质量评估存在的问题、对策与思考 [J]. 国家教育行政学院学报, 2009, 143（011）.

[77] 李奇. 论我国高等教育质量保障体系的建构 [J]. 国家教育行政学院学报, 2010（11）.

[78] 王海涛. 关于我国中长期高等教育质量政策的思考 [J]. 黑龙江高教研究, 2010.

[79] 潘懋元. 多学科观点的高等教育研究 [M]. 上海: 上海教育出版社, 2001.

[80] 伯顿·R. 克拉克. 高等教育系统: 学术组织的跨国研究 [M]. 杭州: 杭州大学出版社, 1994.

[81] 卢晓中. 当代世界高等教育理念及对中国的影响 [M]. 上海: 上海教育出版社, 2001.

[82] 潘懋元. 规模, 速度, 质量, 特色——中国当前高等教育发展中的若干问题 [J]. 河北师范大学学报(教育科学版), 2007, 9 (1).

[83] 蔡瑜琢. 全球化及其对高等教育的影响 [J]. 高等工程教育研究, 2005 (01).

[84] 桂华. 浅谈英国高等教育管理体制 [J]. 贵州大学学报(社会科学版), 2008 (04).

[85] 杜瑛. 我国高等教育评价的范式转换及其协商机制研究 [D]. 华东师范大学, 2009.

[86] 董立平. 高等教育管理的价值问题研究 [D]. 厦门大学, 2009.

后 记

　　通过对已有高等教育发展工作的调查、对相关政策的分析、对指导理论的研讨以及与国外经验的比较，在实践反思的基础上，初步完成了《新时期高等教育质量管理改革与创新研究》。完成该课题的研究之时，高等教育改革已经在全国高等教育领域中蓬勃展开，希望本书的思考能为我国高等教育发展的研究实践带来一些启发。

　　本书对我国高等教育发展的思考，只是基于作者本人的思维视角，由于多方面的限制，相关理论也许是粗浅或不够合理、不够科学的。也许它就和当前的高等教育发展实践一样，还存在诸多不完善的地方，欢迎理论和实践工作者提出批评意见，共同推进我国的高等教育发展。

　　感谢我的师友和前辈们，从构思到行文，你们为我提供了大力的支持和帮助，你们真诚的意见和建议也给了我很大的启发，还要特别感谢我的家人，是你们默默的鼓励和无私的支持使我专心致志、潜心研究，本书的顺利完稿有你们的功劳。

　　生命中有你们是我一生的荣幸！

　　感慨万千，书不尽言。寥寥数语，谨致谢意！